AF325387

OCTAVE GRÉARD

DE L'ACADÉMIE FRANÇAISE

PREVOST-PARADOL

ÉTUDE

SUIVIE

D'UN CHOIX DE LETTRES

DEUXIÈME ÉDITION

PARIS

LIBRAIRIE HACHETTE ET Cie

79, BOULEVARD SAINT-GERMAIN, 79

1894

PREVOST-PARADOL

27325. — PARIS, IMPRIMERIE LAHURE

9, rue de Fleurus, 9

OCTAVE GRÉARD

DE L'ACADÉMIE FRANÇAISE

PREVOST-PARADOL

ÉTUDE

SUIVIE

D'UN CHOIX DE LETTRES

DEUXIÈME ÉDITION

PARIS

LIBRAIRIE HACHETTE ET Cie

79, BOULEVARD SAINT-GERMAIN, 79

1894

AVERTISSEMENT

Cette *Étude* a déjà paru en partie dans le volume
publié par le *Journal des Débats*, au cours de 1889,
pour célébrer le centenaire de sa fondation. En la
reprenant ici, nous l'avons complétée.

Les *Lettres* qui la suivent sont inédites. Elles se
rapportent pour le plus grand nombre à la jeunesse
de Prevost-Paradol. Cependant il n'est pas d'année
de sa trop courte carrière qui n'y soit représentée :
Prevost-Paradol n'avait pas vingt ans, quand il
écrivait la première ; la dernière est datée de Washington, cinq jours avant sa mort.

C'est à des amis intimes qu'elles sont presque
toutes adressées ; et, pour être comprises, elles
n'ont besoin, ni de la préparation de celles auxquelles elles répondaient, ni du complément des
réponses qu'elles provoquaient. Aux autres corres-
pondants de Prevost-Paradol, à ses maîtres, nous
avons emprunté quelques billets, dont la discrétion
ne nous interdisait pas d'user, et qui devaient con-
tribuer, soit à éclaircir ses sentiments, soit à expliquer un incident de sa vie.

Suivant la méthode que la critique anglaise a mise en faveur, nous aurions pu rattacher toutes les *Lettres* à l'*Étude*, et les y fondre par extraits, pour ainsi dire. Après avoir lu, dans sa suite intégrale, le choix que nous donnons, on nous saura gré, je l'espère, d'avoir laissé Prevost-Paradol s'y peindre lui-même : l'homme, dans la droiture et la fougue charmante de sa nature passionnée, l'écrivain, dans la spirituelle et merveilleuse souplesse de son talent.

Remercierons-nous M. Ludovic Halévy du concours qu'il nous a prêté pour rassembler cette correspondance ? Nous ne saurions le faire plus selon notre cœur qu'en disant — et les *Lettres* le diront mieux encore — que c'est une publication commune sur un ami commun

PRÉVOST-PARADOL

ÉTUDE

I

C'est à l'École normale que j'ai connu Prévost-Paradol. Je le vois encore, le jour de notre entrée commune (3 novembre 1849), avec sa taille élancée, son port de tête élégant et fier, ses yeux pleins de feu, sa physionomie où se peignaient avec une mobilité expressive tous les contrastes, je ne sais quel mélange de hauteur et d'abandon, de vigueur contenue et de pétillante jeunesse, de gravité précoce et de grâce caressante, qui, dès ce moment, donnait à sa personne une sorte d'autorité et tant de charme. A ceux à qui il n'était pas encore arrivé de le rencontrer dans les concours, il apparut comme la vivante image de la distinction; il avait « ce certain air », dont parle La Rochefoucauld, « qui manifestement destine aux grandes choses ». En même temps, des bruits couraient sur son examen, qui ne contribuaient pas médiocrement à exciter l'attente.

On se racontait que, dans les épreuves d'admissibilité, classé le premier hors ligne en français, il occupait, en grec et en latin, l'extrémité contraire, et qu'il n'avait dû son admission définitive qu'aux instances du professeur de philosophie, M. J. Simon, énergiquement appuyé par le directeur des études, M. Vacherot. On n'ignorait point qu'au collège Bourbon, jusqu'à plus de seize ans, il n'avait marqué que par son indifférence obstinée. Un maître, un seul, le professeur d'anglais, s'était emparé à fond de son esprit; sous la direction aussi éclairée qu'affectueuse de M. Flemming, il avait lu non seulement les chefs-d'œuvre de la langue anglaise, mais les maîtres de la littérature française, Pascal, Bossuet, qui lui fit comprendre et aimer la Bible, surtout J.-J. Rousseau, qui donna à son talent le premier éveil. De bonne heure il sut écrire. Un jour, en troisième, le sujet de la composition d'histoire était *Frédéric Barberousse*. Les meilleurs élèves s'étaient trouvés déroutés, et de là, dans le classement, un bouleversement complet. Lorsque le professeur, Camille Rousset, nomma Prevost-Paradol le dixième, ce fut dans tous les bancs une explosion de surprise. Sur Frédéric Barberousse, Prevost-Paradol n'en savait guère plus que les autres, plutôt moins. Mais, en quatre pages, il avait tracé de l'état général de l'Allemagne, au moyen âge, un tableau intelligent et ferme. A la lecture de ce morceau, un silence se fit dans toute la classe, silence d'étonnement encore, mais d'un étonnement qui n'avait plus rien d'ironique.

Arrivé en rhétorique, où le français proprement dit avait droit de cité, l'instrument ne lui faisant plus défaut, l'intelligence de Prevost-Paradol, très active sous les dehors de la nonchalance, se révéla avec éclat. Il avait pris conscience de lui-même. « Je travaille, écrivait-il à un compagnon d'études (15 novembre 1846), et je réussis. Si Dieu me prête vie, tu me verras dans deux ans avec les palmes bleues de l'École normale. J'ai su m'affranchir des lieux communs, et Jean-Jacques, lu et relu, m'a donné une phrase plus concise. J'ai du courage, je ne désespère plus de rien. » Il n'était plus rien non plus que ses maîtres ne se crussent autorisés à espérer. Tout le monde, professeurs et condisciples, aurait été aussi surpris de ne le point voir remporter, au concours général, le prix de discours français, doublé en philosophie du prix de dissertation française ou prix d'honneur, qu'on avait pu l'être, trois ans auparavant, d'entendre sortir son nom des rangs les plus humbles.

A vrai dire, Prevost-Paradol conserva toujours contre le vers latin et le thème grec un certain ressentiment. et, même lorsqu'ils lui furent devenus moins pénibles, ses efforts trahissaient l'impatience. Les synonymies, les périphrases de la versification latine, l'irritaient ; il la définissait l'art puéril de chercher dans un dictionnaire les diverses manières de ne pas appeler les choses par leur nom. Il comprenait l'utilité du thème grec pour l'intelligence de l'idiome ; mais la simplicité de la grammaire anglaise l'avait gâté : se pouvait-il qu'un peuple si spirituel se fût à plaisir créé tant de pièges ? Telle était cependant la souplesse de son esprit — M. Vacherot déclarait n'en avoir pas connu de plus perfectible — qu'à la licence, après deux épreuves malheureuses, il obtenait le second rang. Au bout de dix-huit mois, notre promotion s'honorait de l'avoir à sa tête : il en était le chef incontesté.

Déjà se dessinaient nettement les traits essentiels de son caractère et de son talent.

La vie s'était ouverte pour lui sous d'assez sombres auspices. Il entrait à peine dans sa neuvième année, quand sa mère, mortellement atteinte, avait été contrainte de renoncer au théâtre. A l'occasion de la représentation à bénéfice qui devait clore sa carrière à la Comédie-Française, elle lui écrivait :

« Je ne veux pas, mon chéri, que tu ailles à cette soirée, comme à une partie de plaisir. Cette représentation, qui paraîtra si gaie pour tout le monde, doit être triste pour toi, si tu y réfléchis bien, car elle témoigne de l'état de misère dans lequel nous sommes. Si je n'étais pas si malade, si même mes camarades ne voyaient pas que je suis une femme perdue, ils auraient eu moins d'empressement à m'offrir une aide nécessaire.... Il faut donc, mon ami, que tu te pénètres bien de cette idée et te dire : cette représentation est pour secourir ma mère qui souffre. Voilà le côté triste de cette soirée. Maintenant, cher enfant, voici le côté consolant. Tu peux te dire aussi, en levant la tête avec un petit peu de fierté : voilà les amis de ma mère, voilà ses camarades, voilà toute la Comédie-Française, le premier théâtre de l'Europe, qui vient dire au public : nous donnons une preuve de notre affection à notre

camarade Paradol; elle a été vingt ans avec nous,
et nous n'avons pas eu à lui reprocher la moindre
faute envers un de nous. Elle est malade, elle a
besoin de nous, et nous mettons nos beaux habits
pour obtenir de vous, public, de l'argent et lui
montrer que nous avons conservé d'elle le souvenir
dû à son amitié pour nous et à sa bonne conduite.
Tu vois, cher ami, qu'il y a encore un peu de joie
pour toi dans cette fête. Adieu, mon cher enfant,
sois sage; ton père te donne la gloire des champs
de bataille, — M. Prevost était un ancien comman-
dant du génie maritime — moi, celle de l'artiste et
l'amitié de tous mes camarades. »

Cependant, en lui apportant quelque soulagement
matériel, la représentation avait failli épuiser ses
forces. « Mon bien cher ami, écrivait-elle à Fromental Halévy, un de ses plus fidèles protecteurs,
je suis certaine que, malgré mon long silence, vous
ne m'accusez pas d'ingratitude : vous êtes trop sûr
de mon affection et de ma reconnaissance pour douter un seul instant de mon cœur; mais cette représentation m'a rendue tellement malade que je n'ai
encore pu écrire à personne. Vous êtes le premier,
mon ami, à qui je trouve les forces nécessaires pour
dire merci. Que vous avez été bon pour moi, et que
je suis fière de votre amitié! Je ne suis donc pas
tout à fait malheureuse, puisqu'un homme comme
vous m'a conservé un si tendre intérêt. J'ignore
ce que Dieu décidera de moi, et j'attends avec confiance et résignation sa volonté; mais, si je dois
succomber dans cette affreuse maladie, je vous supplie de reporter sur mon fils, mon cher Anatole,
l'affection que vous avez pour sa mère. Voilà, mon
ami, où j'en étais de ma lettre, lorsque votre domes-

tique est venu de votre part demander de mes nouvelles. Cette circonstance m'a fait souvenir de cette jolie fable de La Fontaine intitulée : *les Deux Amis*. Il y a vraiment une amitié bien sincère entre nous, et il est bien rare que vous pensiez à moi, sans que je pense à vous. Maintenant, mon cher Fromental, après avoir bien tourmenté mes amis, après m'être tourmentée moi-même au point de faire avancer ma maladie de trois mois, voici le résultat exact de cette représentation : quatre mille quatre cents francs de recette; les frais payés, il m'est resté deux mille cent francs. C'est très peu pour tant de peine et d'inquiétudes, mais c'est beaucoup dans ma position, car j'étais poursuivie pour des dettes que j'étais hors d'état de payer. Cette maladie me tue et me ruine. » — Puis elle ajoutait avec une sorte d'enjouement grave : « Me voilà l'objet de la convoitise du clergé de Paris. Un célèbre prédicateur, M. de Ravignan, serait, dit-on, très heureux de faire ma conversion. Mais voyez, bon frère, comme j'ai le cœur endurci ! Je ne puis me repentir de ce que j'ai fait, et j'aime tant Dieu, rien que Dieu, que je ne veux pas entendre parler de toute la compagnie qu'on lui donne.... Il m'a fait vivre ; il me tendra la main pour sortir de ce monde. »

Enfin, cinq ans après, la veille de sa mort, dans une dernière lettre, non moins touchante, elle léguait son fils à la Comédie : « Quand vous recevrez ces lignes, mes chers et bons camarades, disait-elle, je ne serai plus. Écoutez donc avec indulgence la suprême prière que je vous adresse : elle est en faveur de mes pauvres enfants. Songez, mes chers camarades, que c'est une mère qui vous implore pour ce qu'elle a de plus cher[1]. Vous le savez, je n'ai jamais gagné d'argent à la Comédie, et les efforts que j'ai faits pour y rester d'une manière convenable ont absorbé le peu que je possédais.... Je connais votre cœur à tous. Une bonne action de votre part est chose ordinaire. Si, dans les derniers mois de mon existence, j'ai éprouvé quelque bien-être, c'est à votre générosité que j'en suis redevable. Mettez le comble à vos bienfaits, en venant en aide à de malheureux enfants, qui, sans vous, ne pourraient avoir une éducation et un avenir honorables. Je suis calme, je ne pleure qu'en songeant au sort qui les attend. Adieu, mes chers et bons camarades, je vous souhaite à tous le bonheur que je n'ai pas eu. J'ai rempli mes devoirs religieux — elle avait accepté la direction du P. de Ravignan, — mais je n'ai pas renoncé à mon état, je n'ai pas renié mes camarades. Je meurs en les aimant et en les bénissant. Adieu, je vous embrasse tous. Pensez un peu à moi en voyant mes enfants. Adieu encore une fois, j'ai bien de la peine à vous quitter. »

Prevost-Paradol avait conservé ces trois lettres, comme une sorte de testament, avec un soin pieux. Ce serait presque manquer à sa mémoire que de ne la point tout d'abord placer sous leur patronage. Il n'en parlait pas sans qu'un voile de mélancolie douce s'étendît sur son visage. Le légitime orgueil qu'il tirait du nom de sa mère — c'est lui qui le fit ajouter à celui de son père — ne le rendait que plus sensible au souvenir des souffrances sous

---

1. La sœur de Prevost-Paradol, plus jeune que lui, est aujourd'hui religieuse de la congrégation de Notre-Dame de Sion, à Jérusalem.

lesquelles plus d'une fois il avait vu fléchir cette âme si vaillante et si tendre[1].

Dans l'institution où des amis dévoués avaient assuré son éducation, sa première jeunesse s'était écoulée solitaire, languissante, presque douloureuse. A quinze ans de distance, il en retraçait lui-même le tableau saisissant[2] :

« Écarté du travail régulier des classes par l'aridité des matières et par de mauvaises méthodes, j'étais en même temps éloigné du commerce et des jeux de mes camarades par une misanthropie naissante. Une idée exagérée de la liberté et du droit, que mon isolement même m'avait inspirée, me faisait considérer comme un crime l'empire de quelques écoliers sur les autres.... Aidé d'un ami qu'une situation semblable rapprochait de moi, je m'entourai d'une sorte de rempart.... Un livre où nos maîtres ne nous faisaient lire que des mots, m'enflamma par ses idées.... J'ai souvent relu, depuis ce jour, l'inoffensif recueil appelé *Selectæ è profanis scriptoribus historiæ*, sans pouvoir comprendre qu'il ait eu sur mon esprit une action dont je ne puis oublier ni la durée ni la force. Ces exemples héroïques de la résistance à l'oppression, de mépris pour l'injustice, d'une fière indépendance de l'âme au milieu des misères du corps, me parurent proposés

---

1. C'est sans doute en pensant à son père qu'il écrivait plus tard dans un article sur l'*Armée française* (1863) : « Nos vieux soldats ne sont endurcis qu'en apparence ; rien de plus facile à mouiller d'une larme que ce fier regard, rien de plus irrésolu, rien de plus enfantin au fond que ce caractère rompu par la discipline et habitué à l'obéissance. Les enfants ne s'y trompent guère et font d'eux tout ce qu'ils veulent. J'en appelle à tous ceux qui ont été élevés sur leurs genoux. » (*Essais de politique et de littérature*, 3ᵉ série, IX.)

2. *Du rôle de la famille dans l'éducation*, liv. I, chap. III.

à mon imitation et donnèrent à ma conduite un nouveau caractère de persévérance et de raideur.... Les punitions n'étaient, à mes yeux, que les accroissements passagers de ces épreuves, et, dans mes moments de loisir, je faisais quelques *pensums* d'avance pour les mauvais jours. Mais l'instruction et les maîtres tenaient peu de place dans ma vie : j'étais tout entier à mes pensées et à mes passions.... La pompe de mon stoïcisme, la disproportion qui existait entre mes invectives et leur objet, ne pouvaient échapper au ridicule qui a conservé au collège cette puissance mortelle qu'il semble avoir perdue dans le monde. J'endurai pourtant ce ridicule, je tirai vanité des surnoms mérités qui me frappèrent, et mon isolement s'en accrut avec mon orgueil. »

L'esprit hospitalier de l'École normale semblait fait pour le détendre. L'École lui avait dès longtemps apparu comme le port de salut. S'il eût échoué, quel pouvait être son avenir? Faire son droit? Et où le droit le mènerait-il? S'engager? C'était un parti extrême. Cependant il s'y fût résolu pour lui-même assez aisément. Mais son père, dont la santé s'affaiblissait, sa sœur, dont il était le soutien, tous ceux qui avaient le droit de compter sur lui, que deviendraient-ils? C'est avec ces angoisses qu'il avait abordé le concours. Son admission le rasséréna, et l'accueil qu'il reçut — je le lui ai souvent entendu dire — en doubla le prix.

On s'empressait autour de son talent. L'usage était de se communiquer d'une promotion à l'autre les devoirs marquants. Prevost-Paradol avait fait sur les *Économiques* de Xénophon et le *De re rustica* de Caton une étude comparative, qu'il a plus tard jugée lui-même digne d'être imprimée dans les appendices de son *Histoire universelle*. Le premier aux mains de qui elle parvint s'était écrié, dans un de ces élans d'enthousiasme qui ne se piquent pas de mesure : « Messieurs, il nous est né un grand écrivain ». Et le mot avait fait, avec le travail, le tour de l'École. Il n'était personne qui n'admirât la magistrale ordonnance de ses compositions, ses vues larges, l'élévation soutenue et l'ampleur académique de son style. Ce qui nous frappait le plus, nous, ses camarades immédiats, qui le voyions de près, c'est l'aisance supérieure avec laquelle il saisissait et traitait un sujet. J'ai dans le souvenir une pensée de Vauvenargues qui nous avait été donnée comme matière de dissertation littéraire : « La netteté est le vernis des maîtres ». Nous en étions encore à rassembler nos idées que déjà il avait mis sur pied quatre pages exquises : définitions, comparaisons, exemples, tout était trouvé, disposé et exprimé à souhait ; l'œil le plus exercé n'aurait pu découvrir une défaillance, une impropriété, une tache, un grain de poussière, suivant le mot qui lui était accoutumé. Ce don de conception si prompte et d'exécution si sûre, il le portait dans les études auxquelles il semblait le moins préparé. N'ayant eu, au cours de ses classes, que des relations respectueuses avec l'antiquité, comme il disait spirituellement, il n'arriva jamais à écrire le latin avec facilité, mais il le comprenait en maître. Lucrèce, qu'il ne supportait pas de voir comparer à Virgile, le ravissait ; il n'était pas moins transporté par la mâle et tragique beauté de Tacite. Nous nous réunissions quelquefois un certain nombre pour lire ensemble les textes. Chacun avait son tour de parole.

D'autres que moi sans doute se rappellent encore la séance où Prevost-Paradol expliqua tout d'une haleine les onze premiers chapitres du quatorzième livre des *Annales* : la traduction jaillissait de source; le commentaire suivit, riche et nerveux, avec des bonheurs de tour et d'expression qui faisaient penser à la langue de Saint-Simon.

Cependant la réserve inquiète de son caractère tenait à distance ceux-là mêmes que son talent eût attirés. La promotion qui précédait la nôtre est une des plus brillantes que l'Université ait produites. Elle réunissait Taine, Sarcey, About, Paul Albert, de Suckau, Libert, Merlet et bien d'autres qui se sont fait un nom dans la critique ou dans l'enseignement. Prevost-Paradol appréciait, autant que personne, l'esprit étincelant d'About, l'activité et les ressources de son admirable intelligence; cependant il en était plus émerveillé que touché. Il tenait en grande estime F. Sarcey, la solidité et l'étendue de son savoir, la pénétration et la fermeté de son jugement, la sagacité de son tact littéraire, sa verve. Il aimait la causerie spirituelle et nourrie de Paul Albert, ce lettré philosophe de fine et forte race, fils direct du XVIIIᵉ siècle. La nature tendre et déliée d'Édouard de Suckau, avec qui il s'était rencontré chez M. Flemming, l'avait séduit dès l'abord; la sincérité de son esprit, la douceur germanique de son caractère, et de cruelles épreuves, noblement supportées, achevèrent plus tard de l'attacher à lui étroitement. L'affection qu'il portait à Taine était empreinte de déférence. C'est en rhétorique qu'il s'était comme placé sous sa direction, de nouveau à vétéran : il lui enviait sa connaissance profonde de l'antiquité; en philosophie, alors que Taine était déjà à l'École, il avait entretenu avec lui une correspondance suivie. « J'ai lu Spinoza, lui disait-il; toi, tu l'as digéré, et c'est par toi que je l'ai compris.... » « Toi qui es spécial en tous les genres... », lui écrivait-il un autre jour. La satisfaction de vivre de son commerce intime sous le même toit fut certainement une des raisons qui le déterminèrent à affronter les difficultés du concours de l'École. Il se plaisait donc dans cette élite autant qu'il y plaisait; mais il ne frayait guère qu'avec elle, et pour quelques-uns encore, par occasion. On eut toujours de la peine à l'entraîner dans les communes réunions, où, après souper, rassemblés autour du poêle de la grande salle, anciens et nouveaux, scientifiques et littéraires, devisaient des hommes et des choses à toute volée. Même avec notre promotion où il se sentait chez lui, il se gardait, comme autrefois. Quand, dans une salle d'étude ou de conférence, il était maître de choisir sa place, il la prenait à l'extrémité d'une table, près du mur, afin de n'avoir qu'un voisin. Il adorait la lecture, la controverse à deux, mais seulement à deux. Que de fois je lui ai entendu répéter le *paucis humanum vivit genus*, en l'interprétant selon le sens de son humeur solitaire! Et un jour, à la suite d'une causerie où pour la centième fois nous avions passé en revue ses rêves d'avenir, comme je lui faisais remarquer qu'on n'agit sur les hommes qu'en se mêlant à eux : « Ah! me répondit-il avec un éclair dans les yeux, je ne gouvernerai jamais que par la parole, mais je gouvernerai de haut! »

En même temps, par un singulier contraste, tout trahissait en lui l'impatience de vivre; l'étude pour l'étude ne lui suffisait pas. Un souffle puissant agitait à cette époque et pénétrait l'École. Toutes les opinions, toutes les croyances y avaient, comme dans les périodes de développement libéral, leur pleine liberté de défense et d'action. Mais, à travers ces divergences, un courant général portait les esprits vers un ordre nouveau de recherches, auxquelles chacun, pour ses propres tendances, demandait une lumière et un appui. L'observation des faits en philosophie, en morale, en histoire, en littérature, était arrivée à prendre une part notable de la place qu'avait occupée par privilège et non sans excès l'étude des pures théories. L'École normale a été un des berceaux de la critique appelée depuis la critique scientifique. On dévorait les articles de Sainte-Beuve. Balzac excitait l'enthousiasme : c'était, pour les veillées prolongées ou pour les matinées commencées aux premières lueurs du jour, le livre de chevet; à ceux que retenait la consigne du jeudi ou du dimanche, les règles de la camaraderie prescrivaient d'apporter un volume de la *Comédie humaine*. On suivait avec la même curiosité réfléchie les découvertes de la chimie et de l'histoire naturelle, les progrès de la physiologie. Claude Bernard et Pasteur n'ayant pas encore publié les résultats de leurs travaux, on lisait un physiologiste allemand fort en vogue, le professeur Burdach. Prevost-Paradol était entré très avant dans ce mouvement d'idées. Au Collège de France, dont les cours nous étaient ouverts, il se dérobait, quand il pouvait, aux explications de Boissonade — qui, il est vrai, n'était arrivé en fin d'année qu'au dix-septième vers de l'*Ajax* — pour suivre les démonstrations de Magendie. Il assistait le jeudi dans les hôpitaux aux opérations et aux pansements : la première fois il se trouva mal, mais il s'aguerrit vite. « J'aime à chercher, disait-il, dans les phénomènes de la maladie et de la mort l'explication de la vie. » La vie, voilà ce qu'il étudiait aussi dans Balzac, dont il était un des plus fervents admirateurs, la vie avec son activité et ses passions.

A voir la flamme qui jaillissait de son regard, après ces visites ou ces lectures, on sentait les ardeurs qui couvaient en lui. Un des attraits les plus séduisants de son caractère, c'est la franchise primesautière, presque fougueuse, avec laquelle, une fois qu'on avait gagné sa confiance, il se livrait. Point d'arrière-pensée ni de réserve; un abandon absolu. Dès nos premiers entretiens, il me mit au courant de la crise intellectuelle et morale qu'il venait de traverser, crise grave qui n'avait pas encore donné à sa vie l'impulsion décisive, mais qui marquait la direction profonde et, ainsi qu'il disait plus tard, l'entraînement inéluctable de sa vocation. Prevost-Paradol a toujours devancé le développement normal et, pour ainsi dire, l'âge des choses. Il achevait à peine sa seconde rhétorique, quand il avait abordé avec Taine les plus hauts problèmes de la métaphysique. Après des discussions prolongées avec l'infatigable élan de la jeunesse durant de longues promenades et poursuivies parfois jusqu'au milieu de la nuit, « ils avaient d'un même mouvement jeté toutes leurs idées, toutes leurs croyances dans l'abîme du scepticisme. » Pour Taine, ce n'était que le scepticisme cartésien, le doute par provision; et dès son entrée à l'École, il avait travaillé froidement, géométriquement, à renouer l'enchaînement de sa pensée, à se refaire des principes. Prevost-Paradol commença par le suivre; puis tout d'un coup, rompant avec cette communauté de réflexions patientes, il s'était déclaré résolu à s'ouvrir ses voies propres.

La révolution de 1848 l'avait tout à la fois troublé et excité. Il s'était jeté dans l'étude de Fourier et de Proudhon; et les lettres de cette période de sa vie témoignent de la clairvoyance de ses vues non moins que de la chaleur enthousiaste qu'il y apportait. Sans rien donner à la chimère, il était frappé du péril social — le mot existait dès lors comme la chose — et pénétré de la nécessité des réformes qu'appelait le malaise profond de la France, de l'Europe, du monde entier. Ce malaise, « il fallait se boucher les yeux pour ne le point voir ». Où trouver le remède? Prevost-Paradol n'avait pas la prétention de l'avoir découvert. Mais c'était le commun devoir de le chercher. Et dans le déchaînement des passions contraires, qu'avaient à faire les raisonnements de la métaphysique? Aussi bien la science moderne, en reconnaissant l'identité de la force qui, sous les noms divers de lumière, d'attraction, d'électricité, de magnétisme, régit tous les éléments de la nature, l'homme comme les autres, n'avait-elle pas rejeté les questions supranaturelles dans les oiseuses discussions de la scolastique? De la grande loi de l'unité du monde, philosophiquement démontrée par Spinoza et confirmée par les résultats de l'observation scientifique contemporaine, dérivait pour l'humanité une morale, une politique nouvelle : la morale des désirs légitimes, la politique des intérêts à satisfaire. « Les passions sont dans l'homme aussi naturelles et aussi salutaires que le feu des soleils, le courant des eaux, la marche des astres.

L'ignorance des règles et de leur développement nous oblige à les tenir en bride pour le salut de la société. Se rendre compte de ces règles et fonder sur leurs assises un ordre de choses où l'homme trouve le bonheur par l'accomplissement de sa destinée, tel est le problème, l'unique problème, et la spéculation n'a rien à y voir ; il doit se résoudre par l'action. » En vain Taine objectait-il que les découvertes de l'histoire naturelle et de la physique, si merveilleuses fussent-elles, — et nul n'en était plus touché que lui — n'avaient pu supprimer, ne supprimeraient jamais la science des principes, et que c'est une morale sans consistance, une politique sans ancre de sûreté, que celle qui ne prend pas son point d'appui dans les inébranlables données de la métaphysique. Était-ce bien à dix-neuf ans d'ailleurs qu'on pouvait se flatter de posséder le secret du gouvernement des hommes et de la pacification des sociétés ? Le pire de tous les dangers enfin n'était-il pas une ambition tumultueuse et prématurée ? Avant d'agir, ne fallait-il pas avoir étudié, réfléchi, « psychologisé », s'être convaincu ? — Des convictions ! Prevost-Paradol ne présentait pas ses visées comme telles. Il se réservait de leur donner plus tard un caractère mieux arrêté, sinon définitif. Il ne voulait pour le moment qu'indiquer les tendances de son esprit, ses hypothèses. Que cette fièvre d'agir fût de l'ambition, il n'y contredisait point. « Oui, s'écriait-il, j'ai mille raisons d'être ambitieux et amoureux de la vie ! Je voudrais être puissant, je voudrais être riche, je voudrais être aimé ! » Au surplus, à quoi bon s'attacher à le détourner de la lutte ? Il y était irrévocablement engagé. En même temps qu'il poursuivait non sans peine sa préparation à l'École, il avait écrit — et avec quel plaisir ! — son premier manifeste politique. Sous le nom de *Conseils à la jeunesse*, il traçait la règle de conduite à suivre pour ceux qui, comme lui, allaient entrer dans la carrière. Aux discours du parti conservateur il opposait les discours du parti socialiste, se rangeant lui-même parmi les socialistes, c'est-à-dire dans le camp de ceux qui voulaient travailler à la réforme des mœurs sociales et des institutions civiles, au nom de la justice et de la liberté[1]. Trouverait-il à faire imprimer le livre, et quelque effort qu'il eût fait pour comprimer le bouillonnement de sa pensée, cette publication n'allait-elle pas soulever bien des tempêtes ? Il s'attendait à tout ; mais il ne reculerait devant rien, « pour sortir de sa médiocrité et faire son entrée dans ce monde qu'il fallait prendre d'assaut ». J'entends toujours cette longue confidence, faite sur un banc du petit jardin de l'infirmerie, où nous nous trouvions ensemble, et qui, malgré certaines divergences d'opinion, scella notre amitié : rien ne saurait en rendre l'accent, l'entrain, l'emportement juvénile, pas même la correspondance où j'en ai retrouvé le vivant souvenir.

La régularité des travaux quotidiens de l'École avait un peu amorti ces ardeurs. Sous le toit commun, les deux adversaires s'étaient aisément rapprochés au sein même de la philosophie, en

1. Le travail a été imprimé en 1851 sous un nom d'emprunt. Il est aujourd'hui presque introuvable En voici le titre complet : *Conseils à un jeune homme. Du choix d'un parti*, par Lucien Sorel. Suit cette épigraphe tirée de Xénophon : « Jeune homme, faites vos efforts pour n'être pas compté parmi les races serviles. » — Paris, in-16, 91 pages.

s'empruntant ce qu'ils pouvaient s'offrir l'un à l'autre de meilleur. « Je t'ai donné Spinoza, disait Taine; tu m'as donné Burdach et Geoffroy Saint-Hilaire. Je t'ai initié à la métaphysique; tu m'as appris la physique et la physiologie. Frères en philosophie, en politique, en littérature, nos deux esprits sont nés ensemble et l'un pour l'autre, et si je te perdais, il me semble que je perdrais tout mon passé. » Prevost-Paradol avait copié ces lignes sur une carte qu'il a longtemps portée avec lui parmi ses notes intimes. Cependant Taine n'était pas bien assuré qu'au fond la métaphysique eût repris possession de son ami. Plus d'une fois, quand il nous voyait seuls, il venait le trouver pour travailler à affermir sa conversion chancelante. Je ne sais rien de plus pressant à la fois et de plus doux, de plus nerveux et de plus aimable, que les discours qu'il tenait pour le désintéresser de l'action et le « faire définitivement rentrer au couvent ». Il lui représentait l'inanité des efforts de l'homme politique, de l'orateur, du journaliste qui se dépense au jour le jour, le plus souvent sans profit pour lui-même ni pour personne : combien plus enviable la puissance du philosophe qui recueille, analyse, coordonne, condense des trésors de connaissances et de pensées pour son propre perfectionnement et pour le progrès général de l'humanité! Il l'avertissait des séductions de la rhétorique, des pièges qu'elle tend à la vanité trop aisément satisfaite, des regrets que pouvait créer — prophétie douloureuse — une cause mal engagée, se faisant pardonner la gravité menaçante du conseil par l'exquise et affectueuse simplicité du ton. Nouveau Polyeucte enfin, — la comparaison lui était familière — il usait de

tous les arguments pour arracher cette intelligence
si chère au culte des idoles et la ramener à l'amour
du vrai dieu. L'inoubliable contraste que celui de
ces deux esprits, de premier ordre l'un et l'autre,
qu'avait étroitement unis au point de départ la
solidarité des vues philosophiques non moins que
la réciprocité d'un attachement sincère, et qui, dès
les premiers pas, se trouvaient irrésistiblement
poussés en sens opposés par l'originalité même et la
puissance de leur talent : celui-ci grave, serein, re-
plié sur lui-même, jouissant de la recherche solitaire et de la moindre parcelle de vérité conquise
comme du souverain bien, — celui-là non moins
perçant ni moins profond, pour peu qu'il appliquât
sa pensée, mais sollicité par toutes sortes de passions, épris de toutes les jouissances du monde,
dévoré du désir d'en savourer l'ivresse! Je ne
crois pas que Prevost-Paradol, à qui la réplique
ne faisait point défaut, — une réplique alerte et
incisive, — ait un seul moment inspiré à Taine
le désir ou simplement le goût de l'action. Je
sais que les raisonnements de Taine, si élevés,
si forts, — il maniait supérieurement la langue
philosophique, — ont plus d'une fois touché l'esprit
très impressionnable de Prevost-Paradol; mais il
n'en est point qui ait réussi à l'entamer : sa
résolution était arrêtée « de se jeter, dès qu'il le
pourrait, dans la grande aventure de la vie ».

On le vit bien, le jour où éclata le coup d'État. Le
2 décembre 1851, à la première nouvelle de l'arres-
tation des membres de la Chambre, il monta chez
le directeur en qualité de chef de la troisième année, et lui déclara, avec la solennité de la jeunesse
faisant pour la première fois acte d'indépendance

et de virilité, que l'École était avec l'Assemblée. Huit jours après, nous assistions à la dernière leçon faite en Sorbonne par M. Jules Simon. « La belle, l'admirable séance! écrivait Prevost-Paradol. Cet homme est né orateur. Quel feu, quelle voix, quel geste, quel naturel entraînant! Il fut magnifique ce jour-là » (24 décembre 1851). Au retour, dans une dissertation intitulée : *De la classe éclairée d'une nation*, il rédigeait lui-même une sorte de protestation du droit contre la force, de l'élite contre la foule. Si véhémente que fût son indignation et même alors qu'il ne cherchait pas à y résister, elle ne l'aveuglait point. Il écrivait, il parlait, il se multipliait avec calme et décision, nous donnant, pour ainsi dire, la vision des talents que la politique lui permettrait de produire, si les circonstances lui fournissaient un jour l'occasion de les mettre en œuvre. Autour de nous, il n'était bruit que de retraites, de suspensions, de démissions, et l'on se demandait de quel côté était le devoir. Un fragment de lettre a été cité où Prevost-Paradol disait : « Nous ne sommes pas tenus de donner un inutile exemple, nous que l'Etat tient à la chaîne d'indispensables appointements. » Ce n'était qu'une partie de sa pensée et la moindre. Ayant trop d'esprit pour s'exagérer son importance et incapable de se payer de sophismes, s'il reconnaissait que « devant la nécessité il eût été puéril de paraître jouer à l'héroïsme », dans ses entretiens intimes il ajoutait que le corps enseignant, dont la fonction permanente est supérieure aux mouvements passagers des passions populaires, se devait à lui-même de travailler à maintenir les grands courants de l'opinion libérale. A ses yeux, pour tous les membres de l'Université, pour ceux qui, dans leur impuissance, étaient obligés de rester à leur poste, comme pour ceux que leurs engagements publics forçaient à s'en détacher, l'obligation la plus pressante était d'aider énergiquement le pays à reprendre possession de lui-même : au-dessus de la forme du gouvernement, il y avait la France. Ce sentiment ne jette-t-il pas comme une première lueur sur les mobiles de sa vie?

Cependant, les premières agitations passées, il fallut se résoudre. Les générations qui appartiennent à ces promotions de l'École ont été parfois sévèrement blâmées d'avoir déserté l'enseignement; il faut reconnaître qu'on ne cherchait pas à les y retenir. Après un échec à l'agrégation de philosophie qui avait fait scandale, — tant l'injustice était révoltante! — Taine, en moins d'un an, avait passé par Nevers, Poitiers, Besançon, en butte à des attaques aussi ridicules que déloyales, accusé ici d'avoir fait devant des enfants l'éloge de Danton, là de ne leur avoir pas interdit avec assez de vigueur la lecture des *Provinciales*, et ballotté de philosophie en rhétorique, de rhétorique en sixième. Sarcey, qui avait été condamné à traverser la France entière de l'est à l'ouest, de Chaumont à Lesneven, pour s'être un moment défendu de faire couper sa barbe, ainsi que le prescrivait une circulaire dictatoriale, se consolait gaiement de sa disgrâce en faisant répéter à ses élèves, pour la distribution des prix, *les Fourberies de Scapin* sagement expurgées sous les yeux de son spirituel et aimable principal, l'abbé Cohannet. Mais l'année précédente, Cahen, chargé du cours de philosophie à la Roche-sur-Yon, avait été exclu de l'enseignement philosophique, —

non qu'il eût commis quelque imprudence de conduite ou de langage, — mais simplement parce qu'il
était né israélite; Lamm, inquiété au même titre et
ébranlé dans son autorité, allait bientôt revenir à
Paris et, à bout de ressources, se jeter dans la Seine.
A ces causes communes du découragement que les
violences de la réaction entretenaient dans l'Ecole,
s'ajoutaient pour Prevost-Paradol des raisons d'inquiétude particulière. L'agrégation de philosophie
à laquelle il se destinait était supprimée. Devait-il
le regretter? L'enseignement philosophique était devenu un péril; il l'avait senti, dans sa rectitude, bien
avant les événements. « Hypocrisie ou destitution,
destitution surtout, voilà, écrivait-il le 2 juillet 1850,
ce qu'avec mes opinions la philosophie me promet :
cela est plus clair pour moi que le soleil. » Le
caractère étroitement scolaire de l'agrégation des
lettres l'effrayait; il ne se voyait pas d'ailleurs
sans embarras corrigeant un thème grec dans une
classe d'humanités. Et puis le pédantisme de collège,
qui lui était un jour apparu personnifié en habit
râpé et en cravate blanche sale, lui répugnait. Ce
n'est qu'au sein des Facultés, dans la littérature
française, dans les langues vivantes ou dans
l'histoire, qu'il entrevoyait un asile digne et relativement sûr. Décidé à préparer ses thèses de doctorat, et libre de le faire partout, rien ne l'attachait
plus dès lors à l'Ecole, dont le nouveau régime lui
pesait.

En prévision de cet avenir mûrement délibéré, il
s'était par avance ouvert les accès de la presse. Il
était encore sur les bancs du collège, quand il avait
demandé aux amis de sa mère d'y protéger ses débuts. *La Liberté de penser* avait reçu, sous le nom

de Louis Brégan et de Lucien Sorel, ses premiers essais de philosophie sociale. *La Liberté de penser* venait d'être supprimée. Mais il lui restait la *Revue de l'instruction publique*, où il était devenu le rapporteur ordinaire des grandes séances de l'Institut. Le compte rendu de l'éloge de Geoffroy Saint-Hilaire par M. Flourens et de la réception de M. Montalembert à l'Académie française, surtout un article sur la Notice consacrée à Droz par M. Mignet, dans une séance annuelle de l'Académie des sciences morales, l'avaient mis en lumière, presque en faveur, auprès des maîtres de la critique littéraire, qui étaient en même temps les chefs de l'opinion libérale. Il espérait mieux encore. En 1851, le sujet choisi par l'Académie française pour le prix d'éloquence était l'éloge de Bernardin de Saint-Pierre. Il avait passé ses vacances à travailler, dans sa petite chambre de la rue du Cherche-Midi, le matin avant que vinssent les visiteurs. Nous n'étions que trois, Taine, Levasseur et moi, dans la confidence. Les concurrents étaient nombreux et brillants. Après une discussion qui avait longtemps tenu en suspens le jugement de l'Académie, la majorité des suffrages s'était décidée pour lui. Mais le jour où il m'écrivait (25 mai 1852) : « Victoire ! j'ai le prix tout seul, tu entends bien, tout seul », il ajoutait : « Es-tu en état de me faire dîner au Palais-Royal ?... J'ai douze sous à moi. »

III

La « grande aventure de la vie » commençait pour
lui. Dans sa carrière si remplie, je ne sais rien
de plus honorable que la lutte qu'il soutint contre
les nécessités de l'existence pendant les trois années qui précédèrent sa nomination à Aix. « Je n'ai
jamais eu la force de me gêner, je ne l'aurai jamais »,
disait-il à vingt ans. Plus tard il répétera encore
volontiers, trop volontiers, qu'il ne peut s'imposer
aucune contrainte et qu'il aime à suivre son pen-
chant. Durant ces trois années, sa vie fut une vie
de labeur acharné et de gêne étroite.

Il ne lui eût pas été impossible de se faire jour
dans le monde des gains faciles et des loisirs malsains; le hasard des relations qui s'offrent, sans
qu'on les cherche, faillit même l'y introduire plus
d'une fois. Mais il avait en aversion la jeunesse
dorée des premiers jours de l'Empire, « ces fils
d'agent de change et de banquiers, race anoblie
des Mercadet, n'ayant plus à la seconde génération
l'actif savoir-faire du père, mangeant fastueusement de l'argent mal acquis, blasphémant politique bêtement et cruellement, sans plus de cœur
que d'esprit, vrais fils d'affranchis qui oublient
le collier de leurs ancêtres et mériteraient de
le porter (1er octobre 1851). » C'est d'un tout autre
côté, c'est vers les hommes « dont la fortune
scientifique et littéraire représentait une dépense

énorme de talent et de patience » que se portaient son ambition et son courage. Nous vivons et nous mourons au concours, écrivait-il non sans un peu d'ironie; mais il acceptait ces conditions, et ne demandait qu'à « faire vaillamment sa trouée ».

Encore fallait-il cependant avoir les moyens de s'y préparer. Son père, avec sa modique pension, possédait tout juste assez pour subvenir aux frais de l'éducation de sa sœur. Les quinze cents francs du prix d'éloquence, sur lesquels il avait fondé tant d'espérances, n'étaient qu'une ressource de transition. Grâce à un maître dévoué, M. Geruzez, un traité avec une grande maison de librairie lui assurait, pendant quelque temps, moyennant un travail considérable, un modeste revenu mensuel. « Entre les soussignés Louis-Christophe Hachette et Anatole-Lucien Prevost-Paradol, élève de l'École normale, demeurant rue du Cherche ...., disait-il gaiement, a été convenu ce qui suit : le pauvre jeune homme fera un gros volume intitulé *Revue de l'histoire universelle*, avec quelques faits et force considérations générales. Il a, pour ce faire, treize mois ou moins, s'il le peut, et le premier de chaque mois il touchera deux cent cinquante francs jusqu'à ce qu'il ait touché — et dépensé, hélas! — trois mille francs. » D'autre part, M. Léon Halévy, qui lui portait une vive affection, lui avait procuré quelques leçons. Il comptait aussi sur les concours de l'Institut, même sur les scénarios de l'Académie des Beaux-Arts. Mais tout cela n'était pas assez pour assurer le lendemain.

Chaque jour, après une matinée de travail commencée en plein hiver à cinq heures, à la lueur d'une bougie, les jambes enveloppées dans la cou-

verture de son lit, faute de feu, il partait et parcou-
rait Paris dans tous les sens, allant de projet en
espérance, et trop souvent d'espérance en déception.
Un moment il se flatte d'être chargé de la suppléance du cours de littérature française à la Sorbonne; mais M. Geruzez, pour être suppléé, doit
d'abord obtenir la chaire, et la chaire lui échappe.
Pendant quelques semaines, il poursuit l'emploi de
répétiteur de langue et de littérature françaises à
l'École polytechnique; il y est désiré, presque attendu : l'emploi est supprimé. La bibliothèque de
l'École normale lui est offerte, il n'attend plus que
la nomination, quand il apprend qu'un de ses maîtres a posé sa candidature : il se désiste. Puis c'est
la *Revue des Deux Mondes* qui lui fait des avances :
le choix de l'article qu'il doit fournir est arrêté avec
M. de Mars; il traitera du roman contemporain.
Mais voici que M. de Mars trouve l'article trop court:
il réclame des recherches nouvelles et quelques
développements. Des recherches pour un homme
qui n'a jamais eu le goût d'en faire et qui a moins
que jamais le temps de s'y livrer! Des développements pour qui se sent absolument incapable d'é-
tendre ce qui peut clairement, d'un mot, s'indiquer
ou s'insinuer! Mieux valait s'en tenir aux colonnes
moins exigeantes de la *Revue de l'instruction publique*. Aussi bien, sous la direction de Rigault, la
Revue, devenue un *Recueil critique de la littérature,
des sciences et des beaux-arts*, avait groupé autour
d'elle toute une pléiade d'écrivains distingués :
Ch. Lévêque, Bersot, Caro, Taine, J.-J. Weiss, E. Hervé,
F. Baudry, J. Girard, A. Claveau. Quelle compagnie plus souhaitable, quel moyen plus à portée
pour payer ses dettes, dettes de ménage et dettes

de reconnaissance envers ceux dont il avait éprouvé le bienfaisant patronage! — Un jour enfin, c'est la fortune elle-même qui semble se présenter à sa porte. Une mine de charbon a été trouvée par un ami, toute prête à être exploitée : on va réunir les capitaux et il sera associé aux bénéfices! Il ne s'agit plus d'un accroissement passager de bien-être, mais d'une aisance définitive et de l'indépendance dont elle sera la garantie. Quel rêve! Les semaines se passent, les capitaux n'ont pu être réunis, et le rêve s'évanouit.

Cette poursuite d'une sécurité qui, à peine aperçue, lui échappe, n'allait pas sans bien des crises de découragement et de langueur. Depuis sa sortie de l'Ecole, Prevost-Paradol n'avait auprès de lui personne en qui se décharger, comme il aimait à le faire, du poids de ses tristesses. Pendant les premiers mois, il tint une sorte de carnet où il notait ses impressions de chaque jour. Et il y avait consigné tout d'abord (13 juin 1852) une analyse de ses dispositions intimes avec une précision impitoyable. Ah! il ne cherchait pas à se tromper sur lui-même ni à se flatter! Le scalpel pénètre dans les chairs, sans que la main tremble.

« Élevé avec soin et intelligence, par ma mère, disait-il, abreuvé d'ennuis au collège, dégoûté de l'enseignement à l'Ecole normale, j'aborde ce monde avec des mouvements d'ambition que j'entretiens de mon mieux, — car ils sont ma vie — et avec un fond d'indifférence qui tôt ou tard prendra le dessus. J'ai des amis dévoués, de bons camarades, un père excellent, et, dit-on, un brillant avenir; avec tout cela, il n'est pas de jour où je n'éprouve plusieurs fois le désir d'être mort. L'extrême lassitude que je porte en tout ressemble à de la lâcheté. Ceux qui me reprochent de ne pas les aimer ont tort de m'accuser d'égoïsme; je m'aime encore moins qu'eux. Mes travaux, mes actions, mes désirs sont des voyages. L'indifférence est ma patrie.... » N'est-ce là qu'un thème de réflexions générales? Non : sous chacune de ces observations se place un incident réel, un fait de sa vie commençante : « J'ai quitté l'Ecole. C'était une laide carrière. Pas d'avenir et mille dégoûts. Mais puisque je n'ai pas voulu marcher, il faut courir. Il y a deux pas de faits : mon traité avec la librairie, mon prix à l'Académie. Le traité me vaut jusqu'ici quelque argent et beaucoup de travail. Attendons la fin. Le prix m'a valu des réprimandes de mes anciens supérieurs, le plaisir de voir contents quelques vrais amis : mes maîtres Geruzez et Chéruel, Mme Halévy, mes chers camarades Gréard et Ludovic. J'ai vu, à cause de ce prix, le salon où Villemain repose sa tête brisée, la bibliothèque où Cousin étonne son monde, le cabinet où travaille Mignet, le charmant Mignet, qui m'a frappé par une vraie grandeur. Ce prix me vaudra encore d'autres plaisirs et d'autres ennuis, puis ira rejoindre dans le néant tout ce qui m'a occupé jusqu'ici.... » « Cependant, ajoute-t-il, et bien que je me retrouve toujours au point de départ, le souvenir de ces excursions rapides a ses charmes et je veux le conserver. » C'est pour cela qu'il en laissera dans son journal des traces légères, sensibles pour lui seul, afin que, dans les moments de repos, il puisse « repasser les agitations qu'il aura traversées, revoir les choses qui, après l'avoir vivement touché, lui seront devenues étrangères ». Il y recueillera quelque

plaisir peut-être, assurément une leçon. Nous y
trouvons à notre tour le témoignage de sa lutte
contre lui-même, et des efforts qu'il fait pour se
rattacher aux conditions de la vie commune.

« Quand je jouis d'un beau rayon de soleil, d'un
grand calme intérieur, d'un beau spectacle, enfin
quand j'éprouve un plaisir quelconque, j'ai conscience que ces moments fugitifs sont rares dans
la vie et en font tout le prix, que l'ambition la plus
active et la plus patiente ne peut me donner mieux,
et je regarde fuir ces secondes-là, comme un avare
verrait s'envoler son or. La vie n'est donc pas
toujours et partout méprisable. Le grand art est
de savoir à propos prendre au sérieux ce qui l'occupe, ou la compter, elle et tout son mouvement,
pour rien. » Et quand il sent que cet art lui échappe,
il cherche des raisons de le retenir. « Pourquoi ne
s'en pas tenir à l'apparence? N'est-elle pas la réalité
du moment? Heureuses en cela les bêtes! J'arrive du
Jardin des Plantes, je les ai vues, mes chères bêtes,
et, par une singulière rencontre, un grand nombre de personnes infirmes, qui, en face des sveltes
captifs du jardin, faisaient honte à l'humanité. Mais
quand la nature humaine est belle, quelle autre
l'égale! » Cette réflexion qu'il a nourrie, en revenant de sa visite, le remet en présence de la beauté
de la vie universelle et le console de son néant.
« Si tout ce qu'il y a d'incontestablement beau dans
l'espèce humaine était quelque part réuni, l'imagination serait confondue. Elles existent pourtant,
ces créatures sublimes, et, depuis Hélène et Pâris,
combien de chefs-d'œuvre ont enchanté leur petit
coin de terre! Il n'en est pas deux qui se ressemblent,
et il en naîtra encore un nombre infini. Quelle vie

splendide que celle de Dieu-Océan, toujours nouveau et toujours éblouissant! Quand ma petite vague sera-t-elle submergée? Voici quelques milliers de secondes qu'elle élève sa petite crête écumante au soleil. » La journée est bonne pour se gourmander et se rabattre : il se mortifie. « La vanité est une fanfare qui chante les victoires de notre folle et incurable ambition.... » Dans la sincérité de cette intelligence, tour à tour révoltée et résignée, qui ne trouve le calme et l'oubli d'elle-même qu'en se rattachant à la contemplation de l'ordre général du monde, n'y a-t-il pas quelque chose qui rappelle, toute mesure et toute différence gardées, la pensée à la fois tourmentée et sereine de Pascal?

Te même que Pascal, le spectacle de la déraison humaine l'attache et l'émeut. Il était reçu à Passy chez le docteur Blanche comme un fils. « Hier, dit-il (19 juillet 1852), j'ai dîné à cette table où venaient de s'asseoir les corps de ces pauvres âmes troublées. Celui qui reste une heure debout à plier sa serviette nous rappelle où nous sommes. Celui qui. à côté de moi, parle avec tant de sagesse et de chaleur était fou naguères. Et nous avions le front, à nous quatre, de discuter sur la religion et la politique.... Étrange jardin où se promènent en grande toilette les raisons égarées, où elles viennent des quatre coins du monde, comme pour faire une partie de campagne? Ce jeune Espagnol, qui arrive de Cuba, avec son œil sombre et son pâle visage, et qui se traînait au bras du médecin, m'a fait pitié. Quelle tête que celle de ce Blanche! Comme il les domine, comme il leur fait peur, comme il les séduit! Est-il une royauté plus absolue que la sienne? Il joue le rôle de Dieu ; il punit

et récompense; il a la force en main, et tous lui
obéissent..., excepté ceux qui le mordent. Homme
charmant, homme du monde et du grand monde,
toi qui ne manques pas une première représentation, qui vas conduire les dames à Nantes et qui
dis tant de jolies choses, il ne t'est pas permis d'oublier que la plus terrible des infirmités humaines te
fait vivre et que ton joyeux salon est entouré d'un
enfer. C'est celui-ci qui t'a mordu, c'est cet autre qui
t'envoie son gardien, en te suppliant de l'aller voir,
pour que ton regard le calme ou l'étourdisse;
c'est ce pâle jeune homme assis dans un coin, et
que tu ne perds pas de vue, tout en causant avec
les hôtes. Si le chirurgien devient indifférent aux
douleurs du corps, ne dois-tu pas être insensible
aux maux de l'esprit, et alors que te reste-t-il d'humain?... Ce qu'il lui reste, eh parbleu! l'ambition,
le désir des richesses, le goût du travail peut-être
et la curiosité, la satisfaction secrète de se sentir
maître de sa raison, au milieu de tant d'êtres dé-
raisonnables et de les conduire comme un trou-
peau : c'est parmi des princes détrônés qu'un roi
porte le plus fièrement sa couronne. » Mais il n'en
philosophe pas toujours aussi élégamment : en
présence « de l'inexplicable » du monde, il a ses
heures, lui aussi, d'impatiente angoisse : « J'ai
pleuré, hier (27 octobre 1852). Je suis un peu fou, il
faut croire, puisqu'il n'y a en ce monde que les
folies qui me touchent. Que ne verrais-je pas d'un
œil sec? Mais parlez-moi rêves, prédictions, magnétisme, et les larmes débordent. C'est ridicule et de
plus incompréhensible, car je ne crois à rien de
surnaturel. Surnaturel, mot absurde. Cela serait
que ce serait naturel, et pour moi cela conspire

à prouver l'unité de l'âme universelle. Toutes ces choses nous troublent sans profit.... » La vérité est que, ce jour-là, son isolement l'écrasait, et qu'il ne pouvait ni en secouer, ni en soutenir le poids. Il regardait à tous les coins de l'horizon, cherchant un appui : « Pas de nouvelles d'Edouard. Pas de lettre d'Octave ! »

Parfois aussi il essaye des « divertissements ». Mais il confesse que, dans le monde, il se trouve le plus souvent emprunté et maladroit ; il ne devait y réussir que plus tard. Voici comment il raconte une de ses aventures : « Il est un temps où notre âge plaide pour nous et un autre temps où il nous faut plaider pour notre âge, et alors que de causes perdues ! Hier j'ai été frappé de mon assurance avec Miss X.... Il n'est rien de tel pour enhardir les gens timides que de ne pas parler dans sa langue. La crainte de rester court fait tout dire ; les mots emportent la pensée, comme la rime force la raison. Je ne me reconnaissais guère pendant ce bavardage. Étrange contraste : en français, j'eusse été timide jusqu'à la niaiserie ; en anglais, j'ai été hardi jusqu'à la fatuité. Parler beaucoup échauffe ; parler beaucoup dans une langue étrangère enivre. L'animal est ainsi fait. » Au fond, le bruit de sa parole n'a fait que l'étourdir ; il n'en conserve pas longtemps l'ivresse. « Quelle vie que celle de cette créole courant le monde avec sa jeunesse et son argent, entendant parler d'amour dans toutes les langues et portant partout son babil et ses yeux noirs ! On se croirait entouré de gens heureux, si l'on ne savait soi-même comment on fait illusion aux autres et comment chacun porte décemment sa blessure. » Non seulement le monde ne le calme

point, mais il l'irrite. Qu'on en juge par cette note
poignante, une des dernières portées au carnet :
« Oui, nous avons aussi notre enfer, nous autres gens
prétendus raisonnables, et je m'en aperçois depuis
deux jours qu'on m'a interrompu sur ce vilain mot :
le monde ! Qui m'a interrompu ? Planat[1]. Et il m'a
raillé de mon goût exclusif pour le travail, de mon
ignorance des choses de la vie, de mon mépris pour
le plaisir ! Quel à propos dans tout cela, et que de
fois nos conseils et nos remarques doivent ainsi
tomber au rebours de la situation des gens ! Peut-
être lui ai-je dit, sans m'en douter, des choses aussi
ridicules. Celui qui connaîtrait pleinement le fond
des cœurs rirait bien. Il pleurerait, s'il était capable
de pitié : tant la nature humaine est misérable et
ingénieuse à se créer des supplices !... Si cette vie
doit être courte, au moins devrait-elle doucement
finir. Mais que la nature est rigoureuse ! Qu'on soit
usé par les plaisirs ou par les chagrins, elle vous
emporte avec la même indifférence, comme on brûle
un instrument brisé, qu'il soit détruit par la bruta-
lité d'un sot ou par la passion d'un grand artiste. »

On sent ici l'amertume. C'est que, par moments,
la lassitude est la plus forte. Mais il y aurait danger
de se méprendre, si, à côté des notes du carnet, on
ne lisait les lettres qui portent les mêmes dates. Là
ce n'est plus de philosophie générale qu'il s'agit,
mais de lui et de lui seul. Or, au fond sans doute,
sa tristesse est la même ; mais, soit qu'il éprouve
quelque soulagement à en faire la confidence à un

1. Un condisciple du collège Bourbon, ami de Taine, celui qui,
sous le nom de *Marcelin*, a été l'un des fondateurs et est resté
longtemps le directeur de *la Vie Parisienne* — Voir l'article que
Taine lui a consacré dans les *Derniers essais de critique et d'histoire.*

cœur ami, soit que, par le fait seul de la correspondance, la solitude lui devienne moins lourde, l'expression de sa pensée est moins tendue. « Se conduire devant vingt personnes en jeune homme tranquille, indépendant, occupé seulement de travail et de littérature, et une heure après, faire face au présent et à l'avenir, sentir s'appuyer sur soi un père désespéré, une femme inquiète — il venait de se marier — et porter deux familles : ah! quand tout cela sera fini, si la vie me devient jamais douce et aisée, je n'y croirai pas (21 octobre 1853). » Point d'emportement ni d'aigreur; une soumission fière. « Je reste toujours dans les mêmes parages (2 juin 1853), sans grande tempête et sans beau temps, écrivaillant mon *Histoire* et en désirant ardemment la fin, aussi vivement que je désirerai ensuite quelque chose encore, et toujours ainsi, jusqu'à ce que ma petite lampe soit éteinte et mon rideau tiré. » Il semble même que ces épreuves le rassérènent : « Croirais-tu que la seule pensée de l'infinie succession de nos désirs, faite pour contrister l'âme, me console, au contraire, en m'empêchant de m'éprendre trop fortement du désir présent, comme font ceux qui croient toujours toucher au port et mettre la main sur le repos? »

Le repos, c'est le travail seul, à vrai dire, qui le lui apporte. L'éloge de Bernardin de Saint-Pierre ne lui fut pas heureux jusqu'au bout. Le fragment, dont il avait été donné lecture dans la séance publique de l'Académie française, était resté sans effet. Huit jours après, Prevost-Paradol écrivait sur son carnet (27 août 1852) : « La séance du 19 est une déroute. L'admirable rapport de M. Villemain, la fatigue du public et l'uniformité ennuyeuse de ma

prose m'ont porté malheur. Philarète Chasles m'a
bien mordu. Les *Débats* m'ont trahi. Tout cela est
réparable. M. Cousin m'a ouvert la porte de la *Revue*.
Quelle chaleur amicale aussi dans ce Régnier[1]! Merci,
ma mère, de m'avoir laissé de tels amis.... Le reste
est mon affaire. La passion du travail me revient. »
Et, comme pour s'encourager, il ajoute : « La belle
thèse de M. Renan est un modèle. Quel avenir!
Que de gens qui me dépassent de cent coudées! »
Lorsqu'il était ainsi en haleine, le labeur quotidien
des répétitions, qui constituaient sa meilleure ressource, bien loin de lui peser, le soutenait. C'était
un professeur accompli. La page qu'il écrivait de
l'École normale à Ludovic Halévy pour l'engager à
lire Tacite, « le plus nourri, le plus beau, le plus
saisissant des romans », est une merveille de critique saine et haute. Nul n'avait de l'antiquité un
sens plus juste, plus vivant, plus frais : selon le
mot d'un de nos maîtres de l'École, quand il l'expli-
quait, il semblait qu'il la découvrît. C'est cette curiosité qu'il cherche à inspirer à ses élèves. Il aime
à les jeter tout vifs dans les grands livres. Il lit
avec eux Hérodote, Xénophon, Tite-Live, et, chemin
faisant, il leur ouvre l'esprit à toute sorte d'idées
nouvelles : ce sont des enthousiasmes sans fin. Il
en jouit avec eux et autant qu'eux. Ah! que ne
l'a-t-on ainsi affriandé au Collège, au lieu de le
dégoûter par d'ennuyeuses et stériles élucubrations!

Si occupées d'ailleurs que fussent ses journées,
il avait ses moments de véritable réconfort et d'excitation féconde. Il entretenait d'étroits rapports
avec ses anciens professeurs : Geruzez, Chéruel,

---

1. Régnier, le sociétaire du Théâtre-Français, un de ceux à qui
Mme Paradol avait plus particulièrement légué ses enfants.

Havet, Vacherot, J. Simon. Ses relations avec le monde académique s'étaient étendues et fortifiées. Son prix lui avait facilité tous les abords; il en était aussi surpris que reconnaissant. « Je suis partout bien reçu, ce qui m'étonne toujours, moi qui connais mon peu de valeur et qui ne puis me regarder sans rire. » (24 novembre 1852.) Jamais il n'aurait cru qu'il fût aussi aisé « de se laisser protéger ». M. Villemain était presque jaloux de l'affectueux intérêt que lui témoignait M. Mignet, et chaque fois redoublait d'attentions flatteuses. M. Michelet avait demandé à le voir, à l'occasion d'un article qu'il lui avait consacré : l'éloge du jeune critique tournait un peu court; son admiration avait trop de sous-entendus; le maître n'était pas homme à ne le point laisser voir ; mais, après ce léger froissement d'amour-propre, quelle large expansion de bienveillance et quelle conversation savoureuse ! Chez M. Garnier, il rencontre Renan, « le grand Renan, avec qui un quart d'heure de causerie l'a lié, il l'espère, pour toute la vie ». Ailleurs, c'est Augustin Thierry, Génin, Guigniaut, Paulin Paris, Hauréau. Les éloges qu'il trouve l'occasion de faire des uns ou des autres ne sont pas le seul lien des relations qu'il noue : la critique d'un discours académique lui vaut de la part de M. de Salvandy une discussion courtoise et plus tard un appui. Il « fréquente » chez M. Cousin. « J'ai passé hier ma soirée avec lui, de sept à dix, en tête à tête (24 novembre 1852). La séduisante créature ! Comme il accouche les esprits ! Comme il peint ce qu'il sait ! Il m'a raconté sa Longueville, son Condé : il m'a joué le XVIIe siècle, les Carmélites. Je l'ai suivi, animé, et nous avons visité ensemble le ciel et la terre. A quoi n'a-t-il

pas touché, et que ne sait-il embellir? Il me presse
toujours de revenir.... Je lui veux arracher une
théorie du roman à l'usage de mon article de la
Revue des Deux Mondes. »

Tout ce que Prevost-Paradol recueillait de direc-
tions judicieuses, tout ce qu'il amassait de renseignements utiles, ne lui profitait pas à lui seul. Il
était notre commun intermédiaire et notre meilleur
conseiller. Un tel est malade ou malheureux, il faut
lui écrire; tel autre s'endort, il faut le stimuler.
Très sûr, très fidèle, très tendre même en amitié,
il compatit à toutes les tristesses. Lui qui fléchit
si souvent et qui en souffre, il soutient les défail-
lants : « Ceux qui maudissent la société ressemblent
à ceux qui maudissent la tribune : c'est qu'ils ne
savent pas s'y tenir. » Il indique les sujets de thèse
dont il est prudent de se garder : point de métaphysique ; elle est suspecte ; en histoire même, un choix
habile est nécessaire. Un travail de Taine sur la
Sensation avait été écarté par la Sorbonne. « Qu'importe ! lui écrit-il. Il te reste un livre, de la jeunesse,
l'habitude de l'application, et, si j'en crois mes espérances, quelque chose de plus que du talent.... Il
faut patienter et t'exercer, voleter en attendant que
l'espace s'ouvre aux larges ailes, manger ton cœur
quelques années.... Je te supplie de deux choses :
l'une, c'est de préparer une thèse littéraire inoffensive et de paraître avoir renoncé à la philosophie ;
l'autre, c'est de faire de la philosophie plus que jamais. » (30 juillet 1852.) Ainsi nous poussait-il tous
au souci de l'avenir.

Il n'oubliait pas le sien, et, fidèle aux promesses
qu'il avait faites à sa famille, il travaillait à s'assurer
l'accès de l'enseignement supérieur, — sans enthou-

siasme, car il était clair qu'il lui faudrait quitter
Paris, mais avec résolution : n'était-ce pas là le seul
moyen de se frayer la carrière? Au cours de son *Histoire universelle*, il s'était passionné pour le XVIe siècle, et il en voulait tirer sa thèse française. Il avait
successivement tâté Duplessis-Mornay, Coligny, Du-
perron, d'Ossat; mais aucun d'eux n'offrait de l'inédit, et l'inédit était en honneur à la Sorbonne.
M. Mignet l'invitait à prendre un sujet plus ample :
la Conversion de Henri IV; c'était l'occasion d'exa-
miner si l'esprit français n'aurait pas gagné à s'engager dans la religion du libre examen. De cette
proposition Prevost-Paradol retint seulement l'idée
qu'une étude sur la politique religieuse de Henri IV
pouvait avoir de l'intérêt. Dans son *Histoire de Marie
Stuart*, M. Mignet avait au passage signalé l'esprit
et le caractère de l'ambassadeur Hurault de Maisse,
alors détaché en Italie, « un honnête homme et un
fin matois », le maître en diplomatie du Père
Joseph. Or il existait, aux archives du ministère
des affaires étrangères, « un manuscrit de sept cent
six pages sur l'ambassade de M. Hurault de Maisse
en Angleterre vers la royne Élisabeth, ès années
1597 et 1598, touchant la paix qui depuis fut con-
clue à Vervins ». Pendant plusieurs semaines, Prevost-Paradol s'enferma dans un petit cabinet, au
ministère, du matin au soir, sentant que chaque
journée de travail le rapprochait du but qu'il était
de plus en plus pressé d'atteindre. En même temps,
il rassemblait ses souvenirs sur *la Vie et les œuvres
de Jonathan Swift*, qui devaient lui fournir le sujet
de sa thèse latine. « De l'écrire en français n'était
rien; la difficulté fut de faire ce long thème. » Le
1er décembre 1855, quinze jours après la soutenance,

« la plus brillante qu'eût entendue la Sorbonne depuis trente ans, une de celles qui annonçaient un homme non moins qu'un écrivain, » disait Saint-Marc Girardin, je recevais ce billet : « Je verrai le champ de bataille des Cimbres, mais je ne verrai plus de longtemps mon cher Ottavio; car je vais à Aix, chargé du cours de littérature française, comme suppléant de M. Fortoul. »

IV

Entre les épreuves de sa jeunesse et l'activité militante de ses dernières années, le séjour à Aix est, dans la vie de Prevost-Paradol, une halte de repos et comme une oasis. Ce qu'il avait eu l'ambition de trouver tout de suite à la Sorbonne n'était pas, quant à présent, réalisable. Aucun devoir ne le retenait à Paris : son père était mort, sa sœur était à la veille d'entrer, ainsi qu'elle le désirait, dans le cadre des maîtresses de la Légion d'honneur de Saint-Denis. Il emportait avec lui tout son bonheur.

Il était encore à l'École normale, quand il avait rencontré, chez M. Flemming, la jeune Suédoise qu'il devait épouser. Une beauté qui lui rappelait celle de sa mère, un rare talent d'artiste, une grande élévation de sentiments, un tour d'imagination poétique, l'avaient charmé. J'ai lu jour par jour les lettres qu'il adressait à la suite de chaque entrevue, et plus tard, pendant plusieurs années, j'en ai eu le secret dépôt. Je ne crois pas que la passion ait jamais parlé une langue plus noble et plus sincère. De cet amour, dont les commencements avaient dû s'envelopper de mystère, étaient nés trois enfants[1], et, dans les agitations de sa fiévreuse exis-

---

1. Lucy, Yalmar et Thérèse. — Yalmar est mort le 22 décembre 1877 ; Lucy a succombé quelque temps après, le 17 mars 1878, au couvent des dames de la Retraite, où elle s'était retirée pour prendre le voile ; Thérèse est aujourd'hui, avec sa tante, dans l'ordre de Notre-Dame de Sion, au couvent de Ramleh, en Égypte.

tence, Prevost-Paradol se reprochait de ne leur point assez appartenir. Aix se prêtait au repos qu'il cherchait.

Pour mieux assurer son indépendance, il avait pris domicile à la campagne, dans une rustique maison d'où il embrassait la vallée de l'Arc et la pittoresque ceinture des collines qui l'enserrent. Avec ses collègues de la Faculté et le recteur, M. Mottet, ancien député, ancien conseiller d'État, demeuré libéral, il ne voyait guère qu'un vieux procureur général de la monarchie de Juillet, ami de M. Thiers et de M. Mignet, homme de cœur, original et instruit, mais si sourd qu'on osait à peine risquer avec lui un banal entretien. De Paris, il ne lui restait plus, il ne voulait plus du moins conserver — avec l'affection de ses amis — que deux souvenirs dont il vivait : avant son départ, il avait déposé à l'Académie des sciences morales un mémoire pour le concours ouvert sur *le Rôle de la famille dans l'éducation*, et, à peine arrivé à Aix, il avait écrit, en moins de trois semaines, un éloge de Vauvenargues : c'était le sujet du prix d'éloquence proposé par l'Académie française en 1856. Et il se laissait aller au courant nouveau qui le portait doucement. « Ma petite fille, monsieur le soleil, mon jardin que je vais orner de poules, mon cabinet de lecture et mes journaux, mon cours qui me réveille une fois par semaine et me chatouille, mon cher Borély avec qui je crie un peu tous les jours et dont l'oreille n'a plus de secret pour moi — quant à son esprit, il y a longtemps que j'y suis et lui dans le mien — tout cela me roule si paisiblement à travers la vie qu'elle me semble un chemin de mousse qui peut me conduire au néant sans que j'y songe. A peine si la demi-certitude où

je suis de la chute de *Vauvenargues* et si la sourde
inquiétude que me cause sur l'*Éducation* l'instinctive antipathie du rapporteur ont le pouvoir de me
troubler. Il me faut un effort pour m'affliger de ces
échecs lointains qui perdent ici de leur réalité. »
(10 avril 1856.) L'automne de la Provence surtout le
ravissait : « Imagine la température et l'atmosphère
des Champs Elysées de Fénelon.... Vraiment je suis
ici le plus patient des hommes, parce qu'en définitive, sauf vous autres, rien ne me manque, et que
cette vie tranquillement occupée est tout à fait de
mon goût. Croirais-tu que je commençais à trouver
les vacances un peu longues? » (22 octobre 1856.)
Ce qu'il goûte plus encore, c'est le bonheur de sa
femme, qui a recouvré la santé, et celui de ses
enfants, qui grandissent; sa dernière fille seule, sa
quatrième enfant, née à Aix et qui ne vécut que
dix-huit mois, l'inquiète « par son appétit irrassa-
siable ». « Comment conduire dans le monde une
personne aussi affamée, qui mange des deux mains
et toujours? »

Qui n'a pas suivi Prevost-Paradol, à ce moment,
dans son intérieur de famille, qui ne l'a pas vu ailleurs, auprès du lit d'un de ses enfants mourants,
au chevet de sa femme usée par la souffrance, ou
prodiguant, jusqu'au dernier souffle, à la vieille
gouvernante de sa mère les soins les plus dévoués,
ne l'a pas connu tout entier. Sa correspondance avec
Mme Léon Halévy qui, de Paris, veillait sur lui
avec une sollicitude maternelle[1], le montre gou-

---

1. « Votre billet, lui écrit-il (4 janvier 1856), a ramené mon imagination en arrière jusqu'au jour où vos lettres venaient consoler
et rassurer un petit écolier qui avait perdu sa mère, et qui souvent
allait l'oublier, le dimanche, auprès de vous. Votre écriture est

vernant son ménage dans le plus minutieux et le plus touchant détail. Il avait trouvé dans sa fonction la tranquillité, non l'aisance : force était de se restreindre, de se priver; la dépense d'un voyage à Marseille était une affaire; quant à Paris, il n'y fallait point songer. D'une intégrité rare, incapable de compter avec les autres quand il s'agissait de mettre le prix à son talent, Prevost-Paradol a toujours compté pour lui; plus tard, même alors que le goût du plaisir l'entraînait, sa vie resta toujours ordonnée. Rien de plus amusant dans leur précision spirituelle que les renseignements qu'il donne à Mme Halévy sur le prix du beurre et des olives, de la viande et du pain, qui ne coûtent pas moins cher qu'à Paris : ce qui est bien injuste, car on vit à Aix moins qu'à Paris, certes, et, en bonne conscience, on ne devrait payer que moitié une demi-existence, — ou sur les domestiques, n° 1, n° 2, n° 3, n° 4, par lesquels, en moins d'un mois, il a dû passer (12 février 1856).

Il sourit d'ailleurs de ses *Provinciales*, c'est le nom qu'il donne à ses lettres; et il semble, en effet, que le provincialisme le gagne. Un scandale local l'occupe, comme s'il était du pays. Les événements de son journal sont une promenade au Tholonet où, M. Zeller, son collègue, lui faussant compagnie, il a bu seul une pleine bouteille d'un petit vin pétillant qui a failli le mettre à mal; — une représentation de *la Juive*, dans une petite salle de la cour d'assises, par une Rachel de soixante-cinq ans, ridée, cassée, essayant de chanter d'une voix trem-

restée pour moi attachée à ces souvenirs, et par là elle m'émeut et me fait redevenir enfant... »

blante : « Et cependant il va venir » et laissant,
faute de dents, échapper des sons commencés; —
ou bien encore une chasse malheureuse chez M. Borély : « Oui, j'ai chassé, j'ai tué des grives et ce
qu'on nomme ici des palombes; j'ai même tué, à
deux pas du pigeonnier, un pauvre pigeon que j'ai
eu la naïveté de prendre pour une palombe : « Sacré-
dienne ! » criait M. Borély en me voyant ajuster l'animal au vol; et moi, qui interprétais l'exclamation
par : n'allez pas le manquer, je lui ai coupé la tête,
comme M. de Framboisy à sa femme. » (22 octobre
1856.)

Cette bonne humeur était entretenue par le succès de son cours. On a rappelé, sur le théâtre
même de ses débuts[1], quel effet produisit sa leçon
d'ouverture (10 janvier 1856). Rien n'avait été négligé sans doute pour le préparer. « Le grand événement de la semaine dernière, à la Faculté des
lettres, écrivait le doyen, a été l'inauguration du
cours de littérature française. Pour la rendre aussi
solennelle que possible, je l'avais fait annoncer par
des affiches spéciales, placardées aux portes de la
Faculté des lettres et de l'École de droit. De plus,
comme *le Mémorial* refusait depuis longtemps d'in-
sérer un avis de cette sorte, parce que nous n'é-
tions pas abonnés, j'ai décidé mes collègues à nous
y abonner ainsi qu'au journal *la Provence*, au
moyen d'une cotisation rendue nécessaire par l'exi-
guïté de notre budget. » Ce singulier détail n'est-il
pas plus curieux encore par l'idée qu'il donne des
ressources affectées alors à notre enseignement

1. *Prevost-Paradol à Aix en* 1856. Discours prononcé à la séance
solennelle de la rentrée de la Faculté des lettres, le 14 novembre
1887, par M. Gaston Bizos, doyen de la Faculté.

supérieur que par le sentiment de faveur qui avait,
dès l'abord, accueilli Prevost-Paradol? Cette grande
attente et ces sacrifices n'avaient pas été déçus.
Prononcée debout, d'une voix simple et pénétrante,
soutenue par un geste sobre et gracieux, sa leçon
enchanta l'auditoire. Cet enthousiasme du premier
jour n'était, à la vérité, qu'une avance sur celui
qu'il devait réellement mériter. Le bruit des applaudissements avait retenti jusqu'à Paris. Le ministre
y avait aussitôt mêlé les siens. Lorsqu'il reçut,
peu après, le discours, qui, suivant l'usage, avait
été imprimé, il regretta d'avoir eu l'éloge si prompt.
« Je n'ai pas trouvé cette première leçon bien faite,
écrivait-il au directeur du service; autrefois on se
donnait plus de peine. Communiquer confidentielle-
ment cette impression au recteur, qui conseillera
le travail au jeune professeur. » Grâce à la bien-
faisante lenteur des bureaux, l'avis ne parvint au
recteur que lorsque le jeune professeur, qui ne
s'était pas d'ailleurs jugé moins sévèrement que
le ministre, avait définitivement pris possession
de sa chaire par une série d'expositions aussi solides
qu'agréables. Lui seul en était encore à douter de
son succès. Mais, un soir, comme il descendait la
rue, la nuit tombée et le collet de son paletot
relevé, au milieu des étudiants qui ne le reconnaissaient point, il entendit ce dialogue : « Eh bien,
qu'en penses-tu? — Moi, j'ai dormi tout le temps.
— Comment as-tu pu dormir? Il vous a une parole,
celui-là! — Et comme je suis sûr de ne pas crier,
ajoute-t-il, cela veut dire qu'ils me trouvent intéressant; voilà le premier compliment qui m'ait
rassuré, depuis que je suis à Aix! » (26 janvier
1856.) Au reste, il n'avait pas tardé à se mettre à

l'aise : dès la deuxième leçon, rompant avec l'usage des leçons écrites, il parlait sans notes : trois ou quatre lignes, d'un plan mûrement arrêté la veille et médité le matin, lui suffisaient. En outre, il était décidé à ne pas se piquer de remplir à tout prix l'heure réglementaire : dès qu'il avait dit ce qu'il voulait dire, il se retirait; rarement restait-il en chaire plus de quarante minutes. Il ne cherchait pas davantage à séduire par la nouveauté de la matière. La première année, il avait pris pour texte d'études les *Moralistes français*; la seconde, il devait traiter l'*Histoire de la poésie française au* XVIIe *siècle*. C'est sur la grandeur des sujets qu'il comptait pour nourrir « son petit succès ». Le 20 novembre, il reprenait la parole « devant un public de cent soixante-dix-huit Aixois, dont vingt-trois Aixoises ». « En vérité, disait-il en envoyant cette statistique qui témoignait d'une popularité croissante, j'aime fort mon cours et mon auditoire. »

Y était-il aussi décidément attaché qu'il s'efforçait de le croire? Nul doute qu'il eût pris sérieusement le goût de l'enseignement public. Ses amis avaient le dessein de faire créer à son profit une chaire annexe de littérature à Marseille; outre les avantages qui devaient en résulter pour le bien-être de sa famille, l'idée de « haranguer les arrière-petits-fils des Hellènes » lui souriait. D'Aix même, il prenait assurément tout ce qu'il pouvait prendre, et il énumérait à ses amis sincèrement, comme il se les répétait à lui-même, les raisons qu'il avait de ne s'y pas trop déplaire. Il s'ingéniait à se trouver heureux. Dans sa bonne volonté de résignation délibérée, il n'était pas jusqu'à la façon dont avait tourné le concours sur Vauvenargues qui finalement ne l'eût presque satisfait. Certes le prix, même un prix partagé, l'aurait ravi. « Dans cette solitude d'Aix, tout succès paraît double : c'est un coup de tonnerre dans une cave. Et puis, mon cher Borély était si certain de me voir réussir que j'ai plus souffert encore de sa déception que de la mienne. » Impossible, au reste, de souhaiter un témoignage plus délicat que celui que Villemain rendait « au cinquième ouvrage dont l'auteur, trop distingué pour ne réussir qu'à demi, avait montré par quelques pages seulement tout ce que la même main aurait pu faire ». N'ayant plus, dans tous les cas, rien à voir de ce côté, il avait bravement reporté toutes ses espérances sur l'*Éducation*, et le mémoire semblait en bonne voie. Un jour, il en a reçu la rassurante nouvelle, au moment où il montait en chaire ; et, « soit que l'auditoire eût quelque soupçon de la chose, soit plutôt que son accent le trahît, il a été applaudi comme un homme à qui vient d'échoir un gros lot ». Mais il avait beau se raisonner ou se laisser exalter, il ne pouvait être longtemps dupe des autres, ni de lui-même. L'accalmie des premiers temps n'était pas durable. Il n'avait pas encore franchi le premier semestre, qu'il commençait à se comparer à un malade qu'on amuse à compter les fleurs de la tenture de sa chambre, qui travaille avec tout le monde à tromper son ennui, et qu'un beau matin la vigueur de sa santé renouvelée emporte à travers champs. Il éprouvait d'insupportables langueurs, suivies de sourdes colères. Ce huis-clos de province l'énerve. Il a soif du grand air. Il veut « marcher sur Paris ». Ah ! qui le rejettera dans le tourbillon ! Au bout d'une de ces lourdes journées, où il s'est aban-

donné au flot qui le berce, si un coup de vent
venait enfin à le ressaisir, « il regretterait Aix,
pendant dix bonnes minutes peut-être »; mais les
dix minutes passées, quel soulagement, quelle joie,
quelle envolée !

« J'aime notre grand Paris, a-t-il dit un jour, je
l'aime non seulement pour tout ce qu'il contient,
mais pour lui-même. J'aime ses rues, ses places,
ses jardins, son fleuve, ses aspects variés de jour
et de nuit, ses bruits et ses silences.... Aucune capi-
tale ne me semble, comme la nôtre, avoir été créée
et mise au monde pour être le vrai théâtre de la
pensée et des passions[1]. » Pour lui, à cette date,
Paris, tout Paris, c'était la région qui s'étend de la
rue Saint-Jacques à la rue des Prêtres-Saint-Germain-
l'Auxerrois, de la Sorbonne au bureau des *Débats*. Il
ne concevait pas de fortune plus souhaitable que
celle de M. Saint-Marc Girardin, professeur à la
Faculté des Lettres et journaliste. Encore le fond de
ses ambitions n'appartenait-il vraiment pas à l'Université. Ce qu'il envie le plus à M. Saint-Marc
Girardin, ce n'est pas sa chaire. Ah! si, comme
Rigault, il avait pu prendre pied tout de suite aux
Débats, « il n'aurait pas pris le long détour d'Aix » !

La politique l'attirait invinciblement. Les invita-
tions à y prendre part ne lui manquaient point. Il
n'eût tenu qu'à lui d'entrer à la *Revue contemporaine*, que le gouvernement venait de prendre sous
son patronage. Mais il s'en défendait. Très reconnaissant à M. Fortoul du bien qu'il lui avait fait,
sincèrement touché des projets de ce ministre pour
le développement de l'enseignement supérieur et

____

1. *Nouveaux Essais de politique et de littérature*, p. 381.

des égards qu'il témoignait au talent, il était décidé
à faire son devoir, à ne donner aucun sujet de
plainte légitime, ni dans son cours, ni hors de son
cours; quant à s'enrôler sous la bannière où on
l'invitait à prendre rang, « il aurait plutôt tout jeté
là ». C'est dans l'opposition qu'il voyait l'honneur
et le salut du pays. Pendant quelque temps il avait
fait venir le *Times* d'un cabinet de Paris, non sans
frais appréciables pour sa bourse, et sauf à n'y
trouver que des nouvelles vieilles de huit jours :
au moins les avait-il, comme il les voulait, indé-
pendantes et sûres. Parmi les journaux français,
il se donnait, chaque matin, la tâche d'en lire un,
une feuille officieuse; et, lorsque l'article en valait
la peine, il s'amusait à dresser un plan d'attaque
ou de riposte pour se faire la main. Le jour où
arriva la lettre de Rigault, qui, de la part de
M. de Sacy, lui offrait aux *Débats* une place devenue
libre (7 décembre 1856), on raconte que, avant de
répondre, il se donna le temps de faire trois fois
le tour de son petit jardin; il n'avait pas achevé
le premier, je le crois bien, que sa détermination
était prise.

V

Bien qu'âgé de vingt-sept ans à peine, Prevost-
Paradol arrivait à la vie publique mûr et prêt. En
1861, Sainte-Beuve s'étonnait qu'après avoir dis-
persé dans divers recueils tant d'articles sur toute
sorte de sujets, la pensée ne lui fût pas venue
de les réunir. Était-ce sévérité pour lui-même ou
indifférence ? — Sévérité peut-être, en partie au
moins : Prevost-Paradol se jugeait sans complaisance. C'est très volontairement qu'il avait condamné à l'oubli les essais de sa première jeunesse.
A peine crut-il pouvoir y relever plus tard un
certain nombre de fragments : quelques observations générales, des maximes, cinq ou six pages de
l'éloge de Bernardin de Saint-Pierre. Il traitait ces
études de début comme les heureux de la terre, qui
ne font pas état de toutes leurs richesses. Mais ce
qui émeut surtout Sainte-Beuve, c'est que la critique
littéraire proprement dite semblait lui être de peu
de prix, et, en cela, il ne se trompait point. Tout au
plus, en effet, dans les sujets qui y prêtent le plus,
Prevost-Paradol fait-il de la critique littéraire, d'un
mot, à la fin, négligemment. Cet artiste consommé
ne tenait chez les autres presque aucun compte de
l'art. Ce lettré si fin était plus touché pour lui-même
des vertus de combat auxquelles les lettres l'aguer-
rissaient que du délicieux repos de leur commerce.
« Salut, lettres chéries, douces et puissantes conso-

latrices ! s'écriera-t-il au lendemain d'un échec immérité ; vous êtes comme ces sources limpides cachées à deux pas du chemin sous de frais ombrages ! Celui qui vous ignore continue à marcher d'un pied fatigué ou tombe épuisé sur la route ; celui qui vous connaît, nymphes bienfaisantes, accourt à vous, rafraîchit son front brûlant, lave ses mains flétries et rajeunit son cœur. Vous êtes éternellement belles, éternellement pures, clémentes à qui vous revient.... » Mais cette éloquente invocation n'était que le cri d'un cœur blessé. Prevost-Paradol s'est reposé sous le toit hospitalier des lettres ; il ne s'y est jamais fixé. Elles le charmaient, sans le retenir. Dans la préface même du volume qui contient cette apostrophe devenue classique, il disait que, « s'il n'écrivait point sur la politique sans y porter quelque préoccupation littéraire, il ne faisait guère de littérature sans songer à la politique ». « Je voudrais qu'il en fût autrement, répondait-il à Sainte-Beuve qui le pressait, que je ne le pourrais pas. Je suis comme les amoureux qui retrouvent au bout de toutes leurs paroles et de toutes leurs pensées l'image ou le nom de leur maîtresse. » (4 novembre 1861.)

Tout politique, digne de ce nom, est un moraliste. Ceux-là seuls peuvent légitimement aspirer à gouverner les hommes, qui ont étudié le cœur humain. C'est le moraliste qui s'annonce chez Prevost-Paradol dès ses premiers ouvrages, comme il se marquera dans ses ouvrages postérieurs, chaque fois avec plus de force et d'éclat. La *Revue de l'histoire universelle* est une œuvre morale, œuvre de jeunesse, où l'on sent trop souvent une science de fraîche date et de seconde main, mais œuvre vigoureuse dans sa conception première et qui vaut surtout par l'idée que l'auteur y poursuit ; or ce qu'il se propose de démontrer, c'est que, suivant le mot de Pascal, l'humanité est un grand être qui vit et se développe perpétuellement ; que, dans le mouvement général de la civilisation, il n'y a ni affaiblissement ni arrêt ; que la décadence d'une nation prépare la grandeur d'une autre ; que les défaites du bon droit ne sont que des dérèglements momentanés de l'ordre universel ; qu'en un mot l'histoire du genre humain ne donne point de démenti à la conscience humaine. C'est une œuvre morale aussi que le mémoire sur *le Rôle de la famille dans l'éducation*, dont on a pu dire, caractérisant à la fois ses défauts et ses mérites, que l'âme et l'intelligence de l'enfant y sont vues à l'antique sous leurs traits les plus généraux, comme dans un rapide traité de Xénophon. L'observation morale est encore la grâce piquante de l'étude sur *Swift* ; elle est, dans *Élisabeth et Henri IV*, le fond lumineux des peintures si curieuses de la cour d'Angleterre. Quand enfin, pour paraître devant un public dont l'opinion pouvait décider de son avenir, Prevost-Paradol choisit, dans la pleine indépendance de ses goûts, le sujet de son premier cours, n'est-ce pas au cœur de la grande tradition des moralistes français qu'il s'établit ?

Le volume qu'il a tiré de ce cours est son chef-d'œuvre. Il y suit tour à tour, dans leurs spéculations diverses, avec une égale sagacité, Montaigne, La Boétie, Pascal, La Rochefoucauld, La Bruyère et Vauvenargues. Ses analyses, sobres et vives, sont éclairées par des citations bien préparées, coupées avec art, merveilleusement encadrées. Rien ne lui échappe de ce que ces investigateurs du cœur humain ont plus ou moins laissé dans l'ombre de leur esprit. Il remonte le courant de leur pensée, en ressaisit les origines lointaines, la pénètre et la complète. A-t-on jamais mieux vu dans « l'arrière-boutique » de Montaigne, et sondé plus à fond l'âme de Vauvenargues ou de La Boétie?

Mais, outre son intérêt spécial, le livre des *Moralistes* a cet avantage sur tous les écrits de Prevost-Paradol qu'aucun ne fait mieux comprendre sa méthode de critique. Or il n'y faut point chercher les libres allures des grandes biographies littéraires de Sainte-Beuve, ces percées inattendues, ces digressions fécondes, cette infinie richesse de détails choisis qui replacent un personnage dans son cadre et le font vivre. Rien non plus qui rappelle la théorie puissante des milieux et de la qualité maîtresse, dont Taine a posé les principes et donné tant d'applications vigoureuses. Sur les hommes qu'il veut faire connaître, Prevost-Paradol sait peu de chose en dehors de leurs ouvrages, et il ne croit pas nécessaire d'en beaucoup savoir. Lorsqu'il se mit à écrire, à Aix, l'éloge de Vauvenargues, il n'avait sous la main que la notice de Suard; elle lui suffit. L'histoire de Montaigne a été faite; pourquoi la refaire? A peine rappelle-t-il les événements auxquels La Rochefoucauld a été mêlé, les misères domestiques dont La Bruyère a souffert. Du premier bond, sans effort, sans secousse, il quitte terre, il s'élève à larges coups d'aile, il s'espace, il plane. Et de cette hauteur, les idées générales seules lui apparaissent. Ce que les penseurs qui l'occupent ont d'individuel est ce qui le touche le moins. Ce sont les grands ressorts des actions humaines, les vérités morales, universelles et éternelles, qui l'inté-

ressent. « Quiconque a exprimé avec bonheur une
de ces vérités qui ne changent point, et que chaque
pas de l'humanité confirme, est assuré de vivre dans
notre race, disait-il, et mérite en effet de vivre. »
A Aix, ces développements étaient la principale
substance de son cours; il les appelait ses petits
sermons. Il avait aussi ses grands sermons, ses
sermons de prédilection. Tels les morceaux sur
l'ambition, la tristesse, la maladie, la mort, qu'il a
insérés à la suite des *Moralistes*, comme pour mieux
marquer le lien.

Le plus grand nombre des articles littéraires de
ses trois volumes d'*Essais* participent du même
esprit. Pour ne parler que de l'antiquité, nul n'a
mieux senti l'austère sévérité de Thucydide, la
grâce légère de Xénophon, la passion de Démosthène, l'ironie de Lucien, tout ce que le génie grec
recélait de fierté élégante et mâle. Ses jugements
rappellent tour à tour l'ampleur éloquente de Bossuet, la finesse solide de Saint-Évremond, la pénétrante sagacité de Montesquieu. Mais, même en histoire, les traits du génie national sont pour lui
d'ordre secondaire. « La vérité, l'honnêteté, le respect des principes permanents de la morale et de la
justice, voilà, à ses yeux, le fond de l'histoire et de
la vie. » Ainsi conclut-il avec Thucydide, ainsi fait-il
pour Macaulay. Le plus souvent, à peine entré en
matière, il rompt avec l'auteur inscrit en tête de
son étude et s'engage dans une dissertation sur
quelque réflexion philosophique que le sujet a
éveillée en lui. Sans les allusions politiques qui rappellent avec plus ou moins de précision le moment
où a dû paraître le morceau, il serait difficile de lui
assigner une date.

Les anciens ont connu, sous le nom de lieux communs, ce genre de considérations. Les lieux communs constituaient comme un trésor psychologique où puisaient les orateurs et les hommes d'Etat. Prevost-Paradol, qui avait beaucoup pratiqué Sénèque et les écrivains du premier siècle de l'ère chrétienne, se complaît dans ces grands thèmes d'éloquence morale. Le plus souvent il les renouvelle. Où le fond de l'observation originale est moins nourri, il reprend les idées des maîtres sous une forme qui lui est propre ; il élargit les horizons, il y répand d'admirables traînées de lumière. Ce qui, à l'origine, dans la grâce allongée et l'éclat scintillant de son style, pouvait subsister de procédés d'école, s'atténua de jour en jour et finit par disparaître. M. Mignet l'avait averti de resserrer çà et là sa période et d'éteindre parfois ses feux. « Je sens bien, quand mon article hebdomadaire me pèse un peu, le vieil homme académique et pompeux reparaître, écrivait-il lui-même à Scherer ; mais il suffit que la passion s'éveille pour le chasser, et, grâce à Dieu, les sujets de se passionner ne manquent pas à notre commune existence. » Un critique délicat, rassemblant son œuvre littéraire, a pu dire : « Il en était venu à ce point de perfection qu'en tout genre, il savait s'arrêter à la limite au delà de laquelle, le bon goût cessant, le pédantisme commence avec l'emphase ou le raffinement[1]. »

Mais autant cette méthode était calme, reposée, sereine, autant était vive et enflammée la pensée qu'elle servait. Nous l'avons vu par l'explosion de

1. X. Doudan.

ses sentiments dès l'École normale, dès le collège :
Prevost-Paradol n'était rien moins qu'un contem-
plateur. De bonne·heure il avait conçu sa règle de
vie en dehors de toute idée métaphysique. Ce qu'à
vingt ans il traitait encore d'hypothèse et de rêve
était devenu une opinion raisonnée, un système.
Spinoza est son maître ; la conformité à l'ordre
général de la nature, son idéal ; l'activité ou le développement de l'être, pour parler comme Spinoza,
sa loi.

Cette activité, il en reconnaissait deux modes,
l'action proprement dite et la science. Que la science
fût un mode supérieur à l'action, il ne le contestait
pas. « Quelle plus noble ambition que celle de s'élever à la pleine intelligence de la nature ! Elle seule
met toute chose à sa place ; elle seule est efficace
contre les agitations de l'âme, parce qu'elle en réduit
immédiatement les causes à leur valeur véritable,
c'est-à-dire à rien ou à presque rien. » C'est un
des sujets sur lesquels il aimait à écrire de brillantes variations : « Pauvres créatures que nous
sommes ! Comme un coup de vent nous change !
Qu'avons-nous donc de stable en nous, et à quoi
nous attacher ? Mais pour être philosophe, il faut
adorer nos variations même, qui sont dans l'ordre
de la nature, comme les mouvements de la mer et
comme les changements du temps. Qu'il est bon
d'avoir conscience de soi et de contempler avec clarté,
du haut de la raison, notre déraison elle-même, et
l'inconstance aveugle de nos sentiments ! Figure-toi
la terre ayant conscience des saisons et se résignant
à l'hiver, comme Cérès à l'absence de Proserpine.
Pluie, beau temps, amour, joie, mauvaise humeur,
gaieté du champagne, ivresse du travail et de l'in-

spiration, tout cela est le débordement de la nature,
c'est son changement à vue, son opéra, son interminable pièce, qui n'a ni premier, ni dernier acte,
et dont une seconde fait notre vie. » Viennent les
jours d'épreuve : il cherchera dans cette adhésion
aux lois naturelles la force nécessaire pour soutenir l'assaut : en sa jeunesse, il s'y réfugiait comme
derrière un rempart inexpugnable; plus tard, elle
l'aidera à quitter la vie. Toutefois, cette sagesse, à
la fois soumise et superbe, il la tient en réserve,
pour ainsi dire, et c'est le goût de l'action qui
l'emporte.

Ce goût chez les hommes est à ses yeux comme
le signe d'élection. Il décide de sa sympathie profonde pour La Boétie et Vauvenargues. L'énergique
protestation de l'auteur de la *Servitude volontaire*
« l'a pénétré jusqu'aux moelles ». Mais, au témoignage de Montaigne, La Boétie a souffert « d'être né à
Sarlat plutôt qu'à Venise, d'avoir croupi aux cendres
du foyer domestique, condamné à laisser oisives de
grandes parties desquelles la chose publique eût pu
tirer du service et lui de la gloire » : c'est par là qu'il
l'aime de prédilection. Dans Vauvenargues, il semble
parfois qu'il ait pressenti le secret de sa propre
destinée : tant il s'ingénie à mettre en lumière ce
que l'œuvre du jeune et brillant moraliste ren-
ferme de force en même temps que de grâce ! Il
y trouve ce que personne n'avait vu : une théorie
complète du libre arbitre; il en fait un émule de
Spinoza, un précurseur de Kant; il le grandit et
l'exalte. Mais, par-dessus tout, il se plaint que les
moyens lui aient manqué pour exercer l'action dont
le besoin le dévorait : les amitiés puissantes, la
santé, l'occasion, la vie enfin au moment où allait

commencer pour lui la renommée. « L'action, s'écrie-
t-il, voilà le mot qui revient peut-être le plus souvent dans les écrits de Vauvenargues, voilà l'image
et le rêve qui obsédaient sa pensée, et il entendait
par l'action l'influence sur les affaires humaines, la
lutte de l'intelligence aux prises avec les choses et
avec les hommes. »

Ne lui prête-t-il pas ici avec quelque excès ses
propres idées ? Vauvenargues, avait dit judicieuse-
ment Mirabeau, parle par théorie. C'est le jugement que développe Sainte-Beuve, quand il écrit :
« N'ayant pu être ambitieux lui-même et pour
son compte, Vauvenargues demeure le plus vertueux professeur d'ambition. » Mais cette exagération même est chez Prevost-Paradol une lumière.
Plus il découvre en Vauvenargues ce qui n'y était
pas, plus il se découvre lui-même. « L'ambition,
disait-il peu de temps après avoir quitté Aix, n'est
pas autre chose que le désir du commandement et
de la gloire, et le plus souvent de ces deux biens
ensemble.... Désirer le commandement ou la gloire,
c'est vouloir s'étendre comme le veut toute créature, c'est aspirer à vivre hors de soi, à reculer les
limites de son être, à remplir un plus grand espace
dans le monde.... Désirer le commandement, c'est
entreprendre sur la volonté de ses semblables,...
faire sienne leur volonté, agir par eux.... Fondé sur
la loi générale de la nature, ce besoin d'agir est
en même temps conforme aux règles de l'ordre
moral. » Ce dont Prevost-Paradol sait le plus de gré
à Vauvenargues peut-être après sa théorie kantienne
du libre arbitre, c'est d'avoir pris la défense de
l'homme, « jusque-là en disgrâce chez tous ceux
qui pensent ». Le XVIIe siècle s'était montré sévère

pour la nature humaine, se défiant de ses élans et redoutant dans ses meilleurs instincts l'influence d'une perversité originelle. Vauvenargues remet en honneur les passions et s'efforce de montrer comment, ayant leur justification, leur rôle dans l'ordre universel, elles peuvent se concilier avec la vertu, comment elles peuvent même le plus souvent y conduire. « Si vous avez quelque passion qui élève vos sentiments, écrivait-il dans ses *Conseils à un jeune homme*, qui vous rende plus généreux, plus compatissant, plus humain, qu'elle vous soit chère ! » Et il donnait à cette partie de ses écrits ce titre qui semble résumer son œuvre et raconter sa vie : « Aimer les passions nobles ».

Aimer les passions nobles, telle pourrait être aussi la devise de Prevost-Paradol. « L'amour de soi, dit-il, est le fond indestructible et nécessaire de l'âme humaine. Chercher son bien en ce monde ou son salut dans l'autre, suivant la loi des chrétiens, est la règle naturelle de l'homme, sa raison d'être, le principe sur lequel repose sa vie, comme celle de l'univers, dont il n'est qu'une parcelle. Mais il y a deux façons de s'aimer : l'une basse et étroite, qui subordonne tout à soi et qui s'appelle le vice; l'autre intelligente, courageuse, qui subordonne son bien propre au bien général, ou plutôt qui les identifie l'un à l'autre, et qui s'appelle la vertu. » C'est ainsi qu'il arrivait à définir la vertu « l'art de faire remonter l'égoïsme à sa source la plus élevée ». Et tandis qu'il décrit les effets de « cette vertu agissante », il semble qu'il en savoure les joies. L'idée de l'action le fascine. Aussi bien n'est-ce pas par le commandement seul qu'elle s'exerce; elle s'impose également aux esprits par la parole, par la plume,

en dépit du pouvoir et contre le pouvoir lui-même.
Si Prevost-Paradol fait état de la littérature politique, c'est qu'à ses yeux elle représente la littérature d'action.

L'ardeur de son goût pour l'action s'accroissait de
sa confiance dans les résultats qu'elle peut produire. Prevost-Paradol ne croyait pas à l'excellence
originelle de la nature humaine; mais il n'admettait
point que l'homme fût impuissant à se modifier sous
l'aiguillon de la liberté. Le monde moral présentait
à ses yeux, comme le monde physique, un composé
de bien et de mal, bien et mal en lutte l'un avec
l'autre, non seulement chez les individus divers,
mais chez le même individu. Il a personnifié, avec
une bonne grâce humoristique, cette lutte, tantôt
sourde, tantôt violente, toujours ouverte, dans l'histoire de *Mon ami Hermann*.

Hermann est un jeune étudiant d'une université
allemande que la nature semble avoir comblé de
ses dons. Philosophe voué à la recherche du vrai
et au culte du bien, de mœurs douces et aimables,
indépendant d'ailleurs par sa fortune comme par
son caractère, il n'a que deux défauts, deux travers :
il ne peut rester éveillé au delà du coucher du soleil,
et il ne parle de lui-même qu'avec un indicible sentiment de tristesse. C'est qu'à la chute du jour et
pendant la nuit, l'âme d'Hermann va aux antipodes,
en Australie, habiter un autre corps, et devient
l'âme d'un vagabond de la pire espèce, de Parker,
qui, de vice en vice, finit par tomber dans le crime.
Un matin, *Hermann*, le charmant *Hermann*, est
trouvé inanimé dans son lit, et l'on apprend bientôt
que le même jour, heure pour heure, par autorité
de justice, Parker, l'infâme Parker, a été pendu. Et

tirant la moralité de l'histoire, l'auteur conclut : « Le fait a-t-il rien de si merveilleux? Ne sommes-nous pas tous un bizarre assemblage d'Hermann et de Parker? La partie noble de notre nature peut-elle se séparer de nos parties inférieures et grossières, et ne portons-nous pas en nous une guerre civile? Aujourd'hui nous sommes Hermann et demain Parker, quelquefois tous deux ensemble, tant les motifs de nos actions sont mêlés et mobiles, tant nous sommes ondoyants et divers, tant le bien et le mal s'enchevêtrent profondément dans notre âme!... Que sont les nations elles-mêmes, sinon d'étranges et indissolubles assemblages d'Hermanns et de Parkers, doués de facultés et animés d'intentions différentes, mais solidaires les uns des autres devant le monde et dans l'histoire?, Hermann tire à droite et Parker tire à gauche; mais qu'ils aillent ensemble ou séparément, ils ont même fortune.... Le monde est plein de mystères, et bien fin qui en donnera le dernier mot à la satisfaction générale. »

Si Prevost-Paradol se défend spirituellement d'expliquer l'énigme, encore moins se prête-t-il à en accepter l'apparente loi. Il pense, il veut penser qu'il appartient aux peuples, comme aux individus, de mettre à profit, en la dirigeant, la force que les passions leur donnent; et tel est l'objet de l'action qu'il entendait exercer.

VI

C'est le 1er janvier 1857 qu'il entra aux *Débats*. Il ne les quitta que quelques mois, pour *la Presse*, du 9 avril au 12 août 1858. A partir de là, il n'a plus cessé de leur appartenir, même pendant sa campagne au *Courrier du Dimanche*; il leur appartenait encore, lorsque le gouvernement de l'empire fit appel à ses services. C'est M. Thiers, M. Mignet, M. Villemain, M. Saint-Marc Girardin, qui l'avaient présenté à M. Bertin. Son directeur était M. de Sacy. Il devait remplacer M. John Lemoinne. On ne pouvait s'engager sous de meilleurs auspices. « Enfin, disait-il, j'ai rallié le drapeau! »

Le *Bulletin*, ou ce qu'on appelle ailleurs le *Premier-Paris*, était la rançon du noviciat. Rançon d'honneur : qui pouvait oublier que M. de Sacy l'avait payée près de vingt ans? Prevost-Paradol, qui occupa la place pendant dix-huit mois, y développa d'emblée les plus essentielles qualités du publiciste : la clarté, la simplicité, la concision, la justesse. La lucidité avec laquelle il exposait une question n'avait de comparable que la promptitude avec laquelle il en avait saisi le caractère. Suivant le mot de M. Thiers, à propos d'un de ses premiers articles, il allait droit au but. En quelques phrases, il avait dit tout ce qui était à dire; vingt lignes lui suffisaient pour faire le tour du monde : à la veille de la guerre de 1859, il dressa en une colonne le

tableau complet de l'opinion des cabinets euro-
péens. Ses mois de service — on sait qu'il partageait l'année avec Alloury — étaient pour M. de
Sacy « un avant-goût du repos et des douceurs du
Paradis ». L'art n'était pas étranger à cette rapidité
lumineuse et sûre. Mais Prevost-Paradol cherchait
surtout sa force dans l'indiscutable rectitude des
appréciations. Pour lui, le suprême mérite du journaliste était de prononcer le mot que tout le monde
avait sur les lèvres, d'exprimer la veille ce que les
honnêtes gens devaient penser le lendemain; et
dès la première rencontre, ses adversaires avaient
salué l'habileté de cette tactique supérieure avec
une admiration non déguisée. « Il tirait sur nous,
a dit Sainte-Beuve, mais il tirait bien. »

A cette solidité du fond Prevost-Paradol joignait
un agrément sans égal. Il n'était pas de question
qui, sous sa plume, ne prît un intérêt général et
comme une portée philosophique. Intérêt d'autant
plus saisissant que, presque chaque jour, au
milieu des indications courantes, il changeait le
sujet sur lequel il s'attachait principalement à
répandre la lumière. Puis vint, et au bout de peu
de temps, la malice : malice de rapprochements
imprévus, de nouvelles déconcertantes, de sous-
entendus, de silences calculés, de procédés de toute
sorte, où l'apparente innocence de l'attaque ne
faisait que rendre la blessure plus cuisante. « J'en-
tourerai mon épée de feuilles de myrte, dit un
hymne athénien. » Bon conseil, remarque Prevost-
Paradol : « pour être invisible, la pointe du glaive
n'est pas moins perçante ». Personne n'a porté
plus loin l'habileté à se rendre invulnérable en
bravant les coups, à faire entendre ce qu'on ne

peut pas dire, à tout dire en se défendant de
parler.

Quelques années après, alors qu'il était en pleine
possession de son autorité, Prevost-Paradol se plaignait des entraves qui enchaînaient sa main. Il s'in-
dignait des rigueurs d'une législation qui aurait
étouffé la voix d'un Pascal, d'un Swift, d'un Junius,
ou empêché leur talent de prendre tout son essor.
Il n'admettait pas que le grand art s'accommodât de
cette gêne humiliante. Pour un peu de souplesse
qu'on y pouvait gagner peut-être, que de force et
de sincérité on s'accoutumait à perdre ! « Oui,
disait-il, je le connais, cet art misérable et j'en use,
quand il le faut, en pleine conscience, mais j'en
sens tout le poids, et ceux qui me louent parfois de
l'avoir pratiqué avec quelque succès — il répondait
à Sainte-Beuve — ne sauront jamais combien je le
dédaigne, combien j'aurais voulu naître dans un
temps qui m'eût permis de l'ignorer. » C'était, en
vérité, faire trop bon marché de ce qu'il lui devait.
Certes Prevost-Paradol possédait la plupart des
qualités qui constituent la grande éloquence, et la
période dans laquelle il enveloppe sa pensée a souvent des élans d'une rare puissance. Mais aurait-il
longtemps soutenu le ton de l'invective? Avait-il un
tempérament à faire retentir tous les jours, comme
un Mirabeau, ces vérités qu'il se reprochait de bal-
butier. Il était plus juste pour l'art exquis dont il
a fourni le modèle, lorsqu'en 1853 — ah! si Sainte-
Beuve eût connu cette lettre ! — il en décrivait
avec tant de bonheur l'attrait de haut goût et les
raffinements : « Quelle volupté de compter et de
peser ses mots, d'enfoncer délicatement l'aiguille,
d'ajuster à coups posés ! Vive l'oppression pour

donner toutes ses ressources et tout son prix à la
pensée, pour nous instruire à la force contenue,
aux nuances savantes, au mépris laconique et acéré!
Que ce silence général est favorable! Les braillards
se taisent : il faut une voix métallique, dure, vibrante, pleine d'intonations fines et mordantes.
Plus de chanteur des rues; place aux artistes! Que
je voudrais en être, pour mon plaisir encore plus
que pour l'honneur! La main me démange et l'épée
danse au fourreau. »

Cependant les traditions courtoises et prudentes
du *Journal des Débats* lui imposaient parfois une
modération à laquelle il ne se soumettait qu'en
rongeant son frein. « Mon cher petit Prevost, soyez
sage aujourd'hui comme une image, collée à la
porte d'un savetier », lui écrivait M. de Sacy. Et il
était sage. Mais, si rien ne pouvait altérer sa fidélité aux amitiés dont le patronage lui était cher
au-dessus de toute chose, le sacrifice n'en coûtait
pas moins à son talent; il sentait que sa polémique,
étouffée par tant de sourdines, n'éveillait plus au
dehors les mêmes échos. Une feuille jeune, con-
fiante, décidée à tous les risques, *le Courrier du
Dimanche*, lui offrait un terrain de lutte large et
ferme. Il devait y trouver de vaillants compagnons,
MM. Hervé, Villetard, Ferdinand Duval, J.-J. Weiss,
qui lui avait succédé à Aix et pour qui il avait
fait ce que Rigault avait jadis fait pour lui-même.
Réservant aux *Débats* ses articles littéraires, il se
jeta dans *le Courrier*, et il y introduisit avec lui
« l'ironie, ce dernier asile, cette dernière dignité
du faible et de l'opprimé, l'indomptable et insaisis-
sable ironie, qui dissout peu à peu les dominations
les plus superbes ».

Son premier article, qui portait sur les limites du droit de discussion, résonna comme un coup de clairon (décembre 1859). Et pendant quatre ans, de quinzaine en quinzaine, sous forme de lettres, il expliqua, commenta, discuta pied à pied les événements dont était occupé l'esprit public. Les mesures qui intéressaient le régime intérieur de la France l'attiraient de préférence ; outre qu'elles touchaient plus directement tout le monde, elles lui fournissaient contre le gouvernement un point immédiatement vulnérable. Mais il suivait, avec autant de sollicitude et plus d'inquiétude encore peutêtre, la menace des dangers qui, d'année en année, s'amoncelaient autour de nous, — l'unité de l'Italie, l'expédition du Mexique, le démembrement du Danemark et le principe des nationalités, Sadowa et l'abaissement de l'Autriche, — analysant à fond chacune de ces questions à mesure qu'elle se dressait devant l'opinion surprise et impuissante, y projetant les sinistres lueurs de l'avenir, jugeant sur le coup, comme tant d'autres, hélas ! ne devaient juger qu'après l'événement et par ses conséquences.

Dans ces articles étincelants, l'esprit n'était que la parure du bon sens. Mais quelle richesse de moyens ! Ici la fantaisie ailée d'Aristophane, là le sarcasme rieur de Lucien, ailleurs l'âpre raillerie de Swift, et cela dans une langue tantôt légère et brûlante comme la flamme, tantôt froide et tranchante comme l'acier, toujours transparente et pleine, souple et nerveuse, toute de verve, qui rappelle tour à tour, sans l'ombre d'une imitation ou d'un pastiche, Chamfort et P.-L. Courier, Montesquieu et Voltaire :

« Dans ces jours malheureux où le sourire de l'hon-

nête homme était la seule voix laissée à la conscience publique », un discours, un article de loi,
un mot qui avait couru le monde, le moindre incident, lui servait de prétexte. Sous le couvert d'une
comparaison, d'un apologue, d'un souvenir, d'une
citation, il n'était rien qu'il ne réussît, de jour en
jour davantage, à faire passer. Il avait à la fois
toutes les prudences et toutes les audaces. La brochure où, sous le nom d'*Anciens Partis*, il groupait
les forces de l'opposition libérale, le procès qui
s'en était suivi, sa condamnation triomphante,
n'avaient rien laissé à faire pour l'éclat de sa renommée; les « avertissements » réitérés du gouvernement ne servaient plus que son esprit, qu'ils
contribuaient à aiguiser.

Dur envers le pouvoir, doué d'une incroyable
puissance de mépris, il trouvait le moyen de blesser
à fond ses adversaires, sans les injurier. Jamais
poison plus subtil ne fut présenté dans une coupe
plus élégamment ciselée. Même alors qu'il semble
s'indigner, à Dieu ne plaise qu'il s'enfle ou se travaille! Le ton reste de bon goût, comme dans une
conversation de salon. Mais le trait porte avec d'autant plus de vigueur qu'il semble lancé — le mot
est de Sainte-Beuve — le cou penché et comme
nonchalamment. La théorie qu'il donnait de son
secret est plus hautaine encore peut-être que l'application qu'il en fait. « Parler légèrement d'un
sujet grave, ramener aux proportions d'une question simple, familièrement, quelque théorie ambi-
tieuse ou quelque fastueuse imposture, est déjà
un élément d'ironie, et ce qu'on veut abattre est
aussitôt ébranlé. La méthode contraire ne produit
pas un effet moins puissant : soutenir gravement

l'opinion qu'on veut combattre, apporter en sa faveur, avec une rigueur et un sang-froid imperterbables, des arguments choisis par leur absurdité
même..., c'est laisser dans la plaie, au cœur même
de l'adversaire, un fer qui ne peut plus en être
arraché. » Mais l'art n'y suffit point, ajoutait-il, il
faut le don, et il avait reçu le don. Je ne veux pas
dire qu'il n'en a jamais abusé. Dans certaines lettres
au *Courrier*, l'ironie est trop prolongée. Il n'est rien
dont on ne se lasse. A quelques années de distance,
alors qu'il n'était plus dans le feu de l'action,
Prevost-Paradol aurait été le premier à retrancher
certains développements. Mais on n'écrira point
l'histoire du second Empire sans consulter les *Pages
d'histoire contemporaine*, où il a rassemblé presque
tous les articles du *Courrier*, et il en est qu'on lira
pour elles-mêmes, tant qu'il y aura des hommes de
cœur et des hommes de goût : elles font partie du
meilleur patrimoine de l'esprit français.

Le plus heureux talent ne saurait s'assurer un
crédit durable, s'il n'a pris haut son point d'appui.
En tout pays, en France surtout peut-être, l'opposition aura toujours pour soi la faveur publique. Mais
la faveur publique ne reste fidèle qu'à l'élévation
des sentiments. En faisant passer dans la littérature
les ardeurs de la passion politique, Prevost-Paradol
aurait voulu faire entrer dans la politique la dignité
des mœurs littéraires. Il professait sur le journalisme des opinions qui s'étaient fortifiées par le
commerce des *Débats*. Après l'ambition de gouverner un peuple par la parole, il n'en voyait pas de
plus généreuse que celle de l'éclairer par la presse.
C'est une thèse qu'il développa un jour dans une
séance publique de l'Institut. Sans doute il y a de

mauvais journalistes; mais n'y a-t-il pas aussi de mauvais avocats, et le devoir de défendre l'innocence en est-il amoindri? Sans doute encore le mal fait par un mauvais journaliste est plus retentissant que celui que peuvent faire cent mauvais avocats; mais si le scandale est grand, il est court, et les meilleures de ces feuilles, à peine noircies, ne sont-elles pas emportées par le fleuve du temps, comme une écume légère? Que si l'on reprochait au journalisme de détourner des jeunes gens qui auraient fait autre chose, il répondait que peut-être, en effet, ils auraient fait de mauvais vers, de mauvaises comédies ou de mauvais romans, que neuf fois sur dix ils faisaient tout de même. Le journalisme était, à son sens, l'une des formes les plus nobles de l'éloquence délibérative, c'est-à-dire de l'éloquence qui a de tout temps réglé les intérêts des peuples, jaloux de présider eux-mêmes à leurs destinées. Comme l'éloquence délibérative, le journalisme a ses modèles : Junius, Swift, Bolingbroke, Chateaubriand, Benjamin Constant. « Si au savoir, à l'habileté, à la force, on joint, concluait-il, la première condition que Caton impose à l'orateur en l'appelant *vir bonus dicendi peritus*, et si l'on suppose que le publiciste est intègre, de bonne foi, indépendant à l'égard du pouvoir, ferme contre les passions injustes et dédaigneux d'une popularité trop facile, n'aura-t-on pas porté assez haut cet art indispensable aux sociétés modernes pour lui donner droit de cité dans les régions les plus élevées de la littérature?[1] »

Ses plus violents contradicteurs ne se refusaient

[1]. *Des rapports de la politique et des lettres*, lecture faite dans la séance annuelle des cinq académies (14 août 1868).

pas à trouver dans ce portrait le publiciste qu'il voulait être. En combattant son opinion, on respectait son caractère. Nul ne lui contestait le droit de revendiquer le témoignage qu'il se rend, dans la préface des *Pages contemporaines* : « Je n'ai rien négligé pour faire entendre au plus distrait ou au moins éclairé de mes lecteurs que les affaires publiques étaient les siennes.... Si un seul d'entre eux sort de cette lecture plus attentif aux intérêts communs, plus occupé de l'avenir du pays, plus favorable à la liberté, j'ai fait mon devoir et j'en suis récompensé. »

VII

Il n'est pas un seul de ses écrits où Prevost-Paradol n'ait plus ou moins directement travaillé à cette propagande libérale[1]. Mais c'est particulièrement dans les *Essais*, dans les *Pages d'histoire contemporaine* et dans *la France nouvelle*, qu'il en a établi les principes. Qu'entre ces trois ouvrages eux-mêmes il se trouve quelques divergences de vues, on ne saurait s'en étonner. Prevost-Paradol avait trop le sentiment de l'opportunité, l'intelligence des besoins contingents, l'esprit politique, en un mot, pour ne pas tenir compte des circonstances et fléchir au temps. Il est d'ailleurs certains points, et non des points indifférents, sur lesquels il a eu peine à se résoudre. Mais finalement il s'est résolu, et il est aisé de reconstituer sa doctrine de gouvernement ; en cela, comme en toute chose, il n'a jamais laissé planer sur le fond de ses idées l'ombre d'un nuage.

Nous avions étudié ensemble, à l'École normale,

---

1. Nous avons rappelé ci-dessus ceux de ses ouvrages qui ont un caractère plus particulièrement historique ou littéraire : *Essai sur l'histoire universelle* 1854), *Elisabeth et Henri IV* (1855), *Swift* (1855), *Du rôle de la famille dans l'éducation* (1857), *les Moralistes français* (1865). Voici la liste de ses principales œuvres politiques : *Essais de politique et de littérature* (1859) ; *Nouveaux Essais de politique et de littérature* (1862) ; *Essais de politique et de littérature* (3ᵉ série) (1863) ; *Quelques Pages d'histoire contemporaine* (1862-1866), 4 vol. ; *la France nouvelle* (1868).

la Démocratie en Amérique. C'est ensemble également que nous avons lu, un dimanche, chez lui, *les Œuvres et la Correspondance inédites* d'Alexis de Tocqueville, le jour même où elles venaient de paraître (1862). Tocqueville n'était pas seulement l'âme pure, haute et fière, sans vanité, aimable et simple, de la *Correspondance*; Prevost-Paradol se doutait bien que les *Souvenirs*, mis en réserve par une amitié prudente, devaient révéler, avec la sagacité malicieuse de l'historien philosophe, quelques côtés plus humains de son esprit. Mais ce qui l'attirait en lui, c'était l'amour de la gloire, l'ambition du gouvernement, le dévouement aux idées libérales mêlé de lassitudes et de craintes, toute une communauté de sentiments qui lui faisaient dire, tandis que nous feuilletions la *Correspondance* avec passion : « ... C'est bien cela.... Et moi aussi, j'ai dû le dire, je l'ai dit.... Il faut en vérité que nous ayons eu quelque entretien intime là-dessus, lui et moi, dans un autre monde ». Et ces exclamations, d'une naïveté amusante, trahissaient exactement sa pensée. Après Spinoza, Vauvenargues et Tocqueville sont les deux hommes dont l'action sur Prevost-Paradol se manifeste peut-être le plus sensiblement : Vauvenargues dans les idées philosophiques et morales, Tocqueville dans la doctrine politique. Prevost-Paradol ne partageait pas seulement les principes de Tocqueville, il en envisageait les applications à la France de la même façon, tantôt avec une noble confiance, tantôt avec une sorte d'angoisse voisine du découragement, toujours avec une portée, une clairvoyance, une prescience des intérêts et des périls de l'avenir social, qu'aucun esprit en ce siècle n'a égalées ou surpassées.

Pour Prevost-Paradol, comme pour Tocqueville, la démocratie est l'état inévitable et légitime du monde moderne. Tous les peuples y marchent, et tôt ou tard y aboutiront. Qu'on s'en réjouisse ou qu'on le regrette, il faut gouverner avec elle et pour elle. Prevost-Paradol était pénétré du sentiment de cette transformation. Il en avait compris la loi irrévocable, et elle ne lui déplaisait pas. Mais il en apercevait clairement les dangers et il aurait voulu les conjurer.

L'égalité est le fondement de la démocratie. Prevost-Paradol y voyait volontiers une des forces de renouvellement les plus sûres en même temps qu'un des instincts les plus invincibles et au fond les plus louables de l'esprit français. « Voulez-vous savoir, disait-il, quelles racines notre état social a jetées dans les âmes? Évoquez par la pensée la moindre division de castes, la moindre inégalité provenant du fait de la naissance, soit devant la justice, soit dans la répartition de l'impôt, soit dans l'accès aux fonctions publiques et aux grades militaires; figurez-vous quelque distinction sérieuse et efficace reposant sur autre chose que la fortune et le talent, et vous sentirez aussitôt combien ces fantômes sont loin de nous, combien il est impossible d'en concevoir la résurrection, avec quelle force irrésistible la Révolution les a relégués dans l'histoire. » Mais, contraire aux revendications aristocratiques, il n'était pas moins éloigné de toute idée de privilège à rebours. Il flétrissait, comme un puéril abus de pouvoir, la proscription des titres de noblesse; il approuvait la politique du gouvernement de 1830, « qui en reconnaissait l'existence, sans leur donner la sanction publique d'une protection particulière de la loi[1] ». A chacun selon son mérite : il admettait la formule pour tous ; mais il la voulait imposer à tous. « Qui a pu lire sans douleur et sans quelque honte, écrivait-il, le passage des Mémoires de lord Normanby..., dans lequel il raconte la conversation de deux ouvriers qui se plaignaient, en 1848, de l'Assemblée nationale : « Ils gagnent vingt-cinq francs par jour, ils nous font gagner trois francs par jour et ils appellent cela de l'égalité! » Voilà la contre-partie de la nuit du 4 Août : l'âme de la France n'a jamais été plus sage, jamais plus folle, jamais plus grande, jamais plus basse, que lorsqu'elle a cédé à la passion ou à l'ivresse de l'égalité[2]. « Il s'effrayait de cette ivresse pour l'avenir de la démocratie. Les outrages faits à la justice et au bon sens l'indignaient plus qu'ils ne l'inquiétaient, à vrai dire, un peuple, quel qu'il soit, ne les supportant jamais longtemps, parce qu'il n'est pas de société qui puisse vivre d'un régime d'absurdes violences. Le vrai péril, c'était l'esprit de nivellement qui, s'insinuant peu à peu dans les idées et dans les lois, travaille inconsciemment parfois, mais d'autant plus dangereusement, à tout réduire, à tout abaisser. Ainsi prépare-t-on à coup sûr l'anarchie ou la servitude, les criminels désordres de la foule ou l'avilissant despotisme d'un maître[3]. Un peuple ne vaut que par ses élites. Le propre d'une démocratie est de faire incessamment sortir ces élites de son propre sein : c'est son honneur et son salut.

1. ESSAIS DE POLITIQUE ET DE LITTÉRATURE : *Sur la noblesse*, p. 41.
2. IBID. : *Sur l'égalité*, p. 329.
3. « De tous les maîtres, dit-il, reprenant une maxime de La Boétie, le pire est celui qui a le royaume par l'élection du peuple, à qui le peuple lui-même a donné l'État. » LES MORALISTES FRANÇAIS, *La Boétie*, p. 54.

La sanction suprême de l'égalité est le droit de suffrage. Sur ce point, les vues de Prevost-Paradol s'inspiraient de la même prévoyance, loyale et ferme. Libre, au moment où la question était posée, de déterminer l'étendue et le mode d'exercice du suffrage, il eût préféré le suffrage restreint en fait, sinon en droit, au suffrage universel, le suffrage à deux degrés au suffrage direct. Il ne contestait virtuellement à aucun citoyen le droit d'avoir sa part d'action sur les destinées du pays ; mais il considérait que nul ne devait être mis en possession d'un droit, qui ne fût capable de l'exercer. La république de 1848 avait fait œuvre de justice, en proclamant le principe du suffrage universel. Elle eût fait acte de sagesse, en soumettant l'application progressive de ce principe à des conditions d'éducation préalable. Prevost-Paradol aurait voté la loi du 31 mai : il voulait mettre la force du côté où était la lumière. Au lendemain du 2 décembre 1851, il voit que le suffrage universel ratifiera le rétablissement de l'empire et il s'indigne contre cette surprise de la raison publique par la coalition des intérêts mal éclairés ou perfidement alarmés. « Les Ilotes ont pris Lacédémone, écrit-il sous le coup de l'événement.... Quoi? Voici, dans ce malheureux pays, une foule immense d'artisans et de laboureurs... qui, parce qu'elle ne sait ni lire, ni écrire, ni parler, trouve superflues la presse et la tribune, qui, n'ayant pas le sentiment moral qui nous rend la liberté chère et indispensable, donne à un homme la toute-puissance, et je laisserai faire patiemment cette mutilation de ma nature par ces Procustes hébétés! Non : pas plus que je ne laisserai ronger mes livres par les rats qui, innocemment aussi, ne les trouvent bons qu'à être rongés, pas plus que je ne laisserai casser mes lunettes par un aveugle.... Ouvrir la politique à des hommes à qui la moindre notion du droit individuel est fermée, et qui vont droit au despotisme comme un âne au moulin, c'est, comme le dit le grand Balzac, lâcher un taureau dans la boutique d'un faïencier. Le droit ne l'exige pas et le bon sens s'y refuse.... » Ce n'était là toutefois que l'emportement de la première heure. Le lendemain de la révolution, quand la colère ne l'aveugle plus, et qu'il cherche à se rendre compte du mouvement qui emporte le pays, il en analyse les causes avec une profondeur et une franchise qui ne font pas un médiocre honneur à son sens politique. « Ce ne sont point les canons du boulevard qui ont vaincu l'indignation publique, c'est l'inaction du vrai peuple, c'est l'indifférence presque sympathique des ouvriers, c'est le bruit lointain que nous entendions par avance des acclamations de la campagne. Le parti éclairé de la nation a fatigué les masses de discussions et d'agitations incomprises, et les masses le font brutalement taire, en prêtant une irrésistible force à cet homme prédestiné que l'antiquité a bien connu, et que tout peuple a tour à tour adoré, sous le nom de bon tyran. » Ainsi ramené par la réflexion à la nécessité d'accepter la force des choses, Prevost-Paradol estimait que le suffrage universel, même prématurément établi, n'était pas sans porter en soi d'utiles compensations. Peu à peu le pays s'accoutumerait à comprendre que les révolutions matérielles sont aussi inutiles que funestes, puisque la volonté populaire peut légalement supprimer ou abaisser tous les obstacles. Le suffrage universel avait cet autre avantage, — telle était du moins son espérance — de ne laisser plus rien à inventer aux agitateurs pour séduire l'imagination des foules. Enfin, ne devait-on pas penser qu'après l'épreuve, la multitude découvrirait elle-même qu'il existe, entre sa façon de voter et la façon dont les affaires publiques sont conduites, un rapport de cause à effet, et qu'avec le temps, l'intelligence plus ou moins complète de cette responsabilité deviendrait pour les esprits un frein? « Que les Ilotes deviennent Lacédémoniens, et nous nous croirons assez vengés. »

Cependant, et même en assurant au suffrage universel l'indépendance, la moralité, la lumière par la liberté de la presse — d'une presse à bon marché — et par la diffusion de l'instruction primaire, Prevost-Paradol persistait à demander des garanties contre les dangers de l'oppression du nombre, garanties de liberté individuelle et garanties de liberté publique. Il croyait trouver les garanties de la liberté individuelle dans le droit accordé à chaque citoyen de disposer au mieux de ses intérêts, par le système du vote accumulé, des suffrages que le scrutin de liste mettait à sa disposition. D'autre part, il pensait donner aux libertés publiques un rempart durable, en établissant pour la Chambre haute — la coexistence de deux chambres étant l'indispensable condition de la vie régulière d'un parlement — un mode spécial de recrutement. Dans la franchise de son libéralisme, il admettait que la Chambre des députés, issue du suffrage populaire direct, devait représenter, « non seulement la raison d'un État libre, mais même ses incertitudes et sa mobilité ». Pour parer aux entraînements auxquels, en raison de cette origine et de cette composition, elle pouvait être exposée, il proposait que la Chambre haute fût le produit de la désignation combinée des conseils généraux, des conseils régionaux, et d'un certain nombre de corps indépendants, tels que l'Institut, l'Université, les associations syndicales, les chambres de commerce, etc. En un mot, faire à l'élite de la nation sa place dans le concours des forces communes, équilibrer la représentation des idées et des intérêts, concilier l'esprit de conservation et l'esprit de progrès, assurer tout à la fois la vie dans l'ordre et l'ordre dans la vie, tel était l'idéal que, par ces correctifs, il se flattait de réaliser.

De quelque façon que l'exercice du suffrage universel fût organisé, une démocratie ne pouvait espérer de vivre qu'en s'appartenant à elle-même. Prevost-Paradol professait pour le passé monarchique de la France un respect ému. Était-il donc si beau de n'avoir pas d'histoire? Et parce que, depuis 1789, nous étions à la poursuite de la liberté, fallait-il perdre tout souvenir de ceux qui avaient fait notre grandeur? Même en admettant que la Révolution fût notre titre de gloire le plus considérable, à qui devions-nous de nous être trouvés une nation unie pour en défendre les principes contre la conjuration des monarchies coalisées? Mais, fils de la Révolution, Prevost-Paradol était de son temps, et, en plus d'un point, il le devançait. Parmi les pages qu'il a écrites sur la succession de « nos échecs en ce siècle », comme il appelle la série de nos constitutions politiques, il n'en est pas de plus remarquables peut-être que celles où il montre tous les gouvernements, tour à tour attaqués, à droite, à gauche, quelquefois des deux côtés à la fois, depuis le premier jour de leur existence jusqu'au dernier, l'un pendant trois ans, l'autre pendant quinze ans, celui-ci pendant dix-huit ans, celui-là pendant trois mois, et « tous finalement pris d'assaut comme une place, dont la chute implacablement visée par tous est inévitable ». Et quel accent dans cette rapide histoire! Quelle angoisse douloureuse dans la réflexion qui la termine! « Paraissant désormais incapable de haine aussi bien que d'amour, revenue de toute passion, la France considère ses gouvernements et leurs divers efforts comme ces malades découragés qui écoutent tous les médecins avec une tranquille indifférence et les accueille mélancoliquement du même sourire…. C'est cette tristesse que nous respirons tous, jeunes et vieux, et c'est en proportion de notre patriotisme et de nos lumières que nous la sentons plus ou moins peser sur nos cœurs. » Cependant, pour lui, loin de l'abattre, cette tristesse l'élève et l'excite. Il est résolu à soutenir le bon combat. Monarchie ou république, il n'importe, pourvu que le pays soit et reste son maître.

Prevost-Paradol a pu avoir des inclinations particulières, entretenir des relations privées avec les représentants de l'une des branches de la royauté héréditaire; il n'avait point de préjugés, ni de liens. Après l'échec de la révolution de 1848, il ne croyait pas que la France fût en état de rompre avec la monarchie; il reprochait à la république d'avoir trompé tout le monde : « D'un peuple, qui n'a pas su conserver la royauté constitutionnelle, pouvait-on espérer l'énergie et l'esprit de suite nécessaires pour fonder le régime républicain? » Il aurait sans peine, à ce moment, salué « le drapeau tricolore, brodé de fleurs de lis, qui devait marquer la fusion

de l'ancienne France et de la nouvelle ». Quelques
années plus tard (1859), il se refusait à reconnaître
aucune différence entre les diverses expressions
de l'opinion libérale; sous le nom d'*Anciens Partis*,
il comprenait l'ensemble des partis qui tenaient
pour le gouvernement de la nation par la nation;
et il ne lui déplaisait pas que Sainte-Beuve lui
décernât, avec une bonne grâce malicieuse, le
titre de secrétaire général de leur protestation
commune. Dès lors, il était fixé, et il ne faisait
que confirmer une déclaration maintes fois reproduite, lorsqu'en 1868, dans l'introduction de *la
France nouvelle*, il écrivait : « On retrouvera ici
cette indifférence déclarée aux questions de personnes, de dynasties, de cadre extérieur du gouvernement, qui m'a valu tant d'attaques, mais qui sera
toujours, je l'espère, mon principal titre à l'approbation des esprits sages et des bons citoyens. » Il
démontrait sans ambages que la chute de la seconde
république serait mise par l'histoire à la charge
des royalistes qui, en 1851, jouissaient à bon droit
d'un grand crédit sur le peuple, et il ne voulait
pas qu'on renouvelât cette faute. « J'appelle ex-
pressément bon citoyen, disait-il en complétant
sa définition, le Français qui ne repousse aucune
des formes du gouvernement libre, qui ne souffre
point l'idée de troubler le repos de la patrie par
ses ambitions et ses préférences personnelles, qui
n'est ni enivré ni révolté par les mots de république ou de monarchie, et qui borne à un seul
vœu ses exigences : que le pays règle lui-même sa
destinée par le moyen d'assemblées librement élues
et de ministères responsables. Légitimiste, orléa-
niste, républicain, affaire de nuances. Il s'agit de

savoir si nous sommes, ou plutôt si nous serons
une nation. »

A vingt ans, il avait prêté contre le gouvernement
absolu le serment d'Annibal ; il en avait la haine, elle
lui était « entrée dans le cœur et dans le sang ».
Tocqueville, disait-il, est allé chercher en Amérique
des faits à l'appui de son opinion, non son opinion, qu'il devait à ses réflexions et à son patriotisme. C'est aussi le patriotisme qui avait décidé
de sa conviction inflexible. Prêt à transiger avec les
formes de gouvernement, il n'admettait sur le fond
aucune concession. Le premier chapitre de ses
Essais, celui qu'il considérait comme la clef de voûte
de toutes ses idées, a pour titre : *Du gouvernement
parlementaire*. Et par gouvernement parlementaire
il entendait « tout établissement politique où les
assemblées ont la haute main sur les affaires du
pays, où l'on ne peut conduire ces affaires sans leur
aveu ». Tandis qu'il construisait son système, il
s'était demandé s'il fallait réserver au souverain
constitutionnel le droit de *veto*, non pas le droit de
veto absolu qui ne pouvait se soutenir, car il n'allait
à rien moins, au fond, qu'à suspendre la vie nationale, mais le droit de réclamer avant la promulgation de la loi votée une délibération nouvelle, avec
la nécessité d'obtenir cette fois la majorité des deux
tiers. Et il avait aussitôt écarté cette conception,
comme portant atteinte à l'indépendance du ministère, seul responsable devant la nation. A l'assemblée issue du suffrage universel il ne voulait d'autre
contrepoids que l'existence d'une autre assemblée
dont le concours fût nécessaire pour la confection
des lois, et le droit de dissolution permettant au
souverain de faire appel au pays pour trancher le

différend. Il ne souffrait point qu'on rusât avec ce principe. Des artifices inventés par l'intérêt dynastique, le plus redoutable à ses yeux était « cette sorte de croisement du gouvernement personnel avec le gouvernement] parlementaire imaginé par l'empire, qui donnait à la nation l'illusion de l'indépendance et l'entretenait dans l'illusion de la sécurité ». *Fair play*, disait-il, franc jeu.

Mais ce jeu parlementaire, il en réclamait la franchise pour tous, aussi bien pour les représentants de la nation que pour son chef. Personne n'a compris avec plus d'indépendance, ni décrit avec plus de haute raison la nécessité de cette réciprocité de devoirs. Se souvenant peut-être de l'expérience des dernières années de la royauté de Juillet, il n'admettait pas que le gouvernement ministériel restât trop longtemps entre les mêmes mains. « Si les chutes des ministères sont trop fréquentes, dit-il, l'instabilité qui en résulte dans la conduite des affaires publiques est un mal; mais si ces chutes sont trop rares, si le même parti s'attache indéfiniment au pouvoir, deux dangers se produisent : le premier, c'est d'aigrir le parti tenu à l'écart et de le pousser parfois aux coups de force; le second, c'est d'enlever au système constitutionnel un de ses principaux avantages, celui d'assurer, par le changement opportun des cabinets, un rafraîchissement de l'atmosphère politique, et l'apaisement des griefs que l'exercice le plus sage produit toujours parmi les hommes. » Il n'est pas moins net sur l'obligation pour un cabinet, quel qu'il soit, de représenter avec harmonie une opinion ferme, « qui donne à la machine sa direction : il n'y a de gouvernement qu'à ce prix ».

On a dit justement qu'il était en Angleterre comme chez lui; on lui en a même fait un reproche, et il ne se défendait pas de le mériter. Il a toujours aimé la vie anglaise; il en goûtait les mœurs vigoureuses, le sport, le high-life. Il est vrai qu'il n'avait pas plutôt séjourné à Londres quelques semaines qu'il brûlait de se retrouver à Paris. Mais sa pensée restait invariablement attachée au spectacle de la liberté dont le Parlement anglais donnait l'exemple au monde civilisé. Seul, selon lui, le gouvernement parlementaire, ainsi appliqué, devait fortifier chez un peuple le ressort de la vie publique, faire le présent digne et l'avenir durable. Obligé, par hypothèse, de sacrifier momentanément la liberté à l'égalité ou l'égalité à la liberté, Prevost-Paradol aurait, sans hésiter, fait le sacrifice de l'égalité, convaincu que, poussée à outrance, l'égalité tuerait la liberté, tandis que, bien comprise, la liberté ramènerait infailliblement la saine égalité. Seul aussi, le gouvernement parlementaire pouvait donner l'essor aux talents qui sont le premier des éléments vitaux d'un pays. On ne pardonnait pas au parlementarisme d'entretenir parmi les hommes les grandes querelles de l'ambition. « N'est-ce pas précisément la marque de sa grandeur et de sa moralité? Non, ce n'est point l'ambition qui est funeste; c'est le parti qu'on en tire. Il y a eu des ambitieux en Angleterre, qui se nommaient Pitt, Fox, Canning; il y en a eu, en Perse et en Chine, qui n'ont point de nom, parce que les premiers ont agrandi le pays et que les seconds n'ont agrandi que leur fortune. Fait-on beaucoup pour la dignité de l'homme et pour le bien des sociétés, quand à l'ambition de gouverner on substitue l'ambition de faire ses affaires,

quand on met l'ambition de Narcisse et de Pallas à
la place de celle de Cicéron et de Pompée? C'est la
vertu de l'ambition chez les peuples libres, qu'elle
cherche loyalement à se légitimer par ses services
en même temps qu'à se satisfaire, et que celui
qu'elle anime ne saurait se passer, ni de l'estime générale, ni de sa propre estime. » Dans une définition
que n'aurait pas désavouée Montesquieu, Prevost-
Paradol, résumant ces vues élevées, appelait la
politique « l'art de n'employer que la moindre force
nécessaire pour la conduite des affaires humaines,
et d'agir sur la volonté par l'autorité du caractère
et la puissance de la persuasion ».

Un tel régime suppose chez un peuple les mœurs
de la liberté. Et c'était là l'objet suprême de sa doctrine. S'il n'attachait point de valeur à la forme du
gouvernement, c'est qu'il croyait qu'aucune forme
ne peut tenir lieu à un peuple de virilité, c'est-
à-dire de sagesse et de vaillance. S'il n'admettait pas
plus le droit primordial de la république que le
droit divin de la monarchie, c'est qu'il considérait
qu'une nation ne vaut que par l'énergie qu'elle
entretient en elle. Il ne tolérait sur ce point ni indifférence, ni froideur. Peu s'en fallut qu'un jour
il n'accusât Renan d'avoir gardé de l'Orient une
façon trop brahmanique de considérer les affaires
humaines. « Jeunes gens, s'écriait-il en s'adressant
à ses contemporains et en s'excitant le premier
à donner l'exemple, debout, et veillons sur nous-
mêmes. Vous tous qui avez épelé avec nous la
langue de Tacite et de Démosthène, qui avez appris
avec nous ce que c'est que le juste et l'honnête,
tenons la contagion loin de nos âmes. Embrassons
comme des autels tutélaires les grandes œuvres de

tous les temps, où l'on nous recommande l'amour
de la liberté, de l'ordre véritable, l'indépendance
et le courage. Soyons bien persuadés que le jour
où le doute, le simple doute, sur ces sentiments,
aura pénétré notre esprit et glacé notre cœur, il
n'y aura plus de patrie. » A ses yeux, le malheur
de la France était d'avoir laissé les partis s'arro-
ger tour à tour le droit de la personnifier. Elle
n'échapperait à ses déchirements, à sa ruine, qu'à
la condition de s'appartenir, et de se développer,
sous son propre contrôle, dans la liberté. Prevost-
Paradol était humilié de penser « que nous avions
encore dans les veines le sang de ces hommes d'É-
tat qui croyaient que, pour pratiquer l'esprit de
1789, il suffisait de prescrire, à peine de mort, l'horreur du vice et l'amour de la vertu ». Ce n'est que
par un exercice de la liberté quotidien, attentif et
laborieux, qu'une nation se rend capable et digne
d'en jouir. La liberté parlementaire elle-même est
un arbre sans racines, quand elle ne repose pas sur
un ensemble d'habitudes qui la soutient. Il demandait donc que tout citoyen eût le droit de pro-
fesser son opinion par la presse ou par la parole,
sans autre réserve que celle qu'imposent les nécessités de la sécurité commune et les intérêts de la
morale, le jury, c'est-à-dire la conscience publique,
étant seul juge des infractions. Il voulait, sous la
même sanction, que chaque église, chaque individu,
eût le droit de confesser, d'exercer, de propager ses
croyances religieuses et son culte, sans autres res-
trictions que celles qui résultent du droit d'autrui.

La situation de l'Eglise catholique est une des
questions qui reviennent le plus souvent sous sa
plume; elle est peut-être aussi celle où se marquent

le mieux la clarté de sa politique en même temps que l'élévation de ses sentiments.

Prevost-Paradol n'épargnait pas les vérités au parti que Montalembert appelait l'école des catholiques fanatiques et serviles. Il lui reprochait d'avoir combattu le gouvernement de Juillet, trahi la république de 1848, acclamé l'empire, et le jour où le pouvoir devant qui l'Église s'était inclinée avec trop d'empressement se retourna contre elle, on sait avec quelle vigueur il tira la moralité de la leçon. « Qui s'abandonne lui-même est abandonné de tous.... J'ai lu dans les récits fort curieux d'un voyageur anglais, qu'un petit prince de l'Hindoustan n'avait pas de plus grand plaisir que de perdre soudainement ceux qui l'avaient trop flatté. Il se laissait volontiers adorer et paraissait regarder avec complaisance celui qui se prosternait le mieux devant lui ; mais tout à coup il mettait le pied sur le front de l'incomparable adorateur et l'envoyait rouler dans la poussière. C'était sa façon de rétablir l'équilibre et de venger la dignité humaine. »

Le véritable équilibre, Prevost-Paradol était disposé à le chercher pour l'avenir dans la séparation de l'Église et de l'État. « Les auteurs immortels de la constitution des États-Unis n'ont parlé qu'une fois de la religion, et c'est pour déclarer qu'ils n'ont rien à en dire. Ils ont cru avec raison faire assez pour le bonheur de leur pays et pour la prospérité de la religion, en proclamant que l'État n'avait reçu du ciel ni le don de s'y entendre, ni le droit de s'en mêler. » Tel est son principe. Il regrettait qu'au lieu d'entreprendre la constitution civile du clergé et de resserrer ainsi la chaîne de l'État et de l'Église, notre première assemblée constituante, qui con-

tenait tant d'amis de la religion et de la liberté,
n'eût pas tenté d'affranchir l'Église et de séculariser
l'État. Mais, bien loin qu'on en fût arrivé à cette
conception en 1789, la pensée commune était qu'il
n'y avait qu'à charger l'État de tout faire, en le
rendant digne de tout conduire. Aujourd'hui, dit
Prevost-Paradol, ce n'est plus dans les mêmes
termes que la question se présente. Mais, si les
esprits sont mieux préparés à la résoudre, la solution n'en paraît pas plus aisée. Les défenseurs de
l'Église se montrent effrayés du trouble qu'apporte-
raient dans son existence la perte d'un budget officiel et la dépendance des pasteurs à l'égard des
fidèles, de qui viendrait désormais leur salaire. Ceux
que préoccupe surtout l'intérêt de l'État assurent
qu'au lieu de causer à l'Église les embarras qu'ap-
préhendent ses partisans, la séparation lui donnerait
une puissance d'organisation dangereuse pour la
chose publique. A ces oppositions contradictoires il
faut ajouter les résistances de l'Église elle-même.
« L'Église catholique recherche volontiers la domination dont elle se croit seule capable de bien user
et ne fuit point la persécution qui lui élève l'âme :
ce qu'elle déteste et redoute le plus, c'est l'indifférence. Comme une mère tendre ou comme une
épouse passionnée, elle dit à l'État, depuis qu'elle
existe : « Aime-moi, obéis-moi, si tu peux ; frappe-
moi, si tu veux : mais ne me quitte jamais.... » Son
adhésion d'un jour, fût-elle sincère, n'est jamais définitive : elle réclame avec autorité ce qu'on lui a
pris hier ; elle redemande de même ce qu'on lui a
pris il y a trois siècles, et il ne dépend pas d'elle de
rien oublier : c'est sa faiblesse et sa grandeur. »
Telles sont les données du problème. Prevost-Paradol

n'en dissimule ni la complexité ni la délicatesse. Mais c'est pour lui une raison de plus d'en aborder l'examen. Il demande seulement qu'on l'aborde de haut, et voici les principaux statuts du règlement qu'il propose : pour l'Eglise, liberté de réunion, liberté d'association, liberté de prédication et d'enseignement ; pour l'État, droit d'interdire toute possession territoriale et de limiter les acquisitions à des achats de rente, droit de contrôler les achats ou les ventes et de ne pas laisser la somme des acquisitions ou des donations dépasser la mesure des besoins; pour les deux partis, tous les délais nécessaires à l'organisation régulière et pacifique du nouveau concordat.

Mais si, dans sa pensée, ce contrat était le terme auquel, avec toutes les nations civilisées, il fallait aboutir, il ne jugeait pas que la France fût encore prête à s'y accommoder. Pour le présent, partageant la leçon entre tout le monde, il entendait d'abord que le devoir de l'Église était de se soumettre sans arrière-pensée, sans réserves secrètes, aux lois du pays; mais en même temps il estimait qu'il n'y a pas de pouvoir, quelle que soit son origine ou sa forme, qui n'ait intérêt à bien vivre avec l'Église, et qu'il ne peut être indifférent pour ceux qui veulent fonder un gouvernement libre d'avoir son concours, tout au moins sa neutralité. Il respectait son influence légitime ; il n'approuvait pas que, dans les affaires qui n'intéressent point la foi, elle prît un rôle militant; mais, la liberté étant assurée à toutes les opinions dans l'élection des assemblées, par exemple, il lui semblait étrange que le clergé n'eût pas le droit d'user de la sienne. Il acceptait, en un mot, la formule de Lacordaire : la liberté chrétienne

sous le drapeau des libertés publiques. Cette haute
et sereine impartialité était d'autant plus remarquable peut-être que, si sa conscience eût été forcée
de prendre parti, ce n'est pas vers l'Église catholique que l'eussent incliné ses préférences. Il admirait, il aimait dans le protestantisme l'accord des
principes politiques et des principes religieux, la
supériorité morale des libres pratiques du gouvernement de soi-même, qui accoutument les âmes à
l'indépendance et les façonnent à la dignité.

Il a toujours su, d'ailleurs, dans l'application de
ses principes les plus arrêtés, laisser au sentiment
sa large place. Certes il avait eu ses heures d'effer-
vescence voltairienne, et il s'y était livré sur le
moment, comme il se livrait à toute chose, avec une
sincérité ardente. Mais de bonne heure, avant même
que l'âge et l'esprit politique eussent apaisé en lui
la fièvre de la passion, les hardiesses de sa polémique n'excluaient pas les ménagements. Il se plaisait aux réserves délicates, et n'était rien moins
qu'intolérant. Ses sévérités, s'il avait pu en avoir
en telle matière, auraient été plutôt appliquées à
une philosophie trop sûre d'elle-même.

Son étude sur Jouffroy en offre un curieux exemple. Il témoigne d'abord d'un véritable goût pour
l'auteur du fameux article intitulé : *Comment les
dogmes finissent*. Il rappelle avec émotion cette veil-
lée douloureuse qui devait décider de la croyance
du jeune et ardent néophyte. Mais, arrivé à l'examen des conceptions sur lesquelles Jouffroy entend
établir sa doctrine, il ne peut s'empêcher de sourire,
puis de s'étonner de l'intrépidité de confiance qui
trouve ou croit avoir trouvé dans une succession
d'hypothèses l'éclaircissement définitif de la vérité.

Chercher la vérité en philosophie, soit. Mais s'imaginer qu'on la possède et prétendre l'imposer à l'humanité! Toute son ironie, que la naïve et touchante probité de Jouffroy a un instant désarmée, se redresse contre ce dogmatisme. L'autorité qui tranche lui paraît incompatible avec l'essence même de la critique : la philosophie n'est pas une orthodoxie. Si, pour lui, Spinoza est le guide le plus éclairé dans le dédale des opinions humaines, sur Dieu, l'homme et l'univers, bien loin d'en vouloir faire l'arbitre incontesté de la pensée, il s'attache à montrer combien est grande la variété des systèmes qui se partagent les hommes, combien plus grand encore le nombre des hommes qui ont placé leur bonheur hors de tout système. « Il nous semble parfois, dit-il, que les divers sentiers par lesquels nous nous acheminons vers la vérité sont tous tracés dans une sorte de grand parc qu'enferme de toutes parts un mur infranchissable. Les uns vont droit au mur et s'y brisent; d'autres s'en écartent un peu, mais ne tardent guère à l'atteindre; d'autres enfin font mille circuits, se perdent sous de beaux ombrages, s'élèvent, redescendent et évitent avec tant de soin le mur fatal, qu'on s'imaginerait l'avoir franchi; mais il apparaît tout à coup à quelque détour du chemin et nous remplit d'impatience contre nous-mêmes et contre le conducteur trop habile qui nous a bercés d'une vaine espérance. Nous envions alors ceux qui, ne cherchant aucun sentier et paisibles à leur place, ne voient pas même l'obstacle qui nous arrête, tandis qu'ils contemplent bien au delà avec une foi tranquille des régions pleines de foi et de lumière. »

Tel est le ton de sa discussion, toutes les fois que

se rencontre sous sa plume quelque allusion à la
religion chrétienne, « la plus humaine et la plus
miséricordieuse qui ait paru sur la terre ». Les
sceptiques s'étonnaient de l'hommage qu'il rendait
à Vincent de Paul et souriaient de son admiration
attendrie pour Mme Schwetchine. C'était mécon-
naître l'intime générosité de sa nature. Il honorait
l'Église catholique dans son œuvre de charité, et
personne, depuis Chateaubriand, n'a parlé de l'éloquence de la chaire avec plus de charme. Un jour il
découvre Lacordaire, tout étonné de trouver dans
ses sermons une telle hauteur de pensée unie à une
telle ampleur de style, et il s'y laisse ravir au point
d'étonner à son tour les amis du grand dominicain.
Il avait publié contre l'*Impiété systématique*, érigée
en moyen de gouvernement, une brochure d'un
accent profond. Philosophe convaincu, il ne croyait
pas qu'il fût possible de faire un peuple de philosophes. Très fidèle à ses idées, très net, et, dans ses
rapprochements fréquents entre les préceptes de la
sagesse païenne et les prédications de la morale
évangélique ne laissant pas ignorer à quelle source
il puisait sa force, mais vraiment libéral, il se faisait scrupule de froisser des croyances où, depuis
des siècles, tant de consciences se reposaient

VIII

A l'abri de ces principes, Prevost-Paradol aurait voulu introduire dans nos institutions un certain nombre de réformes. On a été frappé de la prescience avec laquelle, au dernier chapitre de *la France nouvelle*, il décrit, comme si la chose se fût accomplie sous ses yeux, le conflit de la France et de l'Allemagne ; on n'a point assez remarqué peut-être ce que le livre tout entier et les travaux qui l'avaient précédé, contiennent, sur notre état social et sur les modifications qu'il justifie, d'observations originales et d'idées fécondes.

Au cours de ses études, Prevost-Paradol s'est plus d'une fois interrogé, non sans inquiétude, sur les signes qui annoncent la décadence des peuples. Que les peuples soient, comme les individus, destinés à périr, en vain on se refuserait à y croire : « Les cadavres des nations jonchent notre planète ». Du moins, lorsque dans un pays les premiers symptômes de décomposition ont apparu, est-il possible d'en atténuer la gravité ou d'en suspendre le développement? Il s'efforçait de s'en convaincre, et, le mal découvert, il aurait voulu y apporter le remède.

A quoi donc d'abord reconnaître le mal? Les agitations bruyantes, les convulsions, les déchirements apparents, ne sont pas des signes infaillibles; ils peuvent ne marquer que des crises, et certaines

crises, bien loin d'être mortelles, attestent la vie et
en préparent le renouvellement; c'est à l'âme des
peuples qu'il faut regarder pour apprécier leur force
de vitalité. L'habitude persévérante chez les citoyens
de subordonner, de sacrifier l'intérêt particulier à
l'intérêt général, tel est le vrai criterium de la vigueur morale d'une nation. Or, quelles sont les
sources de ce désintéressement? La religion, le devoir, l'intérêt bien entendu, l'honneur. Mais la religion va s'affaiblissant, qu'on le veuille ou non, par
le seul effet du raisonnement, de la diffusion des
sciences positives, du travail incessant de la critique
philosophique. D'autre part, prétendre conduire un
peuple avec le seul frein du devoir est une chimère;
et, de même que le pur devoir suppose une âme
trop élevée pour devenir un commun mobile de conduite, l'intérêt bien entendu exige trop de finesse,
un discernement trop exercé, pour être jamais la
règle des foules. Reste l'honneur. Si nos lois, en
tant qu'elles sont d'accord avec les prescriptions de
la conscience universelle, sont observées, si le
jeune soldat rejoint docilement son drapeau et lui
reste fidèle, si l'agent comptable respecte la caisse
publique, si le Français enfin s'acquitte de la plupart de ses devoirs envers l'État et envers ses concitoyens, c'est au point d'honneur que nous en
sommes surtout redevables. « On voit souvent, au
bord de quelque ruisseau, un arbre profondément
atteint par le temps; le tronc est ouvert, le bois est
détruit, il ne contient guère plus qu'un peu de
pourriture; mais son écorce vit encore, la sève peut
monter, et, chaque année, il se couronne de verdure,
comme au beau temps de sa jeunesse; il reste donc
fièrement debout et peut même braver plus d'une

tempête : voilà l'image fidèle d'une nation que le point d'honneur soutient encore, après que la religion et la vertu s'en sont retirées. »

Image menaçante, même dans ce qu'elle peut avoir de consolant, car l'honneur a ses égarements et ses défaillances. Le spectacle des révolutions, triomphant par la surprise et la force, en pervertit le sentiment, et détruit, avec lui, la notion du bien. « On s'accoutume d'abord à louer, sous le nom d'habileté politique, la fraude et la violence que le succès a récompensées; par un reste de pudeur, on s'en excuse encore, en cherchant à se persuader que, si la morale n'existe pas en politique, elle doit régner ailleurs et surtout dans la conduite des intérêts privés; cependant la logique l'emporte dans le raisonnement comme dans le langage, et bientôt on se surprend à louer, comme l'habileté suprême en affaires, tout vol assez adroit pour rester impuni. » Si tous ne sont pas atteints par cette gangrène, les meilleurs de ceux qui s'en défendent se laissent entamer par le découragement. Il ne leur manque rien de ce qui peut aider à relever les cœurs et à raffermir les courages : fortune, indépendance, considération. Mais la satisfaction de participer au gouvernement de leur pays ne les touche plus : ils abdiquent! Appartenir à ce qu'on appelait les classes dirigeantes était jadis un titre, qu'on ambitionnait; ce n'est plus qu'une charge, qu'on récuse. Que le pouvoir, ainsi délaissé par ses détenteurs naturels, change de mains et passe aux classes ouvrières qui aspirent à le prendre, rien de plus régulier ni de plus juste. Seulement il ne suffit pas de vouloir gouverner, pour être capable de gouverner. Dans leur ignorance et leur impuissance, les classes ou-

vrières se retournent vers l'État, et on le charge du
bien-être des corps, comme au moyen âge on le
chargeait du salut des âmes : c'est l'avènement du
pire des socialismes, de celui qui sonne le glas de
la décadence. Et alors intervient le démagogue qui
la précipite. Qu'est-ce donc qu'un démagogue, et
comment le distinguer d'un ami du peuple? Les
traits qui les caractérisent l'un et l'autre sont aisément reconnaissables. Le réformateur, parlant le
langage de la conscience et de la raison, n'affirme
que ce qu'il sait et ne promet que ce qu'il espère,
divise les questions, signale tel mal particulier et
propose la façon de le guérir, sauf à porter plus
tard la main d'un autre côté, là où, après une nouvelle étude, il croira son conseil ou son action efficace; l'autre, qui n'est retenu ni par la conscience,
ni par la raison, ne poursuivant que son intérêt
propre, embrasse le monde entier dans ses projets,
se fait fort de remplir tous les vœux, invoque, pour
y chercher un appui, les appétits malsains, les illusions coupables, et, à bout de mots sonores, accuse
l'inertie de l'État, qui se refuse à étendre d'un seul
coup à tous les citoyens, actifs ou indolents, im-
probes ou honnêtes, l'égale participation aux biens
de ce monde. Quand, chez un peuple, il se trouve
des hommes assez criminels pour adopter cette tactique et une masse assez aveugle pour les suivre,
il faut presque désespérer. Le socialisme d'État est
le plus redoutable des fléaux. Dût-il, par impossible, produire des merveilles de justice et d'humanité, il en faudrait repousser le principe, par
cela seul qu'il est l'œuvre du pouvoir et non de
la liberté, c'est-à-dire parce qu'il tue le pays qu'il
prétend sauver.

En relisant les pages d'où j'extrais cet ensemble de déductions si fortes et si saisissantes, mon esprit se reportait aux premiers chapitres de l'histoire de Thucydide, aux considérations générales par lesquelles l'historien philosophe prélude à l'exposé de la guerre qui devait marquer le premier pas d'Athènes sur la pente fatale de la ruine. Prevost-Paradol est lui-même manifestement pénétré de ce souvenir. Il aime à étayer ses réflexions sur l'expérience de l'histoire; elle les éclaire et les agrandit. A suivre le cours rapide et puissant de sa pensée, on se sent en eau profonde; et, tandis qu'il emprunte aux divers peuples les traits qui servent à fortifier en même temps qu'à parer ses tableaux, les horizons les plus variés se succèdent sous nos yeux, admirablement reliés les uns aux autres par l'enchaînement d'idées qui les amène. Mais c'est surtout de l'observation du passé et du présent de la France qu'il tire ses pronostics d'avenir. Si, dans *la France nouvelle*, plus encore peut-être que dans les *Essais*, qui reproduisent des articles de politique courante, l'expression semble parfois un peu fastueuse, particulièrement celle des têtes de chapitre, où la pensée qui doit être développée est rassemblée dans une formule à la façon de Montesquieu, dès qu'on est engagé dans le développement, ce ne sont plus que les choses qui parlent elles-mêmes avec une simplicité éloquente. Trop éloquente peut-être parfois; car certaines peintures seraient décourageantes, si, dans « sa pieuse espérance », aux dangers qu'il n'a pas craint de mettre en lumière tels qu'il les voit, Prevost-Paradol n'opposait, avec la précision de bon sens la plus rassurante, les moyens de les combattre.

Il faut lui rendre cette justice entre toutes : en attaquant le pouvoir, en signalant sans pitié ses fautes, il avait toujours le pays, le pays seul, en vue; il l'invitait, il l'excitait sous toutes les formes à se reprendre à l'action. L'action, l'action individuelle et collective, tel est aussi le principe de toutes les réformes qu'il demande. Nous ne rappellerons ici que les principales, celles qui touchent à l'organisation administrative, à la justice, à l'instruction publique et à l'armée.

Il n'en est pas qu'il ait plus vigoureusement soutenue que la première, celle qui a pris, à ce moment, le nom de décentralisation. L'effet inévitable d'un pouvoir qui s'étend à tous et à tout, c'est de désintéresser les citoyens de la chose publique, disait-il, de les habituer à confondre la modération avec l'indifférence et à regarder le plus docile comme le plus sage. Administrées par un peuple de fonctionnaires, n'ayant aucune occasion de se réunir, de se connaître, de traiter des intérêts communs, les diverses classes restent étrangères les unes aux autres; ou, ce qui vaut moins encore, elles ne se rencontrent plus que pour débattre les sujets qui les divisent. Afin de les rapprocher et les animer à la recherche du bien général, Prevost-Paradol voulait faire pénétrer les pratiques du *self-government* dans tous les conseils où se délibère la chose publique : conseils communaux, — conseils cantonaux remplaçant les conseils d'arrondissements dont le cadre factice ne répond à aucune circonscription politique, — conseils départementaux, — conseils régionaux communs à plusieurs départements : tous librement élus, librement dirigés et gérant librement les affaires dont ils sont les représentants naturels, fortifiés en outre — au moins les conseils départementaux — par l'autorité permanente d'une commission, choisie dans le conseil et par le conseil, pour assurer dans l'intervalle des sessions l'exécution des résolutions prises. C'est, selon lui, dans cet ensemble d'institutions que devait se faire au jour le jour l'éducation du peuple, de façon à lui rendre l'habitude en même temps que le besoin de se conduire.

Le principe de l'inamovibilité de la magistrature était ébranlé dans les meilleurs esprits, depuis les décisions arbitraires et violentes qui avaient suivi le coup d'État. Il fallait trouver le moyen de relever l'autorité du juge, en fortifiant son indépendance, sans affaiblir son prestige. Entre le choix du pouvoir exécutif, toujours suspect de faveur, et l'élection populaire, toujours sujette à la passion, Prevost-Paradol imaginait un mode de nomination et d'avancement qui reposait sur la combinaison du choix et de l'élection. Aux conseils cantonaux et aux tribunaux de première instance devait appartenir le droit de présenter des candidats — deux par emploi vacant — pour les sièges de ces tribunaux et pour les fonctions de juge de paix; aux conseils généraux et aux cours d'appel la présentation pour les cours d'appel; aux cours d'appel et à la cour de cassation la présentation pour la cour de cassation; chaque cour — cour de cassation et cour d'appel — choisissant de plus son président. En même temps, Prevost-Paradol avait porté son effort sur les améliorations à introduire dans la procédure criminelle. Que n'a-t-il tenu à lui de supprimer « le déplorable usage de mettre publiquement aux prises le juge et le justiciable, ce reste de la *question* », et de con-

fier à l'avocat le soin de diriger les débats, afin
d'assurer à l'accusé, comme en Angleterre et aux
États-Unis, les pleines garanties de la défense!
Prevost-Paradol avait « soif de justice », d'une justice aisément accessible à tous, éclairée, humaine.
Dans une de ces grandes images sous lesquelles
il n'a jamais perdu le goût de rendre sa pensée, il
comparait les percées à faire dans les broussailles
de nos codes aux voies ouvertes dans les dédales
des quartiers populaires et malsains.

En matière d'instruction publique, outre le développement général de l'enseignement primaire dont
la nécessité sociale et politique s'imposait, il demandait la refonte des études classiques, d'après la
méthode des lectures suivies et commentées qu'il
avait appliquée lui-même à ses élèves, — la création d'un enseignement secondaire latéral approprié
aux besoins nouveaux du monde moderne, — la
promulgation d'une loi sur la liberté de l'enseignement supérieur, ouvrant à toutes les manifestations
de la science de larges issues, sous la seule réserve
que la collation des grades demeurât le droit de
l'État.

L'organisation du service militaire n'avait pas une
moindre place dans ses projets. On se rappelle que,
s'il n'était pas entré à l'École normale, il avait
résolu de s'engager. Officier de fortune à vingt ans,
comme Vauvenargues, fût-il resté aussi longtemps
que lui sous la tente à philosopher? Il a décrit la
triste grandeur de la guerre avec une émotion poignante; il ne souffrait pas qu'on en avilît la pensée. Dans un voyage à Berlin, en 1867, il avait vu
passer dans les hôtels, dans les rues, au théâtre,
partout, une nation disciplinée, préparée de longue

main à l'attaque et à la défense. Il sentait venir le
jour où la France ne pourrait échapper à une col-
lision, qu'elle en fît naître ou qu'elle en acceptât la
nécessité, et il ne croyait pas superflu d'enseigner
aux hommes à faire bon marché de leur sang pour
la patrie. Mais il avait peur des gardes prétoriennes.
Il entendait que l'armée, exclusivement destinée à
la protection du pays, fût tirée des entrailles du
pays, et que la jeunesse, toute la jeunesse, y fît,
comme à la commune école, l'apprentissage des
vertus civiques. « Il y a trois jours, écrivait-il en
1853, une centaine de conscrits, ayant l'air d'avoir
quinze ans, étaient dans le même convoi que moi.
Deux pensées m'ont frappé : la première, qu'ils
étaient tous en blouse et que jamais la bourgeoisie
ne passait par l'armée; la seconde, que nous per-
dions chaque année l'occasion d'élever ensemble et
d'améliorer quatre-vingt mille Français. » L'abolition du remplacement, un service relativement
court, mais obligatoire pour tous, avec la chance
pour ceux qui s'y plairaient d'un avancement légitime, mais avec le désir chez le plus grand nombre
de revenir au foyer domestique reprendre le travail
interrompu, le sentiment que le lien d'égalité, noué
à la caserne, représentait l'indissoluble communauté des idées et des intérêts de la nation : telles
étaient les bases de l'organisation où il voyait le salut;
c'est dans ces conditions, selon lui, que devait être
recrutée, formée, exercée, « l'armée démocratique et
citoyenne qui convient à la France ».

Cette armée de la France, Prevost-Paradol, dans
une de ses illuminations prophétiques, l'a vue, —
fut-ce une consolation ou un surcroît de peine? —
réunissant toutes ses forces contre l'invasion. « Ah!

écrivait-il, sous le coup du désastre qui lui avait apparu, quel Français digne de ce nom ne se sentirait disposé à abjurer tout dissentiment intérieur, tout souvenir de nos discordes, pour détourner de la patrie une si grande infortune! Hésiterions-nous un seul instant à oublier devant cette épreuve suprême, au moins jusqu'à son terme, nos griefs les plus légitimes et à chercher la mort ou la victoire sous le drapeau national? Et de quel prix serait donc la vie que nous aurions à traîner désormais sur ce débris à demi consumé, qui, couvert encore du pavillon de la vieille France, flotterait plus ou moins longtemps sur les ondes, au gré des caprices de l'Europe, avant de tomber tout à fait sous le regard insolent du vainqueur? » N'est-ce pas comme le cri de patriotique angoisse qui, deux ans plus tard, ralliait autour des étendards de Coulmiers, d'Orléans, de Bapaume, du Mans, de Villersexel, jeunes et vieux, nobles, roturiers et paysans, tous ceux dont le sang fraternellement confondu devait arroser le champ de nos irréparables défaites? Dans cet appel à la résistance poussé par celui dont on a pu dire qu'il avait été la première victime de la guerre, ne croit-on pas entendre la voix de la France héroïque : « A moi d'Assas, voici l'ennemi ! »

Et puisque ces souvenirs nous étreignent l'âme, comment oublier l'article où, rendant compte du livre de Proudhon *la Guerre et la Paix*[1], et rencontrant, sous la plume du fougueux et paradoxal penseur, énoncée comme un principe du droit des gens, la maxime sur laquelle l'Allemagne devait fonder sa conquête : « La victoire est productrice du

---

1 *Essais de politique et de littérature*, 5ᵉ série, 1863.

droit », il s'élevait, au nom de la conscience humaine outragée, contre les scandales de la force, et opposait « à ces raffinements de l'immoralité philosophique le cœur noblement ulcéré d'un peuple entier »! Est-il possible de n'y voir, après l'événement, qu'une discussion d'école? Quelle intelligence, quelle âme, que celle qui, dans sa clairvoyance douloureuse, a épuisé par avance le calice de nos malheurs!

Mais, grâce à Dieu, Prevost-Paradol n'a pas eu à prévoir seulement des malheurs. Parmi les idées de réforme qu'il préconisait, quelques-unes sont entrées aujourd'hui dans nos institutions, et nul doute que l'inspiration n'en soit en partie tirée de *la France nouvelle*. D'autres ne sont encore qu'à l'étude. En les développant avec ampleur et précision, Prevost-Paradol ne se flattait pas de l'espoir de les faire prévaloir sur-le-champ; il lui suffisait de les avoir proposées à la controverse. Il avait le sentiment des difficultés autant que des besoins de la vie moderne. S'il se montrait l'adversaire résolu de ceux qui ne voulaient voir dans notre administration centralisée qu'un indiscutable idéal, et reculaient à l'idée d'y porter la main, il n'était pas moins décidément contraire à ceux qui, n'ayant jamais connu par eux-mêmes aucune des nécessités du pouvoir, travaillaient inconsidérément « à briser tous les ressorts, puissants et rapides, à l'aide desquels la société française marche depuis près d'un siècle ». Il n'ignorait pas qu'il n'avait chance de plaire, « ni aux premiers qui craindraient de passer pour des esprits téméraires et légers, s'ils acceptaient les plus légères modifications à l'ordre établi, ni aux seconds, qui se croiraient timides et naïfs

s'ils ne dépassaient point, par la singularité de
leurs propositions, ceux qui ont écrit avant eux sur
les mêmes matières ». Il ne croyait pas surtout
qu'il appartînt « à un illuminé de résoudre miraculeusement tous les problèmes, de concilier le
travail et le capital, de décharger l'agriculture sans
écraser le commerce, de faire le bien des pauvres
en exaspérant les riches ». Prêt à rompre avec la
routine, il avait horreur de la chimère, de la chimère généreuse de Lamennais, comme de la chimère violente de Robespierre et de Saint-Just.
Réformateur aussi réfléchi que déterminé, il n'estimait point qu'une chose nouvelle fût bonne par
cela seul qu'elle était nouvelle, n'admettait que
« l'originalité raisonnable », et, sur le fond des institutions primordiales, avait foi dans les traditions
du bon sens. La règle qu'il demandait d'appliquer
aux réformes en général n'est pas moins digne d'approbation que le principe de celles qu'il proposait.
« C'est pas à pas que se réalisent les conquêtes im-
portantes et durables : nous ne sommes que trop
enclins à dédaigner cette façon d'avancer sur la route
du progrès, qui est aussi l'unique façon de s'y maintenir. Tantôt nous nous croisons les bras, en attendant le retour de l'âge d'or; tantôt nous nous mettons à l'œuvre pour le rétablir en un jour. Combien
de châtiments et d'humiliations nous faut-il encore
pour être guéris de ces excès de résignation et de
ces excès d'espérance ! »

Si cette œuvre libérale et forte ne perd point à être
ainsi ramassée, à distance, sous la lumière des vingt
années d'épreuves terribles et de laborieuses expé
riences qui en ont justifié les principales vues,
l'analyse ne saurait donner une idée des conditions
dans lesquelles elle fut produite, et la façon dont
travaillait Prevost-Paradol n'est pas un des caractères
les moins attachants de son talent.

Les confidents les plus intimes de sa pensée
se sont demandé bien des fois où il prenait le temps
de se recueillir. Sa collaboration presque quoti-
dienne aux *Débats*, les lettres au *Courrier du Dimanche*, les articles qui lui étaient demandés par
les revues, françaises ou étrangères, absorbaient
les matinées qu'il donnait au travail. D'autre part,
« ami de la vertu plutôt que vertueux, » il n'était
indifférent à aucune des séductions de la vie de Paris. « Madame, disait-il à une mère qui le consul-
tait sur son fils, il ne lui manque plus que d'être
un peu libertin. » C'était le plus aimable et le plus
franc des compagnons; il avait des gaietés d'enfant.

Un des intérêts les plus doux de son existence
a été d'assister au développement de la fortune littéraire de M. Ludovic Halévy, de suivre dans le détail
de leur éclosion charmante, à Étretat et à Saint-
Germain, avec Offenbach et M. Meilhac, *la Belle
Hélène*, *la Grande-Duchesse*, *Froufrou*, *Monsieur et*

Madame Cardinal, toutes ces fantaisies d'une originalité si fine et parfois si profonde. Il s'est lui-même
essayé dans le roman, sous le voile de l'anonyme,
à la façon de Benjamin Constant[1]. L'histoire de *Mon
ami Hermann* rappelle la manière claire et spirituelle
de Voltaire, avec quelque chose de plus solide et
de plus amer, emprunté à Swift. L'article sur l'*Opéra*
est une peinture achevée des mœurs du second empire : à revoir aujourd'hui certaines scènes enle-
vées d'une main si leste, on dirait des fresques
détachées d'une moderne Pompéi. Et, dans la *Lettre
sur les femmes et l'infidélité*, quelle grâce à la fois
légère et hardie, frisant l'esprit de galanterie sans
y glisser, côtoyant le drame sans y tomber, merveilleusement française! La dame indiscrète à qui elle
est adressée s'avisait, paraît-il, de trouver dans
l'*Amour* (de Michelet) des cailloux parmi les perles.
Ici point de cailloux : tout est brillant, étincelant,
ruisselant de lumière pure et vive sous les feux du
soleil parisien. *Paris*, ce Paris qui, selon le mot de
Charles-Quint, est un monde, lui inspire des réflexions tour à tour vigoureuses et délicates, tristes
et riantes; il le révèle à ceux qui croient le connaître; il le fait admirer, aimer, envier des autres.
Ajoutez que, tandis qu'il se joue, tout d'un coup
il s'élève. Il a l'imagination vaste, le sentiment
des grands contrastes. Un joli ballet dans la salle
de l'Opéra, parée de lumières, de fleurs et de jolies
femmes, le fait rêver aux peuplades sauvages qui,

1. MADAME DE MARÇAY, *Revue des Deux Mondes*, 1ᵉʳ février 1860.
La nouvelle fit du bruit. Huit jours après la publication, dans les
Débats (8 février), Prevost-Paradol déclarait que l'œuvre était
médiocre, d'une lecture pénible, et conseillait à l'auteur anonyme
d'en rester là. Personne toutefois ne s'y trompa.

pendant les froides nuits d'hiver, chassent l'élan et le renne pour subsister. Un article à propos des comédiens, commencé sur la scène du Théâtre-Français, se termine sur la scène de l'univers.

Ces échappées ne sont pas seulement une des grâces de l'esprit de Prevost-Paradol. Elles concourent à en caractériser la force naturelle et jaillissante. L'aisance, une aisance supérieure, en était peut-être le principal trait. Dans ses œuvres les plus soutenues, qu'on y regarde bien, la veine est admirablement franche. La forme trompe par sa perfection; c'est ainsi qu'elle lui venait, il était né éloquent. « Sa facilité, a dit Scherer, était prodigieuse. On entrait dans son cabinet, on le trouvait la plume à la main; il vous disait bonjour avec cette bonne humeur qui semblait ne l'abandonner jamais, vous passait un livre ou un journal, vous interrompait bientôt sans s'interrompre lui-même et continuait la conversation, en achevant de couvrir des feuilles de papier de sa grande écriture. Et cela sans une hésitation ni une rature : sa phrase semblait travaillée; en réalité, il improvisait. » Ses plus beaux articles des *Débats* ont été conçus dans la rue, pour ainsi dire, chemin faisant, de la rue Saint-Georges à la rue des Prêtres-Saint-Germain-l'Auxerrois. Nous nous arrêtions à chaque kiosque, prenant les journaux qui venaient de paraître et déposant ceux que, d'un kiosque à l'autre, il avait parcourus, non sans causer de mille choses. Arrivé au bureau, il s'installait sur le coin d'une table, écrivait une ou deux colonnes, allait faire un tour au Louvre pendant qu'on imprimait, puis modifiait sur l'épreuve une virgule, un accent, un mot, et, le lendemain, l'article était l'événement du jour.

Les idées se classaient, les arguments s'ordonnaient
d'eux-mêmes sous sa plume. Dans les commissions
formées pour l'étude des questions relatives à la
liberté de l'enseignement supérieur et à la décentralisation administrative où siégeaient les maîtres
de la politique et de la science, il lui arrivait rarement d'assister au commencement de la séance;
mais, en quelques minutes, il était au courant, et il
rédigeait une proposition qui, au témoignage de ses
contradicteurs eux-mêmes, avait la précision lumineuse d'un texte de loi. J'ai ouï dire qu'à l'Académie,
rapporteur de la commission du Dictionnaire, il se
trouvait toujours prêt sans s'être jamais préparé :
son intelligence était comme un filtre; les choses s'y
clarifiaient. Ses livres ne lui coûtaient presque pas
davantage. Il avait ébauché le plan de *la France
nouvelle* sous le nom de *Démocratie et Liberté*, à
Étretat, dans un grenier, et c'est dans ce grenier,
où il regrettait de s'être ménagé trop tard une retraite, qu'il aurait voulu l'achever. L'ouvrage s'est
fait à Paris, au jour le jour; nous en avons corrigé
ensemble les dernières feuilles sous les ombrages
du parc Monceau.

Ce qui lui restait de loisir dans cette vie, parfois si
dispersée, appartenait aux salons, et il y portait les
mêmes dons de supériorité sans effort. Ses contemporains le traitaient en prince de la jeunesse.
Chez ses maîtres, chez M. de Broglie comme chez
M. Thiers, chez M. d'Haussonville où il avait toujours été reçu avec une affection particulière, on
fêtait son talent, on faisait fond sur la fermeté de
ses convictions parlementaires, on admirait la gravité aisée avec laquelle il en soutenait le poids. C'est
un croyant, disait en souriant Sainte-Beuve, qui

trouvait cette religion trop forte pour lui. Mais ses amis savaient gré précisément au jeune doctrinaire de leur avoir fourni, dans son manifeste sur les *Anciens Partis*, une sorte de drapeau. Ses articles de critique, très goûtés comme consécration littéraire, servaient en même temps de passeport politique dans le parti libéral. Ceux qui le savaient acquis à leurs convictions le traitaient en héritier de leur pensée. « Nous sommes, lui écrivait M. de Rémusat, au début d'une ère qui me dépasse : c'est à vous qu'en appartient le secret ; vous êtes notre avenir. » Les autres lui prodiguaient les caresses, pour s'assurer son témoignage devant la postérité. Chacun aurait voulu l'avoir à soi, bien à soi, — tout prêt à interpréter une expression courtoise dans le sens d'une conversion politique ou religieuse, si lui-même n'eût été plus prêt encore, dans sa scrupuleuse loyauté, à ramener les choses au point exact et à la vérité. Il n'a jamais sacrifié à personne la liberté de son sentiment. « Si c'est un plaisir que de dire la vérité à ceux qu'on n'aime point, et si, quand ce plaisir est aiguisé par le péril, c'est peut-être le plus doux des penchants auxquels puisse céder une intelligence cultivée, — pour goûter ce plaisir sans remords, il faut avoir aussi le courage, autrement difficile, de dire la vérité, telle qu'on la voit, à ceux qu'on vénère et qu'on aime », et il la disait. Vous pourrez me réduire, répondait-il un jour, avec une résistance respectueusement inflexible, à M. Thiers, qui ne souffrait guère qu'on ne se laissât pas amener à sa manière de voir, vous ne me convaincrez pas. Son intégrité doublait sa force. On n'ignorait pas qu'après avoir aspiré à une chaire en Sorbonne, il avait refusé la suppléance

de M. Saint-Marc Girardin que lui offrait le gouvernement. On savait aussi qu'après la suppression du
Courrier du Dimanche, une souscription s'était spontanément ouverte parmi ses amis et ses admirateurs,
pour subvenir aux ressources qui lui faisaient défaut, mais qu'à peine avisé, il avait supplié qu'on
renonçât à ce projet, ne voulant rien devoir qu'à sa
plume, et mettant au-dessus de toute chose son
indépendance absolue.

Un des témoins les plus autorisés de la pensée
des hommes d'État que l'Empire avait écartés des
affaires, juge de beaucoup d'esprit lui-même et d'esprit très libre, X. Doudan, est, à ce sujet, aussi
agréable qu'intéressant à entendre. Pressentant la
distinction future de Prevost-Paradol, Doudan l'avait
suivi dès ses premiers écrits. « Mille remerciements
pour votre *Elisabeth*, lui écrivait-il; j'y ai trouvé
des choses charmantes et de grands éclairs. J'aime
à étudier les commencements, à observer le lever
des étoiles. J'ai toujours envié un monsieur du
duché de Bade, qui avait dans son jardin la source
du Danube. » Le caractère de l'homme, quand il
s'était rencontré avec lui, ne l'avait pas moins séduit. « Il a bien de l'agrément dans les manières,
ce monsieur Prevost-Paradol, avec un tour d'imagination stoïque comme Montaigne. Il ne ressemble
point à la jeunesse d'aujourd'hui. Il a les instincts
élevés qui régnaient, il y a quarante ans, dans
l'élite de la société. Cela est aimable en tout temps,
mais surtout avec la grâce de son âge. » Et, à partir
de ce moment, Prevost-Paradol n'avait pas eu de
lecteur plus assidu. Doudan signalait autour de lui
la moindre publication sortie de sa plume. Lui
était-il arrivé de laisser échapper un numéro du

Courrier du Dimanche enlevé en quelques heures et dont il n'avait pu retrouver un exemplaire chez ses voisins de campagne, il en demeurait maussade toute une journée. Il le jugeait, et lorsque « le coup d'escopette » était moins juste ou que l'écho en avait été moins retentissant, il s'étudiait à analyser les raisons de cette défaillance passagère. Il aimait surtout à le défendre. « Eh quoi, chère madame, vous n'êtes pas plus touchée de la simplicité élégante du discours de M. Prevost-Paradol ! — il s'agit du discours de réception à l'Académie — vous avez le goût terriblement superbe ! » L'étude sur La Boétie lui avait paru hors de pair : « Tacite n'aurait vraiment pas mieux expliqué comment il n'y a rien à espérer des gens qui aiment par goût du repos les gouvernements absolus. » Quand *la France nouvelle* est annoncée (1868), il recueille tous les bruits; la petite brochure — on en parlait d'abord en ces termes, — puis le livre excite l'attente, et l'attente est remplie. « Les anciens, ceux qui siègent ou qui siégeaient aux portes des villes, hochent la tête, quelques-uns du moins; ils disent que les idées fondamentales ne sont pas nouvelles. Mais quoi d'étonnant, si l'auteur s'appuie et a voulu s'appuyer sur l'expérience? On a fait depuis assez longtemps, on fait encore trop tous les jours des systèmes de gouvernement qui ont l'air de châteaux en Espagne, où nul ne saurait habiter. N'est-ce donc rien que d'avoir bâti une belle et bonne cité, où des hommes de chair et d'os peuvent vivre en toute dignité et en toute sécurité derrière des remparts solides qui semblent élevés par le bon sens même? » Il admet d'ailleurs que, sur l'originalité de telle ou telle proposition, chacun, selon son humeur, fasse ses réserves ; il aurait les siennes, s'il le fallait, tout comme un autre. Mais pour lui, « la grâce de ce judicieux jeune homme l'emporte. Quel heureux mélange de raison froide et d'ardeur ! Celui-là dit ce qu'il pense, et tout ce qu'il dit lui appartient à bon droit, puisqu'il le sent comme il le dit et qu'il est prêt à le faire. C'est le commencement et peut-être la fin de tout talent et de toute éloquence que cette sincérité vive. Je crois que Cicéron — Doudan avait une estime toute particulière pour Cicéron — l'eût pris en grande affection, s'il l'avait rencontré dans Rome aux temps d'Antoine, de César et d'Octave, et qu'il en aurait espéré quelque chose de considérable. En attendant, il demeure dans un pauvre petit appartement, rue Saint-Georges, aimant, je crois, le luxe et les chevaux, mais aimant mieux encore la dignité et la raison. »

Depuis trois ans, Prevost-Paradol appartenait à l'Académie française. Il venait de débarquer en Égypte, quand il apprit que son nom était prononcé pour la succession d'Ampère. C'est Sainte-Beuve qui, dès 1861, avait, le premier, posé publiquement sa candidature. Prevost-Paradol, en le remerciant d'une avance aussi flatteuse qu'inattendue, lui témoignait le regret qu'il l'eût fait au détriment de Cuvillier-Fleury, son maître, dont l'amitié zélée lui avait, quelques mois auparavant, rouvert la porte des *Débats*. Mais le coup de cloche, auquel se plaisait Sainte-Beuve, était donné. M. Thiers, M. de Rémusat, M. Guizot, M. de Montalembert, M. de Falloux, étaient prêts à soutenir l'heureux champion de leur doctrine politique. Mgr Dupanloup avait abandonné le Père Gratry afin d'être libre de l'appuyer. Le duc de Broglie se déclarait prêt à braver les fatigues d'un voyage pour apporter son vote « à cet honnête homme ». La lutte contre J. Janin, un aîné des *Débats* et un aîné populaire, n'était pas sans danger. Prevost-Paradol ne l'avait pas cherchée. Il s'excusait presque, à l'égard de son confrère, — sans fausse réserve, mais avec une cordialité déférente, — de l'avoir acceptée. Il ne manquait pas, au surplus, d'adversaires pour le combattre, ni d'empressés pour dire qu'à trente-quatre ans on ne peut pas avoir encore du talent. Cependant, d'admirables articles, d'une remarquable élévation de forme en même temps que d'une grande portée philoso phique, sur Aristophane et Pétrone, Thucydide, Démosthène, Tacite, Sénèque, Boèce, Macaulay, Jouffroy, deux études approfondies sur Lucrèce et Spinoza, avaient achevé de marquer sa place au premier rang parmi les écrivains. « On ne parle que de son élégance, disait Louis Veuillot avec un mélange de rudesse et de bonne grâce ; c'est le moindre de ses mérites : il a le jarret et les ailes. » Il l'emporta.

La séance de réception (mai 1866), très recherchée, très brillante, tourna en triomphe, lorsque, dans l'éloge d'Ampère, arrivé à l'histoire de Jules César, l'intrépide récipiendaire protesta contre la théorie des hommes providentiels préconisée par l'empereur Napoléon III. Mais de tous les applaudissements, il n'en est pas qui lui allèrent plus profondément au cœur que ceux au milieu desquels le directeur, M. Guizot, de sa voix austère et vibrante, lui adressa ces éloquentes paroles de bienvenue : « Vous êtes, monsieur, d'une génération en qui la France espère.... Vous êtes de ceux à qui il appar tient d'aider au succès de notre époque dans sa

difficile tâche : la pratique efficace du gouvernement libre. Vous aurez autant, vous n'aurez pas
plus de respect et de dévouement que vos devan-
ciers pour la vérité, le droit, la liberté, l'ordre
légal, le bien public. Je vous souhaite de moins
rudes combats et plus de bonheur. »

Quelques jours plus tard, l'empereur, suivant
l'usage, recevait le nouvel élu, présenté par le bureau de l'Académie. Et voici comment, dans un billet
intime, le nouvel élu racontait l'auguste entrevue.
« Grand air de bienveillance, sourire et regards
caressants, mais beaucoup d'embarras. Dialogue. —
L'EMPEREUR : Je regrette qu'un écrivain si distingué
ne soit pas de nos amis. — LE SUJET REBELLE : Je le
regrette aussi. — L'EMPEREUR : Vous n'êtes pas de
mon avis sur César dans votre discours, mais nos
opinions se rapprochent davantage dans votre
Histoire universelle. — Surprise du sujet rebelle,
qui n'a pas eu le temps de rien ajouter, l'empereur ayant demandé des nouvelles de sa santé à
M. Guizot, sans laisser aucun intervalle entre une
phrase et l'autre. — Salut et sortie. »

X

Le jour n'était pas encore venu où le gouvernement l'appellerait dans ses conseils, et le suffrage
universel ne paraissait pas disposé à lui en faciliter
l'accès. Il semble cependant que rien ne lui man-
quât de ce qui constitue la renommée. Cette renommée touchait même, au dehors, malgré sa jeunesse,
à l'autorité. Plus d'une fois les grandes sociétés
de l'Écosse et de l'Angleterre l'avaient appelé pour
traiter dans leurs solennités annuelles quelque
sujet de haute littérature ou de politique libérale.
Mais ni ces honneurs remarqués, ni la courageuse
persistance de sa lutte au *Courrier du Dimanche* et
aux *Débats*, ni sa condamnation, ni le succès de *la
France nouvelle*, tirée à dix éditions en moins de
quelques semaines, n'avaient réussi à lui concilier
la faveur populaire. « Les dieux ne sont pas ou ne
paraissent pas justes, écrivait Doudan; voici que *la
Lanterne* de Rochefort jette plus d'éclat que le livre
de Prevost-Paradol » (25 février 1868).

Candidat au Corps législatif, aux élections générales
de 1863, à Paris et à Périgueux, il avait échoué dans
les deux collèges[1]. Il se plaignait « qu'une société

1. A Paris, c'est dans la septième circonscription (sixième arrondis-
sement) qu'il se présenta. Il était soutenu par tous les partis libéraux, par le comte d'Haussonville et par Gambetta. Il avait pour
concurrents M. Cochin, dit candidat clérical, M. Guéroult, dit candidat
démocrate, et M. Fouché-Lepelletier, candidat officiel. Le premier
tour le classa assez loin de ses compétiteurs, au quatrième rang. Il
se désista.

pût devenir de plus en plus démocratique, sans
avoir l'idée de ce qu'est un État libre : fallait-il donc
croire qu'à mesure qu'un peuple apprend à lire, il
désapprend de penser, et devait-il se résigner à être
une sorte de proscrit dans son pays? » Il rappelait,
non sans amertume, « le temps où discourir avec
talent sur la politique paraissait un titre pour participer aux affaires du pays, où l'on n'avait pas
encore découvert l'incompatibilité radicale qui maintenant semblait établie entre l'action et la pensée ».
L'action par la polémique d'opposition, sur laquelle
jadis il faisait tant de fond, ne lui suffisait plus.
Certes, il n'enviait pas le rôle de la presse à gages.
« Suivre et importuner d'une approbation constante
une politique qui ne se plaît que dans la mobilité,
ou, ce qui est plus étrange encore et plus difficile,
une politique qui s'ignore elle-même, blâmer aujourd'hui ce qu'il faudra louer demain, encenser
le lendemain ce qu'on a exorcisé la veille, n'avoir
d'autre alternative que de se dédire ou de se contredire, cela n'était pas fait pour remplir la vie d'un
homme. » Mais y avait-il beaucoup plus d'efficacité,
sinon de satisfaction morale, à recommencer, chaque
matin, « aux applaudissements de quelque cinq cents
personnes, » contre les mêmes hommes et sur les
mêmes sujets, les mêmes démonstrations, le même
jeu dangereux? « La littérature politique n'a de
fécondité et de force véritable que si elle est liée à
l'action, soit que l'action la devance, soit qu'elle
la suive. Il n'y a de vrai que le pouvoir. » Une
anecdote racontée par M. Maxime Du Camp montre
à quel point de lassitude irritée, à quelle impatience d'agir, il en était arrivé. « Nous revenions
ensemble avec M. Prevost-Paradol, raconte-t-il,

d'une séance de la commission de décentralisation qui se tenait dans les salles du Conseil d'État, nous étions dans la grande allée centrale des Tuileries d'où l'on découvre le palais, et je lui dis : « Quel « est votre rêve? » Il s'arrêta, et me montrant le pavillon de l'Horloge, il répliqua, avec une sorte d'exaltation que je ne lui connaissais pas : « Le « maître de la France est là; eh bien! je voudrais « être le maître de ce maître. » Le métier de politique consultant ne lui apportait plus que des dégoûts. Comme autrefois son cours à Aix, et plus lourdement encore, sa plume lui pesait. « Quand je la « prends, disait-il, je ressens littéralement des nau- « sées. »

C'est sous l'impression de ce sentiment qu'en 1869 il tenta la fortune d'une élection à Nantes. Il y trouvait comme antagonistes, d'une part, M. Gaudin, le gendre d'un des anciens ministres de l'empereur, M. Delangle, pour qui le gouvernement était décidé à ne marchander aucun moyen de succès, de l'autre, le docteur Guépin, qui à une grande considération locale héréditaire joignait une popularité personnelle très solidement assise. La partie était difficile. Les circonstances dans lesquelles elle se joua, les passions diverses qu'elle suscita chez Prevost-Paradol, à la veille de l'événement qui allait décider de sa vie, aident à en comprendre le brusque et cruel dénouement.

Comme toujours, il entra dans la lutte le visage découvert. A ceux qui lui demandent quel est son programme, il répond : « *La France nouvelle*, si vous l'avez parcourue, et dix ans de polémique, vous l'ont fait assez connaître : c'est avant tout le gouverne-

ment du pays par lui-même, soit en république, soit
en monarchie, et la nécessité d'en finir au plus tôt
avec le pouvoir personnel. » Sur ce terrain, il est
prêt à combattre comme un lion. Mais qu'on ne lui
demande rien qui le mette en désaccord avec lui-
même. « Oh! mon Ludovic, écrit-il à M. Halévy,
pour quelques bons Français éclairés et honnêtes,
dont la vue réjouit le cœur, combien de vilaines
gens et surtout d'imbéciles! Car les vrais sentiments mauvais sont rares, mais la bêtise est maîtresse du monde. Tu n'imagines pas ce que sont les
cléricaux d'ici, comme on les appelle, et le parti
avancé est plus sot encore. Les uns veulent qu'on
leur promette d'abolir l'armée et les impôts; les
autres mettent tout sous les pieds du pape. Et
quand on pense que la France en est partout là!...
Je parlerai ce soir de mon mieux.... Mais je me
montrerai bien tel que je suis : je ne ferai ni une
concession, ni un mensonge. Je le voudrais que, tu
le sais, je ne le pourrais pas. » Et il reste impertur-
bablement fidèle à ses principes. Devant deux mille
personnes, au milieu d'un tapage d'enfer, il attend
pendant une demi-heure, les bras croisés, qu'on le
laisse ouvrir la bouche. Au premier moment de
calme, il commence si haut et si clair que le silence
s'établit, et, pendant deux heures, il tient l'auditoire en respect : sans émotion, sans embarras, il
ne voyait plus rien que la chose à dire et l'effet produit. Ce succès le réconforte sans l'enivrer. Il se
prête à tout. On l'emballe, on le déballe comme un
colis, on le fait parler, on le remporte, et ainsi du
matin au soir, sans qu'il ait même le temps d'aller
embrasser sa fille qu'il a emmenée avec lui. Les
jours de repos sont ceux où il prépare une confé-

rence littéraire sur Corneille ou sur Fénelon, pour
un cénacle de dames dont il faut gagner la sympathie. Mais sa vaillance et sa bonne humeur sont in-
fatigables. « Il faisait ses tournées à cheval, raconte
un témoin impartial, la rose à la boutonnière et le
sourire aux lèvres. On eût dit un grand seigneur
visitant ses terres. Lorsqu'il arrivait dans un bourg,
les gros bonnets se découvraient respectueusement.
Quant au peuple, il ne bougeait point. » Il n'avait
pas besoin qu'on l'en avertît. Malgré ce que ses
amis répétaient autour de lui, il se rendait bien
compte que la foule qui dispose du vote ne se
rapprochait pas. Et à travers la spirituelle gaieté
de sa correspondance, on sent le désenchantement
qui le gagne. « Ah ! cher Ludovic, j'aimerais
mieux courir le bois à cheval avec toi, même sur le
petit arabe, que d'être candidat ici ou ailleurs....
Si je suis nommé, je prendrai la bataille au sérieux; mais quelle vraie délivrance, si je ne le
suis pas ! »

Ce soupir de résignation à la défaite n'est pas
moins sincère que le cri de confiance des premiers
jours. Le soir de la bataille, — il avait obtenu 1959
voix sur 30 815 votants, contre 12 001 données à
M. Gaudin et 11 679 données à M. Guépin, — on
cherche en vain à lui persuader qu'à peser les suffrages, ceux que son nom a réunis l'emporteraient
par le poids. Les mesquines raisons d'amour-propre
n'avaient pas de prise sur son âme. Il voyait plus
haut. Au cours de sa campagne, la conclusion du
livre de Laboulaye sur *l'État et ses limites* lui était
plus d'une fois revenue à l'esprit : « Avec deux
Chambres, une tribune et la presse, un peuple sera
toujours libre, si l'esprit public est vivant; mais

députés et journaux ne serviraient de rien à un
peuple qui s'abandonne et qui n'a plus le goût de
la liberté. » C'est avec cette pensée que s'accomplit
son retour à Paris, et, si elle n'était pas de nature
à le consoler, elle acheva sur le moment de le
détacher.

« Tu verras, disait-il jadis à Taine, que je suis
tout autre avant et après le malheur. D'abord plein
d'anxiété, d'inquiétude, de terreur, fatiguant de mes
plaintes mes amis vrais et laissant mon trouble
échapper de toutes parts : une fois le coup reçu,
je ne suis plus que courage, résignation, disons
mieux, qu'indifférence. Fasse Dieu que je n'aie pas
à le montrer ! » Et à chaque déboire, ce fond
« d'incurable indifférence » qu'il ne découvrait que
dans l'intimité, — sans qu'aucun conseil, aucune
affection pût l'en détacher autrement que par inter-
valles, — reprenait le dessus et l'envahissait. Ce
n'est point par dilettantisme littéraire qu'il a écrit
tant de pages pénétrantes sur la maladie, la mort,
le suicide : ces sujets sont ceux auxquels sa pensée se portait d'elle-même et qu'il méditait le plus
volontiers. Nous l'avons vu par le carnet de sa
jeunesse. Sa correspondance de tous les temps est
pleine des mêmes réflexions. « La vie est un néant ;
nos plaisirs et nos douleurs, d'imperceptibles mouvements dans une goutte d'eau, et le tout ne vaut
pas la peine qu'on s'en occupe.... — La conviction
du néant de nos individualités, la pensée de l'infini
auquel nous aspirons tous et qui nous avalera tout
à l'heure, c'est le *Suave mari magno.* » — « Si la
vie est menacée de pareilles chausse-trapes, elle
ne vaut pas grand'chose, et comme je la quitterais
de bon cœur, sans les trois ou quatre fils de soie

qui m'attachent à ce monde ! » N'est-ce pas par un coup de pistolet que finit le héros de *Madame de Marçay*, cette page dont on a pu dire, sans qu'il l'ait démenti, qu'elle était presque une page d'auto-biographie ? Et que d'autres notes mélancoliques, notes voilées, mais profondes, au milieu de ses plus brillants morceaux ! Il était dans l'éclat de sa réputation, dans l'ivresse de sa fortune politique naissante, toutes les jouissances de la vie lui étaient facilitées, offertes, lorsqu'il écrivait son article sur *Paris*; et le tableau si séduisant qu'il trace de cette ville, où il aimait tant à vivre, ne fait qu'incliner son esprit à l'idée de la mort : « Ce grand festin intellectuel a ses nombreuses victimes qui disparaissent de temps à autre, souvent sans bruit, quelquefois comme ces fusées de feux d'artifice qui font dans le ciel une grande courbe lumineuse pour aller tomber éteintes dans la rivière; cette fête n'a pas de fin, mais elle use bien des acteurs : la mort prématurée, le suicide, la folie, sont à la porte du salon, qui réclament leur part ou plutôt qui la prennent, et non pas certes dans les derniers rangs des convives. » Il est, je crois, peu de moralistes qui aient fait aussi vite le tour des choses et en aient vu plus claire-ment la fin.

Cependant, âme d'artiste plus encore que de phi-losophe peut-être, ses défaillances profondes étaient suivies de relèvements passionnés. Quelques mois après son échec de Nantes, intervenait le décret du 2 janvier 1870. Les moyens d'action que le suffrage de ses concitoyens lui avait par trois fois refusés, le pouvoir, un pouvoir transformé, allait-il les lui fournir? On a rappelé qu'un jour, dans un de ces salons qui réunissent le « tout Paris » des lettres, des arts et de la politique, comme l'entretien portait sur le découragement qui semblait accabler les esprits : « Je sais bien ce qu'il leur faudrait pour prendre l'essor, dit Prevost-Paradol la lèvre légèrement tremblante de colère : c'est une révolution. — Oh ! une révolution ! répliqua M. de Persigny, qui se trouvait là tout près (ce qui n'avait pas échappé sans doute à Prevost-Paradol), une évolution suffirait. » L'évolution était accomplie. Avec une de ces reprises d'ardeur qui succédaient soudain à ses alanguissements, comme ses alanguissements à sa fièvre d'action, il l'accepta. Quelques-uns de ses amis ont regretté, alors et depuis, qu'il eût cédé à son impatience ; d'autres lui en ont fait d'amers reproches ; ses adversaires l'ont accablé. Si cet empressement fut une faute, au prix dont il l'a payée, qui pourrait aujourd'hui en faire peser le poids sur sa mémoire ?

Il ne serait point juste d'ailleurs de juger ici par le succès. C'est au passé de Prevost-Paradol et à l'ensemble de ses sentiments qu'il faut demander compte de sa résolution.

Prevost-Paradol n'a jamais été un irréconciliable. Il répétait souvent ce mot de Vivien : « La liberté est une chose si sainte et si douce que je la prendrais de quelque main qu'elle sortît : je serais heureux de la devoir à un Washington, elle me réconcilierait avec un Stuart, et j'en saurais gré même à un Cromwell, s'il pouvait me la donner. » Au début de sa carrière politique, au moment où il était lancé à fond, *le Moniteur* annonçait-il une mesure sage : « Bonne leçon, disait-il, et dont chacun doit tirer son profit, que de voir un gouvernement que nul ne menace, qu'on n'ose pas toujours con-

seiller, faire de lui-même acte de bon sens[1]. » Après
la publication du décret du 24 novembre 1860, qui
assurait la publicité immédiate et complète des discussions du Corps législatif et du Sénat, il écrivait :
« Il s'agit aujourd'hui, pour l'opinion libérale, de se
demander quel est désormais son devoir. Cette
question équivaut pour nous à celle-ci : Sommes-
nous d'honnêtes gens? Quand nous avons répété
sans cesse que nous mettions l'extension de nos
libertés au-dessus de tout le reste, et que nous ré-
clamions avant toute chose le gouvernement de la
nation par elle-même, avons-nous joué la comédie?
Que répondraient les détracteurs acharnés des institutions libres, qui doivent être convertis, depuis
dimanche matin, à des théories plus salutaires?
Ils nous dénonçaient comme d'égoïstes perturba-
teurs, uniquement occupés à embarrasser le pouvoir,
réclamant la liberté, mais ne se souciant guère de
l'obtenir, et résolus à en mal user, s'ils l'obtenaient.
Nous a-t-on calomniés, ou a-t-on dit vrai? Que notre
conduite en décide! Mais sachons-le bien : ne pas
accepter ce que nous avons revendiqué, n'en pas
faire un bon usage, ce serait nous exposer aux
sévérités de la nation[2]. » Enfin, dans *la France*

---

1. *Journal des Débats* du 16 novembre 1861. Il s'agissait de la
nomination au ministère des finances de M. Fould, qui avait protesté
contre la spoliation de la famille d'Orléans, mais que ses hautes
aptitudes désignaient à l'opinion pour ce poste devenu difficile en
raison des dépenses engagées par l'État.

2. *Journal des Débats* du 22 novembre 1860. — Cf. l'article du
16 mars 1861 au sujet d'une loi sur la presse que M. E. Ollivier
avait proposé de substituer au régime discrétionnaire. — Sur ce sentiment, d'ailleurs, les témoignages épars dans ses œuvres sont sans
nombre. Voir notamment l'avertissement des *Essais* (1re série, 1859),
pages ii et iii, vi et vii, et l'article intitulé : *Quelques Réflexions sur
notre situation intérieure* (1864), pages 15 et 16.

nouvelle, dont la mort a fait son testament, mais qui était pour lui une sorte de contrat proposé au pays libéral et où il engageait spontanément tout son avenir, n'avait-il pas dit? « Nous maintenons en principe, et nous ne nous lasserons pas de le redire : il est contraire au devoir d'un bon citoyen de travailler à la chute d'un gouvernement, quel qu'il soit, qui donne à la nation des élections libres, la souveraineté parlementaire et un cabinet parlementaire [1]. » Quels plus irrécusables témoignages de la loyale persistance de ses opinions et de l'unité de sa vie [2]!

Oublions donc pour un instant nos déceptions et nos malheurs. Celui qui tant de fois avait déclaré qu'il n'avait de lien politique avec personne, de préférence pour aucune forme de gouvernement, qu'il était et serait toujours avec la France, celui-là n'était-il pas autorisé, obligé même, par son patriotisme et son honneur, à écouter l'appel adressé au nom de la France? Pour lui, il y vit comme un ordre de sa destinée. « Je n'ai ni pu, ni dû faire autrement », écrivait-il. Ambitieux, il l'était sans aucun doute, il avait besoin de l'être, et il ne se défendait pas de l'avoir toujours été; mais l'essence du gouvernement parlementaire n'était-elle pas précisément « d'ouvrir à l'ambition un chemin si large et si droit qu'on pouvait s'y frayer les

---

1. Chap. III, p. 533-4.
2. « Prevost-Paradol, dit Maxime Du Camp, n'avait jamais demandé, en réalité, que la liberté ; il l'avait ; il l'accepta, s'y rallia et fut conséquent avec lui-même. » (*Souvenirs*, t. II, p. 405.) — « Au fond, écrivait M. Sarcey dès 1865, il aime par-dessus tout le gouvernement parlementaire pour lui-même, et il est probable que si l'empereur voulait ou pouvait couronner l'édifice, il se rallierait franchement au régime impérial. »

voies, sans s'alléger de sa conscience? » Ajoutez
qu'avec la grande majorité de la nation, qui avait
adhéré au plébiscite, il ne doutait pas de la sincérité de l'empereur. Au lendemain de l'organisation de l'opposition constitutionnelle, Napoléon III
avait accepté ce qu'on appelait le programme des
cent seize. Le champ ne resterait-il pas à ceux qui
combattaient ses idées, si ceux qui les approuvaient
ne s'en emparaient pas tout de suite avec lui?

Tel est le langage qu'il se tenait, et qu'il tenait à
ses maîtres comme à ses amis. Parmi ceux-là même
qu'autour de lui retenait l'expérience politique ou
la froide raison, n'en était-il pas qui se montraient
prêts à pardonner à l'empire le vice de son institution première, ses passions et ses fautes, pour
s'associer à l'entreprise libérale que le pays éclairé
soutenait manifestement de ses vœux? « Après tout,
disait Doudan, le jeu en vaut bien la chandelle....
L'empereur rentre chez lui fatigué, revenu des chi-
mères, repris par les sentiments naturels de famille,
de conservation, se félicitant peut-être de n'avoir
plus un monde sur les bras ou sur le dos, comme
Atlas, et de pouvoir se reposer de temps en temps
en rêvant la gloire sensée du petit nombre de ceux
qui dans l'histoire ont limité volontairement les
pouvoirs qu'ils avaient entre les mains. Il faut se
tenir en espérance. » Pensait-il à Prevost-Paradol
quand, dans l'intimité, il ajoutait : « Ne refusons
pas notre affection et nos vœux à ceux qui se prêtent
à un essai loyal »? Aujourd'hui, de quelque façon
qu'on raisonne, ce qui est sûr, c'est qu'on ne se
trompe point, en ne prêtant à Prevost-Paradol rien
de médiocre. Scherer l'a dit avec autant de justesse

que de force : « Sa nature entière répugnait à la bassesse ».

C'est l'ambassade aux États-Unis qui lui avait été réservée dès les premières négociations de ralliement. Cette mission lointaine, et dont la durée était limitée par son objet, — une simple question de tarifs à régler, — avait l'avantage de « le mettre à l'écart jusqu'à ce que le cours des événements se fût définitivement réglé, et de lui donner quelque temps de repos avant les élections qui le feraient entrer au Parlement ». Le 12 juin, il était nommé. Quelques jours après, l'empereur et l'impératrice le recevaient en audience de départ. Sur une note prise au crayon, le lendemain, presque sous sa dictée, je retrouve, dans leur désordre familier, les indications suivantes : « ... L'impératrice, après quelques moments d'entretien banal sur les traités de commerce, les douanes, les tarifs, — une leçon qu'elle avait apprise le matin, — abordant brusquement le sujet qui hantait son esprit, discourant avec une extrême abondance et une passion extrême — ici tout coulait de source et sortait du cœur — de la Prusse et de représailles, comme si nous avions quelque injure à venger, de la nécessité pour la France de reprendre rang, comme si nous étions sous le coup d'un complot européen, adorant son fils, prête à tout faire pour préparer son avènement, encore mal éclairée sur la portée de la politique du 2 janvier, ayant son parti de cour. Bien voir de ce côté, le jour où nous ferons quelque chose.... L'empereur très affable et préoccupé de plaire, conversant librement et naturellement, en homme déchargé, heureux même de courir, après toutes les autres, cette suprême aventure, un peu triste (serait-il gravement malade, comme on en a répandu le bruit?), parlant avec sagesse du couronnement de l'édifice, de la presse, des services qu'elle rend en Angleterre, des passions qu'elle suscite en France, de la manie qu'elle y entretient de discuter la forme du gouvernement. Une lettre de Gambetta avait paru le matin.... C'est la république prochaine, dit l'empereur. — Que voulez-vous, Sire? Il y a là trois ou quatre gouvernements qui attendent, le chapeau à la main, la grande faute qui leur permettra d'entrer. — Il avait sur sa table *la France nouvelle*.... Il déclare qu'il veut la paix : nous ne pouvons affronter la guerre que les mains pleines d'alliances. Son dernier mot : terminez l'affaire des tarifs, et revenez prendre votre place dans le gouvernement. Grand éloge de lord Clarendon, l'homme le plus aimable, le plus fin, le plus habile. Il a aussi beaucoup de goût pour Ollivier.... »

La passion de l'impératrice avait frappé Prevost-Paradol : pourquoi ces discours sur la Prusse? répétait-il en revenant de Saint-Cloud. Mais le langage si net de l'empereur avait fini par dissiper son inquiétude. Heureux des assurances qu'il avait recueillies de la bouche même de Napoléon III, il s'était empressé d'en faire part à ses amis. La veille de son embarquement à Brest (30 juin), un organe officiel les confirmait en termes exprès : « Jamais, écrivait-on, le maintien de la paix n'a été mieux garanti sur le vieux continent ». La question des tarifs était mûre et facile à résoudre. Prevost-Paradol se voyait, libre de tout souci d'affaires, renouvelant et enrichissant le trésor des observations recueillies par Tocqueville sur le Nouveau Monde. Des rêves de mariage pour sa fille aînée

qui l'accompagnait, pour lui-même peut-être — il
était veuf depuis dix-huit mois, — se mêlaient à
ses visées politiques. Comme le Clazomène de Vauvenargues, « l'espérance commençait enfin à flatter
sa peine ». Les attaques de quelques inimitiés per-
sistantes n'étaient plus qu'un stimulant à son activité. « Je tâcherai, disait-il, pour me revancher de
leur méchante volonté, de faire que tout aille ici
assez bien pour qu'ils en entendent parler. » Ces
lignes, empruntées à une lettre de Louvois, il les
avait, avant son départ, écrites de sa main, sur le
premier feuillet d'un carnet destiné à recevoir ses
souvenirs intimes. C'étaient les seules que nous
devions y trouver ! Il n'avait pas franchi l'Océan
qu'un télégramme, devançant son arrivée, annonçait
que le conflit avec la Prusse venait d'éclater. « La
guerre ? N'est-ce pas, c'est la guerre ? » lui criaient
les reporters accourus au-devant de lui ; et la veille
de la séance solennelle où il devait déposer ses
lettres de créance, les hostilités étaient déclarées.

Moins de douze jours après son débarquement, le
Lafayette, qui l'avait amené de France, y remportait
sa dépouille.

On a cherché à sa mort des explications diverses :
l'accueil réservé des Américains[1], la froideur presque malveillante du personnel de la légation française, les difficultés auxquelles se heurta dès l'abord
son inexpérience diplomatique pour le règlement
de la neutralité, une insolation, un jeûne prolongé,

---

1. « Ces Américains sont étranges : ils ne sont pas flattés du tout
qu'on leur envoie un homme d'un esprit rare et d'un talent supérieur ; ils auraient préféré un prince ou un marquis.... Il y a de
singuliers secrets dans les instincts des démocraties les plus altières. »
X. Doudan, 20 juin 1870.

un trouble dans la circulation du sang dont les premières atteintes s'étaient manifestées l'hiver pré-
cédent.... Oui, à ce moment sans doute, toutes les
souffrances, toutes les mélancolies de sa vie lui
remontèrent au cœur, et pas une des circonstances
malheureuses qui pouvaient en aggraver l'impression ne lui fut épargnée. Ses enfants étaient à
Newport, où il les avait envoyés pour les mettre à
l'abri de la chaleur, en attendant qu'il allât les rejoindre. Autour de lui aucun ami. Le soir même où
il arrivait à New-York, il m'écrivait : « Me voilà
débarqué et tout enveloppé de tristesse. Que je
voudrais t'avoir auprès de moi... pour me réconforter doucement, ainsi que tu l'as fait tant de fois!
Croirais-tu que, ce matin, les souvenirs de l'École
me hantaient, comme un rêve douloureux et charmant. Que tout cela est loin! Que je suis loin de
vous tous! Combien je le sens! Jamais je n'ai eu
tant hâte de revenir. » Et personne qui pût répondre à ce cri de détresse, le jour où s'écroulaient
toutes les espérances d'un avenir si chèrement
acheté! « N'y a-t-il point, s'écrie-t-il quelque part,
tel instant de l'existence où l'on est éprouvé par
de si injustes douleurs, frappé par des déceptions
si odieuses que le monde et la vie paraissent
n'avoir plus de sens, et que notre main se lève
comme d'elle-même pour accuser un ciel vide?
Les uns se redressent après de telles secousses;
les autres, jamais; mais ces heures cruelles sonnent
tôt ou tard pour la plupart des âmes, et quiconque
ne les connaît pas n'a point vécu. » Cette heure
avait sonné pour lui. Une fois de plus, la fortune
semblait n'avoir exalté son ambition que pour la
trahir. Mais à l'indifférence qui l'avait de bonne

heure familiarisé avec l'idée de la mort volontaire
vint s'ajouter un sentiment qui détermina la crise
et la précipita.

A l'annonce de la guerre, l'image du péril qu'il
avait prévu, mais qu'il croyait ajourné, se dressa
devant ses yeux. Il vit l'Allemagne et la France
s'aborder corps à corps, comme deux trains « lancés
à toute vitesse l'un contre l'autre », la France jetée
à terre, meurtrie, mutilée. Et il ne put supporter la
pensée de paraître avoir été trompé, encore moins
de paraître avoir trompé les autres, ceux qui le sui-
vaient avec confiance dans sa destinée nouvelle,
comme ceux qui ne l'avaient pas vu sans peine s'y
engager sitôt. Une fois de plus, ses écrits nous
fournissent l'interprétation de sa conduite. « Notre
façon d'accueillir la mort, disait-il, fait mieux connaître que tout le reste de nos actions ce que nous
sommes. Il y a des exemples d'un certain courage
qui se passe de témoins, de lumière, de vanité, de
récompense, d'espérance même, qui est parce qu'il
est, et qui compte parmi les plus nobles mouvements de l'âme humaine. » Ce courage, il en explique ailleurs la raison profonde. Dans son étude sur
Sénèque, après avoir montré, par une analyse d'une
rare vigueur, ce que l'orgueil du philosophe romain
recouvrait de faiblesse, il concluait : « L'honneur,
voilà ce qui, en définitive, a manqué à la vie de
Sénèque. Les anciens ne connaissaient pas plus le
mot que la chose, tandis que le plus ignorant, le
plus humble des Français, a l'oreille toujours ouverte à cette voix intérieure qui le soutient mieux
que tous les préceptes. Nul discours, nulle sub-
tilité, nulle distinction n'est nécessaire pour avertir
l'homme moderne de ce qu'il lui est interdit de

souffrir. C'est le sentiment de l'honneur qui, dans sa sublime simplicité, et sans lui donner d'autre raison, lui crie : Plutôt mourir ! » Ce cri de la dignité, Prevost-Paradol l'entendit retentir au fond de son âme, froidement inexorable ; toute autre idée, toute préoccupation de ses autres devoirs, hélas ! s'effaça de sa pensée : c'est au sentiment de l'honneur qu'il se sacrifia.

Des hommages inusités lui furent rendus par le gouvernement américain, revenu de sa prévention d'un jour. Le cabinet tout entier, le général Sherman, l'amiral Porter, représentant, l'un, l'armée, l'autre, la marine des États-Unis, les membres du corps diplomatique, assistèrent à ses funérailles. Les Français résidant à Washington voulurent porter eux-mêmes le cercueil. Un détachement de troupes régulières les escortait.

A Paris, les obsèques eurent lieu le 9 août, trois jours après Reichshoffen ; et — dans la foule des amis qu'avait réunis ce rendez-vous suprême, — le cœur écrasé sous le poids des prophéties de *la France nouvelle* si vite et si cruellement réalisées, on comptait les premières étapes de l'invasion.

Sainte-Beuve s'est un jour ingénié à retracer la vie de Prevost-Paradol idéalement, telle qu'il en comprenait la direction. Le faisant naître vingt-cinq ans plus tôt, il le voyait — sous la Restauration, professeur en Sorbonne applaudi et destitué, — sous la monarchie de Juillet, membre autorisé du Conseil d'État et du Conseil de l'instruction publique, puis brillant député, sous-secrétaire d'État peut-être, cherchant sa voie entre M. Thiers et M. Guizot, M. de Broglie et M. Molé, finalement se fixant sous le drapeau de M. Thiers. Que de fois à notre tour, depuis 1870, ne nous sommes-nous pas demandé, avec l'inquiétude du patriotisme et la tristesse de l'amitié, quel rôle il aurait joué et quelle serait aujourd'hui sa place !

Pénétré pour M. Thiers d'admiration et de respect, Prevost-Paradol l'aurait servi avec dévouement. A l'Assemblée nationale, sa collaboration intelligente et active eût été recherchée dans les commissions d'étude. Rapporteur élégant et concis, il se fût du premier coup révélé, à la tribune, *debater* de premier ordre, vif et sobre, allant droit au fait, comme dans ses articles, et saisissant l'argument. Nul doute que M. Thiers eût trouvé l'occasion de le faire entrer dans une combinaison ministérielle. Le libérateur du territoire tombé, Prevost-Paradol aurait voté la Constitution de 1875 aux côtés de M. Dufaure, et secondé, dans leurs efforts pour fonder la République parlementaire, Gambetta et Jules Ferry.

Mais dans le déroulement si rapide de la politique contemporaine, aurait-il jamais eu son jour de plein épanouissement, cette heure de pouvoir, à laquelle il avait aspiré toute sa vie? Elu en 1871 à Paris, et dans deux ou trois autres départements peut-être, alors que le suffrage universel allait chercher, sans distinction de nuances, tous ceux qui étaient en état de travailler libéralement au relèvement de la patrie, eût-il plus tard trouvé un collège résolu à le prendre tel qu'il se présentait et à le soutenir entre les passions contraires? Ce n'est pas sans raison que Sainte-Beuve le classait parmi les doctrinaires de la Restauration et du gouvernement de Juillet. Il n'avait rien du tribun moderne. La distinction aristocratique de sa personne et de sa parole le rendait peu propre aux luttes de la plate-forme électorale. « C'est mon métier », disait-il de la tribune en un jour de succès, au cours de sa campagne de Nantes; et l'événement lui avait bientôt appris que, si le talent ne perd jamais ses droits sur les esprits d'élite, il faut autre chose pour entraîner les masses. Il ne savait pas hausser la voix, ni enfler les promesses; il s'en tenait à ce qu'il avait à dire, il ne disait que ce qu'il se sentait assuré de faire. Qui sait enfin si, après avoir goûté de l'action, il n'aurait pas bientôt trouvé là aussi que de la cendre !

C'est au Sénat, sans doute, que de prévoyantes amitiés lui auraient ménagé sa place, au moment où la cooptation était une des formes du recrutement de la Chambre haute ; c'est là qu'il eût pris rang parmi les conseillers d'une politique républicaine large, conciliante et ferme, travaillant à rallier

autour du gouvernement national les esprits généreux et franchement ouverts aux espérances d'une
société nouvelle, défendant contre toutes les violences, et en dehors de tout esprit de parti, la
France et ses libertés. Et puis, comme il l'écrivait
du fond de la Bretagne, après son échec de 1869,
il lui restait l'Académie ; il aurait repris « ses projets de travail : à quarante ans, il est temps encore
de refaire sa vie ». Ayant recouvré, nous nous plai-
sons du moins à le croire, la sérénité nécessaire aux
études élevées qui étaient le domaine naturel de
son esprit, il nous eût donné quelques belles pages
de plus sur la philosophie, qui avait eu les premiers efforts de sa pensée, ou sur l'histoire, dont il
aimait les enseignements.

C'est le juste privilège de ces nobles existences,
soudainement interrompues, qu'on n'en peut rien
rêver qui ne les honore. Quel accueil Prevost-Paradol
aurait-il fait à ces rêves? Faut-il regretter que le
temps lui ait manqué pour les accomplir? Aux amis
de M. de Tocqueville qui déploraient sa mort prématurée, il faisait répondre par M. de Tocqueville
lui-même : « Pourquoi me plaignez-vous?... Mon
cœur a battu trop vite, j'ai trop aimé, trop désiré,
trop souffert, soit ; mais c'était là ce que j'appelais
vivre, et en échange de ces émotions qui, tout en
nous déchirant, nous élèvent, que m'importaient
les longs jours? Quelques années de plus pour quelques pensées de moins ne me semblaient pas si
désirables. Chacun son lot en ce monde ; je n'envie
celui de personne et je ne mérite point qu'on déplore
le mien, puisque ma vie, bien que courte, et mon
œuvre, bien qu'inachevée, me recommandent pour
toujours aux gens de bien. » Sachons de même,

pour Prevost-Paradol, nous contenter de son lot. Il nous eût été doux de le voir, dans sa carrière prolongée, remplir toute notre espérance, peut-être, avec la complète maturité de l'âge, ajouter aux dons merveilleux de sa nature cette énergie de volonté qui sait dominer, modérer, faire patienter les passions les plus légitimes. Mais celui-là est digne, lui aussi, de durer dans le souvenir des honnêtes gens, « qui — pour lui emprunter le mot dans lequel il résumait à vingt ans sa règle de conduite — a fait moins de cas de sa vie que de sa dignité », et ses écrits contiennent assez « de vérités générales éloquemment exprimées » pour consacrer sa mémoire. Prevost-Paradol reste et restera, avec La Boétie et Vauvenargues, « dans cette famille des Hoche, des Desaix, des Marceau de la littérature et de la politique », comme il les appelait, qui, après avoir brillé d'un vif et trop rapide éclat, laissent de leur talent une idée encore supérieure à leur œuvre.

CHOIX DE LETTRES

PREVOST-PARADOL

CHOIX DE LETTRES

I

PREVOST-PARADOL A TAINE[1]

21 mars 1849.

Voici une phrase de ta lettre vers le milieu de la troisième page : « Est-ce que la nature et l'homme sont une même chose et, à certains moments, rentrent tous deux dans cette unité primitive et absolue, d'où ils sont sortis pour leur malheur? »

Le jour, cher ami, où le : Est-ce que? et le point d'interrogation auraient disparu pour toi de cette belle phrase, qui contient toute une philosophie, toute une morale et toute une politique, sera le jour où tu te seras le plus rapproché des opinions de ton ami. Au milieu du grand vague qui domine dans mon esprit, se sont à peu près dessinées ces grandes lignes : l'unité de l'homme et du monde, l'identité de la vie qui est en eux, la sagesse et l'éternité des lois qui les régissent ou plutôt qui les régiraient, si l'homme, par sa volonté, n'avait brisé pour lui la loi commune et corrompu une partie de la nature. Tout cela, cher ami, te paraît un peu obscur;

---

1. Taine était alors à l'École normale, où il est entré en 1848. Prevost-Paradol se préparait à y entrer et faisait sa philosophie au collège Bourbon (lycée Condorcet).

je vais, si je puis, te l'éclaircir; et alors tu connaîtras, non pas mes convictions, je suis bien loin de ce grand mot si superbe et si tranquille, mais mes hypothèses et les tendances de mon esprit.

Je commence par mettre de côté certaines choses qui ne sont pas de mon ressort et qui te regardent particulièrement, telles que l'existence de Dieu, les problèmes relatifs à notre âme spirituelle, et, en général, toute la métaphysique; je crois, d'ailleurs, que la solution de ces problèmes, quelle qu'elle soit, n'influe en rien sur le système que je te veux rapidement exposer; et une des grandes raisons qui me le rendent acceptable est qu'il les laisse insolubles, sans s'en inquiéter ni s'en dérober les prodigieuses difficultés; car je ne les regarde pas moi-même — comme tu me le dis un peu malicieusement, — sans en être ébloui; au contraire elles m'éblouissent tellement que je ne veux point les regarder.

Quelle que soit l'origine du monde, prenons-le tel qu'il est, et examinons-le avec toute la clarté de la science moderne. Qu'y voyons-nous? Nous sommes ici d'accord : une matière diverse en apparence, qui forme les minéraux, les plantes et les hommes, mais qui n'a pas de forme arrêtée, et qui, comme un grand fleuve, passe sans repos à travers toutes les figures des êtres par divers canaux qu'on appelle la naissance, la mort, l'alimentation, la combustion, la pourriture, tous noms qui n'expriment que les changements d'état de cette matière. Dans cette matière faussement divisée en matière organique ou inorganique, on avait aussi faussement distingué deux forces : les forces qui font le mouvement de la matière inorganique et les forces qui font la vie de la matière organisée. Maintenant voici ce que la science laisse voir, si elle ne le dit pas; voici ce que les savants se disent tout bas, ce que plusieurs ont avoué, ce que pressentent les poètes, ce qu'a chanté Lucrèce sans le savoir, ce qu'a chanté Virgile, ce que tu sais et ce que je crois.

Il est un fluide, — spirituel, si par spirituel on entend ce qui ne peut ni se peser ni se saisir, ce qui agit d'une manière inexplicable sur la matière, — matériel, si tout ce qui n'est pas l'âme de l'homme est matériel, et s'il est prouvé que l'âme de l'homme n'est pas une étincelle de ce fluide, — il est, dis-je, un fluide que nous désignons sous les divers noms de lumière, chaleur, électricité, magnétisme, galvanisme, attraction, effets divers d'une même cause, noms variés de ce principe universel qui est la vie de l'univers, et qui, réuni et concentré par places en foyers qu'on appelle soleils ou étoiles fixes, nourrit par ces mille sources ardentes et inépuisables des groupes de mondes comme le nôtre : voilà mon univers. Si Dieu existe, et je suis entre les deux difficultés de ne concevoir ni l'existence de cet être singulier, ni le monde sans cet être, s'il existe, cela ne m'embarrasse nullement, car ce monde tout matériel, si tu veux, où l'homme n'est que la première des créatures, ne me semble en rien indigne de lui ; je crois même cette œuvre, pleine de vie et d'unité, plus belle et plus grande que ces mondes de carton, ce monde en ménagerie à l'usage de l'homme, par lequel on veut prouver l'existence de Dieu.

Du monde ainsi conçu découle, selon moi — je veux dire selon le système qui me tente le plus — une nouvelle politique, et par-dessus tout une nouvelle morale. Écoute, en effet, mes rêveries, qui sont celles de bien des gens ; mais songe que je t'écris tout cela au courant de la plume avec le moins de mots possible et sans autre prétention que d'être compris. Avant la fin de l'année, j'espère te montrer tout cela en quelques pages correctes, châtiées et aussi dignes de ces grandes choses que je pourrai, faible atome que je suis, misérable étincelle raisonneuse détachée pour un moment du foyer et qui doit bientôt s'y confondre pour en jaillir de nouveau. Écoute donc les conséquences de cette doctrine. S'il n'y a pas de Dieu, toutes les idées de devoir, dévouement, sacrifice, périssent avec lui et le problème se réduit à organiser notre vie ici-bas en vue du bonheur commun; s'il y a un Dieu, quelle apparence que, dans ce monde si un, si régulier, si bien dans ses voies, où chaque chose a sa loi et est heureuse en la remplissant, l'homme soit le seul être qui n'ait point la sienne et qui erre malheureusement au gré de ses caprices? Mais n'a-t-il pas en lui le désir qui est chez lui la preuve de la loi commune, son mode particulier d'attraction? Que faire? Suivre sans remords le désir et les passions, ou comprimer par une lutte incessante le désir et les passions par la volonté et la morale? Si vous lâchez la bride aux passions, voilà la société actuelle à bas; si vous les combattez par la volonté, l'homme est l'absurde et inexplicable théâtre d'une guerre éternelle et douloureuse : absurde, s'il n'y a point de Dieu, car c'est une fausse idée du devoir qui l'empêche d'établir la paix en lui; inexplicable, s'il y a un Dieu, car tu ne crois pas plus que moi que ce monde doive être une vallée de larmes et que le mal soit un présent de Dieu. S'il n'y a point de Dieu, c'est à nous à accorder sans scrupule le désir et la volonté et à accommoder la société à cet accord et par conséquent au bonheur; s'il y a un Dieu, nous devons avoir notre loi comme la terre, l'eau et le feu; il ne s'agit plus que de la trouver et d'être heureux par elle.

Qui ferons-nous plier à cet accord? Le désir ou la volonté, les passions ou la morale, la nature de l'homme ou la société? Évidemment la seule chose changeable et docile, la morale et la société. Quel est donc le principe, le point de départ? Le voici. L'homme a en lui le désir qui se manifeste par les passions qui sont en elles-mêmes aussi légitimes et aussi salutaires que le feu des soleils, le courant de l'eau et la marche des mondes, mais que l'ignorance des véritables lois de leur développement nous force à tenir en bride par la morale pour le salut de la société. L'homme n'étant pas né pour ce rud combat et pour cette éternelle misère et devant chercher à s'en délivrer, voici le problème : trouver les lois du développement naturel des passions humaines et régler sur ces lois un ordre de choses où l'homme trouve le bonheur par l'accomplissement de sa réelle destinée.

Je t'ai exposé en courant un assez grand système, commode, puisqu'il se passe de ces solutions difficiles que tu poursuis et qu'il se trouve également bien des solutions contraires ; inoffensif, puisqu'il ne fait que poser un problème de ce genre : étant donnée la vapeur, trouver la machine. Je te le livre et je te supplie de m'en parler longuement, et sans intervention de la métaphysique. Je n'ai rien de nouveau dans ma vie, sinon la lecture de *Raphaël* qui m'a singulièrement ému : lis-le, et tu sauras pourquoi.

Tout à toi,

Prevost.

PREVOST-PARADOL A TAINE.

26 mars 1849.

C'est une coutume générale, en ce siècle systématique et absolu, de faire une histoire à l'usage d'une opinion. J'en avais usé moi-même dans ma dernière lettre, faisant sortir la véritable philosophie de la vraie physique et de notre nouvelle intelligence du monde. A ton tour, tu divises hardiment la philosophie en trois époques, afin d'avoir le droit de me placer dans la première et de me tendre la main du haut de l'échelle. Fourier, que tu crois mon maître, a fait au commencement de son grand ouvrage, qu'il faudra lire quelque jour, une sorte d'histoire du monde qui le fait arriver fatalement et nécessairement à son système ; M. Proudhon publie une série d'articles qui fait sortir directement du Polythéisme et

du Christianisme la banque d'échange et l'abolition de la
rente. Je ne discuterai pas ton histoire, puisque tu ne
réfutes pas mon opinion probable. Et d'ailleurs à quoi bon?

Le paragraphe qui la termine pourrait servir de résumé
à ma philosophie, si tu n'avais si brutalement séparé
la matière de l'esprit. L'unité radicale de l'homme et de
toutes choses, l'identité fondamentale du plaisir et du
devoir, de la liberté et de la nécessité, voilà ce que j'ai
voulu dire, voilà ce que j'aurais dit, si je savais manier
comme toi cette divine langue de la philosophie. J'ai
réuni l'homme au monde dans la matière; tu réunis le
monde à l'homme dans l'esprit, voilà la différence; je suis
panthéiste matérialiste, tu es panthéiste spiritualiste, et
voilà tout ce qui nous sépare. Mais comment se fait-il que
nous en venions tous deux par des voies différentes à cette
unité de l'univers, à cette identité du plaisir et du devoir
que je t'ai envoyée et que tu me renvoies? Nos religions
différentes auront-elles le même symbole? Oh! que je
passerais volontiers de mon unité à la tienne, si tes
arguments me parlaient aussi fort que la pile de Volta
qui fond l'or et m'ébranle les nerfs, si le monde et
moi n'étions poussés par les mêmes désirs et la même
destinée. Si j'osais entrer en lice avec toi, je nierais que
ce que tu appelles spirituel te représente réellement
quelque chose. Ce mot lui-même veut dire souffle, force,
électricité, tout excepté cette chose inconcevable et innom-
mable à laquelle tu veux rattacher les réalités de ce
monde. Et après tout, quoi de plus spirituel que cette
force invisible, intangible, impondérable, inépuisable, qui
remue toutes choses, qui perce les murs, parcourt en un
temps inappréciable des espaces infinis, qui fait enfin
tout ce que fait cette pensée dont tu es si fier que tu la
veux d'une nature unique et supérieure à l'univers. Ta
pensée franchit-elle le monde en moins de temps que le
grand fluide? Agit-elle sur ton corps plus vite et par une
puissance plus mystérieuse que le grand fluide sur la

matière? Les Cartésiens, les Malebranche, ne peuvent se décider à faire agir la volonté sur le corps : qu'ils voient le fluide remuer les montagnes et qu'ils l'expliquent. Mets là une pile de Volta. Vois-tu séparés ces morceaux de cuivre, de zinc et de drap; ils ne disent rien, ils sont morts. Les voilà unis et mouillés, et aussitôt la force se montre, agit. Peux-tu l'arrêter? Crois-tu qu'il dépende de ces métaux d'arrêter un moment leur courant de fluide? Penses-tu qu'il dépende de toi d'arrêter un moment ta pensée qui, constante et suivie, dans la veille, dans le sommeil, s'échappe de toi comme une émanation continuelle et involontaire, jusqu'à ce que la ruine de ta machine et la dissolution de ses parties en arrêtent l'intarissable courant? Craignons que cette grande querelle du matériel et du spirituel ne soit qu'un malentendu. Une telle distinction brise pour moi l'unité adorable du monde et me fait paraître impossibles le bonheur de l'homme et la régénération de l'humanité; elle rend inexplicable et inconcevable cette vie universelle, ce grand fluide suspendu alors entre la matière et l'esprit pur.

Puisque tu m'as parlé de Fourier, je vais te dire ce que j'en pense. Résumant, à son insu peut-être, le mouvement des sciences modernes, il a compris l'unité du monde matériel, l'identité des forces qui l'animent et l'existence du grand fluide. Puis, comme Galvani qui, faisant tressaillir les nerfs d'une grenouille au contact des métaux, rejoignait les deux courants de l'électricité minérale et de l'électricité animale et découvrait l'unité de la vie, Fourier, faisant rentrer l'homme dans son rôle véritable, l'écarta des vains problèmes qui l'agitent, des luttes vaines qui épuisaient les âmes stoïciennes, et joignant sa destinée à celle du monde, ouvrit la route où le genre humain doit chercher et trouver sa loi. Une seule erreur, mais humaine, mais naturelle, gâta cet esprit unitaire et absolu; il crut avoir trouvé cette mécanique des passions, qui est le secret de la création, et comme le mot mysté-

rieux qui ouvre la porte des palais enchantés. Il se trompa,
exposa admirablement des enfantillages et se couvrit, aux
yeux des sots et des méchants, d'un ridicule immortel.
Pour moi, je respecte et j'aime ce génie synthétique qui
résuma toute la conclusion des sciences naturelles et qui
exprima l'unité du monde et la loi de la création dans
cette simple et grande formule : les attractions sont pro-
portionnelles aux destinées.

Tout en cherchant une philosophie, tu en as une.
Tu me la montres par échappées, soulevant un coin du
rideau, tantôt de ce côté, tantôt de cet autre, si bien que
j'ai peine à concilier ces diverses vues et que tu me promets un Protée changeant. Ta conception de la substance
concilie logique et psychologie, matérialisme et spiri-
tualisme ; tout cela est bien beau. Mais je t'en offrais
autant, appuyé sur les sciences qui valent tant d'arguments métaphysiques ! A Dieu ne plaise que je raille tes
efforts et tes longues recherches qui vont te prendre la
plus belle, la plus active partie de ta vie : il n'est jamais
plaisant de voir dévorer un esprit de ta force. Quand tu
auras découvert la vérité, tu ne seras plus d'âge à t'en
servir pour le bien commun, à moins que, philosophe
endurci, tu ne cherches en elle que le repos de ton âme
et ton perfectionnement intérieur. Ce n'est pas là ce que
nous avons le droit d'attendre de toi. Tu dois au monde,
sinon ton concours bruyant, du moins ta simple et franche
adhésion aux maximes qui doivent, je le crois, régénérer
le monde. Tu as vu comme j'écartais avec soin de la
question la querelleuse métaphysique qui est, en effet,
hors de cause : ce n'était pour moi qu'une question d'histoire naturelle et de physique. Tu ne l'as pas voulu, et tu
as bien fait, si tu as trouvé mieux. Moi, j'ai fait ce que tu
me conseillais ; j'ai *psychologisé*, et c'est la psychologie
qui m'a rejeté dans la physique, pour employer ton langage Désabusé de la seconde époque, je vais aborder réso-
lument la troisième ; je vais lire Spinosa qui me semble

ton maître. Je me promets toute l'impartialité qu'il est permis à l'homme de se donner, et je vais chercher de bonne foi s'il est deux panthéismes, et si le tien est le vrai. Si je ne trouve là rien qui m'ébranle, je m'en tiens aux doctrines de ma dernière lettre et je leur dévoue ma vie; c'est-à-dire qu'écrivant sur mon front le symbole de la foi, je châtie, j'achève et je publie les quelques pages que je t'ai annoncées; résolu que je suis à mettre mon existence au service d'une idée pratique, au lieu de la consumer tout entière dans un long et rude voyage vers la lointaine vérité.

Si tu étais un autre homme, je dirais que, sentant en elle la vérité, tu redoutes cette doctrine que les temps ont rendue belliqueuse et qui veut être activement servie; je dirais que tu lui préfères les régions tranquilles d'une philosophie oisive qui, n'influant en rien sur les choses humaines, n'a rien à redouter des hommes. Mais tu n'es ni d'un âge, ni d'un caractère à sacrifier ainsi tes croyances à ton repos; et ce qui t'éloigne invinciblement d'un pareil accommodement, c'est cet amour violent et sincère pour la vérité philosophique qui te transporte et qui éclate à chaque ligne de tes lettres. Don Juan avait en lui cet amour pour la femme idéale; il a couru le monde, serrant et brisant de dépit dans ses bras toutes les imparfaites images qu'il croyait un moment aimer; et il est mort, épuisé de fatigue, consumé de son insatiable amour. Qui sait si la vérité absolue, ta chère et pure maîtresse, ne te suivra pas ainsi d'une course légère et éternelle; si la doctrine que tu serres en ce moment dans tes bras n'est pas une de ces imparfaites images qui ont abusé et reposé un moment l'âme avide de Don Juan, et si, comme lui, tu n'arriveras pas à ton dernier jour, sans avoir atteint ton idéal? Ta vie serait alors perdue, noblement perdue, il est vrai, dans une belle recherche et dans une grande illusion. Mais ce temps de loisir, où les Don Juan pouvaient sans remords brûler ainsi leur vie, est passé. Alors ils n'étaient que malheureux; aujourd'hui ils sont coupables. Dans la grande lice qui est ouverte et où se débat le sort du monde, chacun doit entrer, à son heure, entrer, combattre, tenir ferme jusqu'au bout. Ton ami n'y manquera pas, à moins que le choléra ne lui donne, en un moment, ou un repos complet, ou le mot de l'énigme que tu poursuis si vaillamment.

A. P.

III

PREVOST-PARADOL A TAINE.

18 avril 1849.

Cher ami, tu me pardonneras d'avoir tardé si longtemps à te répondre. Mille choses se sont jetées à la traverse, et par-dessus tout une insurmontable langueur qui me tient encore assoupi et me rend pénibles les devoirs les plus agréables. Je suis devenu, mon cher ami, ce qu'il y a de pire au monde, un esprit paresseux dans un corps débile. La philosophie, qui fait ton repos, ne saurait faire le mien : tant je suis déjà mêlé aux choses de ce monde et engagé avant dans la vie ! Mes semaines s'écoulent dans une sorte de sommeil interrompu par des accès de passions, qui peuvent se traduire ainsi : je voudrais être puissant, je voudrais être riche, je voudrais être aimé. Ainsi se passent huit jours devant les livres ouverts et les cahiers blancs; puis arrive le dimanche, agité, fatigant, inutile, suivi du lundi qui est comme le soir d'une longue nuit. Je ne sais si tu me plaindras beaucoup, toi qui ne connais rien de semblable et qui mènes une vie si sage et si tranquille. Tu cherches la vérité dans une douce lumière; tu as une foi qui, si elle ne te permet pas, comme la mienne, de t'intéresser aux choses présentes, te rend indifférent aux secousses qui nous agitent, aux expériences qui nous enivrent, aux craintes qui nous abattent.

Je crois connaître ton Dieu. Si ce n'est celui de Spinosa, il en est sans doute proche parent. Il est assez impersonnel, assez vaste, assez nécessaire pour me séduire, si mon âme grossière pouvait concevoir quelque essence plus spirituelle que le fluide électrique. Encore craindrais-je que ce Dieu, tout immobile qu'il paraisse, ne dérangeât ma morale et ma politique, que tu as si improprement nommée théorie du plaisir, si j'en crois Planat[1]. Morale et politique si ancrées dans le cœur de l'homme et si établies dans les faits, que c'est par elles qu'espèrent réussir ceux-là même qui font semblant de les combattre. C'est contre l'idée du bien-être que M. Guizot a fait cet immense parti de philosophes et de prêtres confondus par le péril, et lancé sa croisade. Mais quel est son moyen d'action, son programme, sinon la promesse d'une plus grande somme de bien-être, de la paix au lieu de la guerre, de la prospérité au lieu de la ruine publique, du calme au lieu de l'émeute? Qu'on le veuille ou non, c'est un fait désormais que l'idée du bien-être est souveraine du monde et que les gouvernements, qui se croient nés pour la combattre, n'ont de chance de succès qu'en l'annonçant en son nom. Tu sais assez bien l'histoire, tu as assez l'usage des faits pour avoir reconnu celui-là, et je m'étonne que de ce côté tu ne sois pas socialiste.

Ce mot de socialiste me rappelle une grande perte que je viens de faire et que je ne commence à sentir, selon l'usage, que maintenant qu'elle est faite. J'étais en troisième, et seul, selon ma coutume, dans la grande cour de M. Bellaguet[2]. Il était arrivé depuis peu en philosophie un

<hr>

1. Voir l'*Etude*, p. 34, note 1.

2. M. Bellaguet était le chef de l'institution dans laquelle Prevost-Paradol faisait ses études, et qui conduisait ses élèves au collége Bourbon.

mulâtre de dix-neuf ans, qui, contre l'usage de ceux de son
pays, avait, avec des yeux de feu, un air si digne et si
calme qu'il me surprit tout d'abord. Un jour qu'il était
seul dans la cour, nous nous assîmes à côté l'un de
l'autre par hasard, et la conversation commença. Il s'appelait Simon, il venait de Bourbon, connaissant peu la
France, avide de la connaître, républicain à la façon
antique, nourri de Plutarque, et gardant avec tout cela,
chose touchante, une religion sentimentale reçue de sa
mère, une foi chevaleresque dans la sainte Vierge. Cette
belle âme me ravit et je déployai toutes mes séductions.
Nous devînmes inséparables; il envoya promener ses
philosophes stupides, et, au grand scandale de tous,
fut l'intime compagnon d'un troisième, et bientôt, républicains et déistes, nous eûmes, comme dit l'Évangile,
cor unum et anima una. Il partit l'année suivante, et
alla demeurer au quartier latin; nous ne nous vîmes plus
que le dimanche; et ce fut alors que j'appris vraiment
à le connaître. Jamais je n'ai trouvé une âme plus ferme
et plus honnête, un cœur plus indulgent, un esprit
plus sûr et plus sincère. Les blancs de son pays, étudiants en droit comme lui, le connaissaient républicain
et affranchissant des nègres, et cependant, malgré les
divergences d'opinion, malgré les préjugés de race,
l'aimaient, je dirais presque le respectaient, comme le
meilleur et le plus intelligent d'entre eux. Le changement qui s'est fait chez moi s'était d'abord fait chez
lui; de ce républicanisme, qui n'était que la négation
de la royauté, de ce déisme, qui n'était que la négation du catholicisme, il était passé à la foi la plus
ferme dans la régénération du genre humain. Bientôt il
lut Fourier et, séduit, il l'accepta tout entier. Dès lors
seulement nous ne fûmes plus d'accord. Jusque-là nous
avions résonné ensemble, comme les deux cordes d'une
même lyre. J'acceptais cependant de Fourier le principe
fondamental de la légitimité des passions et l'identité de

la loi qui fait tourner les mondes avec celle qui nous sollicite à l'action. Mais je ne croyais pas que Fourier eût résolu le problème d'accommoder la vie du genre humain à cette loi et par là au bonheur; et en cela, je différais de mon ami; je croyais seulement que la solution, tôt ou tard trouvée, sauverait le monde, et je le crois encore. Ce fut alors qu'il partit pour son pays. Il y avait cinq ans que durait, pour ainsi dire, la conversation commencée sur le banc de la cour de récréation, et jamais nous n'avions cessé d'être l'écho l'un de l'autre. C'est maintenant qu'il est parti que je sens le prix de cette union de la pensée et de cet accord des âmes dont j'avais joui cinq ans, sans savoir ce que valait ce bonheur. Je ne l'ai plus maintenant. Le jeune ami dont je t'ai parlé est bien de mon avis; mais que de faiblesses, que d'irrésolutions, que d'oublis dans cette belle âme d'enfant! Où est-il, mon Simon? Où est-elle, cette âme inflexible et sûre d'elle-même, dont rien au monde ne pouvait ébranler la foi tranquille et sereine? Il était mon appui dans mes doutes et dans mes défaillances; et voilà que, chancelant, je suis réduit à soutenir les autres. Tu ne peux toi-même remplacer un tel ami, puisque nos opinions diffèrent et que nous nous brûlons nos Dieux l'un à l'autre. Philosophe, quelle main peux-tu me tendre, sans dire : voilà un matérialiste socialiste? Quelle main puis-je te tendre, sans dire : voilà un rêveur? Il y a entre nous de ce côté un abîme. Nous nous touchons par le reste; mais qu'est-ce que le reste, surtout à des yeux si détachés du monde et curieux seulement de vérité?

Je ne voudrais pas pour beaucoup t'attrister. Et voilà que, suivant la pente, je te communique ma tristesse. Je te récite l'oraison funèbre de mon ami et te défie grossièrement de jamais l'égaler. Pardonne à ton ami qui est malade d'esprit et de corps, et qu'un mot de toi pourra sans doute réchauffer.

A. P.

IV

PREVOST-PARADOL A TAINE

27 avril 1849.

Cher ami,

J'ai, depuis mardi soir, une lettre de Planat à t'envoyer; je t'avais promis, dimanche, pendant notre si courte entrevue, de t'écrire bientôt; et cependant la semaine s'est presque passée sans que j'aie trouvé un moment. Cette fois-ci, ce n'est plus langueur, c'est manque de temps.

Je t'ai dit que M. Bellaguet exigeait de moi des vers latins; j'ai commencé à en faire, et tu comprends qu'à raison de cinq ou six vers par heure, je ne puis me débarrasser facilement d'une pièce de quarante à cinquante vers. Oh! l'absurde travail, l'affreuse occupation, d'arranger niaisement ces mots cadencés, de chercher dans un dictionnaire des manières de ne pas appeler les choses par leur nom!

Puis une autre occupation, un autre travail bien doux, bien rempli d'illusions et de plaisirs, m'a pris tout mon temps. Je t'ai parlé d'une sorte d'exposition que je voulais faire des deux doctrines qui partagent le monde. J'ai commencé, continué, et je vogue en pleine mer. O mon ami, que de jouissances dans le travail, quand l'objet de ce travail nous plaît! Que de rudes et bonnes heures de fatigue et de plaisir! Voici à peu près ce que je veux faire sous le titre de *Conseils à un jeune homme*. Une exhortation à choisir librement un parti et à ne pas se laisser entraîner à droite ou à gauche selon le hasard et l'intérêt, comme les âmes serviles et incapables de raison. Un résumé de l'état de la question et une définition des deux partis. Le discours du parti conservateur. Le dis-

cours du parti socialiste. Des conseils généraux sur la conduite à tenir dans l'un et l'autre parti. Tu vois que le
cadre est large et prête à l'éloquence; j'en suis à la
seconde moitié du discours conservateur, et je n'ai pas
lieu d'être mécontent de moi. Je ne pense qu'avec effroi
aux démarches qu'il me faudra faire pour que cela soit
publié, aux tempêtes qui peuvent m'assaillir et me jeter
trop jeune hors des gonds. Mais ma résolution est bien
prise, et je ne reculerai devant aucune crainte pour sortir
de ma médiocrité, pour faire mon entrée dans ce monde
qu'il faut prendre d'assaut.

Malgré tout ce travail, j'ai trouvé le temps de lire un
admirable incrédule, un sceptique charmant, un conteur
délicieux; je veux lire Lucien, le vrai Lucien complet
avec toutes ses impiétés, toutes ses licencieuses satires.
C'est une bonne étude à faire. Si tu ne le connais pas et
que tu aies le temps, prends-le, tu n'auras pas à t'en
repentir. Rien de nouveau d'ailleurs dans tout ce qui
m'entoure, si ce n'est l'éveil du printemps qui me res-
suscite. Pardonne-moi une si courte lettre; la prochaine
sera plus longue. Je t'envoie d'ailleurs du Planat, et cela
peut te consoler.

Tout à toi,

A. P.

V

PREVOST-PARADOL A TAINE

20 juin 1849.

Mon cher Taine,

Je t'avais prévenu de mon long silence. Une cholérine
assez vive l'a prolongé de huit jours. J'ai peu souffert;
mais ma langueur s'en est accrue, et maintenant je suis
à la pension après huit jours d'absence, endormi et inca-

pable de rien faire. Et cependant que de choses à faire !
D'abord la philosophie et le concours. M. Barni a été si
lentement et a perdu tant de classes, que nous voici arrivés à la fin de l'année avant d'avoir fait *la morale* et
effleuré *la théodicée*. Nous sommes donc obligés d'enlever
tout cela au pas de course, à l'aide de résumés et d'extraits. A ce propos, tu pourrais m'être d'un grand secours,
en me donnant les titres de quelques bons livres où je
puisse trouver ce qu'il me faut pour ce maudit concours,
qui est la seule clef de votre École. Ah ! cher ami, plus
j'approche de cet abominable examen de grec et de latin,
plus je sens mon ignorance, plus je me vois honteuse-
ment refusé. Je suis en vérité bien inquiet de mon avenir.
J'ai l'intention, si je suis refusé à l'École et reçu au baccalauréat, de faire mon droit ; mais quel chemin long et
difficile ! Si je suis refusé à l'École et au baccalauréat, —
et il n'y a là rien d'impossible, — mon parti est pris : je
me fais soldat et j'abdique l'intelligence. Tu vois, cher
ami, que de tristes pensées m'occupent et que la fin de
cette année est pour moi pleine d'inquiétudes. Que n'ai-je
l'esprit plus libre, je réfuterais ton accusation de mysticisme, qui m'a été redite par Planat. L'étude que tu as lue,
était pleine de réserves et de nuances qui t'ont échappé.
Si je fais mon droit, libre alors de tous côtés, je ferai
plus sérieusement ces travaux de critique, et je m'assu-
rerai quelques journaux. Je commencerai alors la grande
aventure de la vie. Mais que j'aimerais mieux mille fois
travailler tranquillement au couvent, à côté de toi ! Enfin,
rien n'est décidé, et je n'ai pas le droit de désespérer
jusqu'au coup de dé du concours.

Tout à toi,

A. P.

VI

PRÉVOST-PARADOL A TAINE

21 juin 1849.

Cher ami, je croyais t'avoir prévenu de mon silence et t'en avoir en même temps dit la cause. Je regrette bien de ne l'avoir point fait et de t'avoir laissé croire que je ne t'écrivais pas par pure paresse. Les deux semaines qui ont précédé les huit jours d'absence ont été dévorées par l'achèvement et la copie de ce travail dont tu me demandes des nouvelles. S'il est difficile d'écrire, il est plus difficile de faire imprimer. Je voyais des contes et des exagérations dans l'admirable roman où Balzac raconte les allées et les venues d'un malheureux débutant en littérature. Mon pauvre manuscrit, accompagné de chaudes recommandations, a passé quinze jours chez M. Michel Lévy, sans même être décacheté, et j'ai eu grand peine à me le faire rendre. Voilà, mon ami, l'entrée de la carrière. Maintenant il est ailleurs, et j'attends des nouvelles. Tu sauras aussi tôt que moi tout ce qui peut m'arriver d'heureux ou de malheureux.

Je te remercie vivement des indications que tu me donnes; j'ai lu à peu près tout cela et je vais employer le peu de temps qui reste à préparer les questions probables. Ah! quel métier! Jamais je ne me suis senti abreuvé de tant de dégoûts, et cela au moment où j'ai besoin de tout mon courage, où tout va se décider pour moi.

Je suis touché de te voir employer pour moi auprès de M. Vacherot l'autorité de ta parole. Il doit te connaître et avoir foi dans ton jugement. Ne me loue pas trop cependant, de peur de faire ressortir davantage mon infériorité. Je n'ai jamais eu plus de défiance de moi-même, plus mauvaise idée de mon esprit. J'irai cependant jusqu'au bout et je livrerai dignement ma bataille. Ce mot me rappelle un de nos derniers discours français de notre année de rhétorique et le tien si plein de ce sentiment de l'antiquité que j'ignorais alors et que j'ai reçu de toi. Tout ce qui s'est révélé à moi pendant cette année de causerie me donne bien des espérances pour les deux années que nous aurons à passer ensemble, si je force l'entrée de l'École.

Tu me parles d'un rendez-vous; j'y avais déjà pensé. Je ne suis pas assez maître de mes dimanches pour m'engager sans retour, même quand il s'agit de toi; mais je puis te promettre de faire tous mes efforts pour être dimanche, à une heure et demie, galerie d'Orléans. Ne m'attends en tout cas qu'une demi-heure, et si, à deux heures précises, je n'y étais pas, ne me maudis point, car il n'y aurait pas de ma faute, et j'y perdrais plus que toi.

Tout à toi,
A. P.

V

PREVOST-PARADOL A TAINE

11 juillet 1849.

Mon cher ami,

Je ne t'ai pas écrit parce que je suis accablé plus que jamais. Nous faisons rapidement la fin de notre cours de philosophie et nous entassons l'ouvrage. Je n'en puis plus de lectures, de notes, de programmes, de recettes et de misères de toutes sortes.

J'ai reçu aujourd'hui ta lettre qui tombe bien à propos, tu vas savoir pourquoi. Je réponds d'abord à tes deux dernières questions. Ma brochure n'a pas paru, parce que j'ai fait très tard ce que j'aurais dû faire tout de suite,

je veux dire l'envoyer à *la Liberté de penser*. Je m'y
suis décidé. De là une lettre d'éloges et d'objections, une
entrevue avec M. Jacques[1], et finalement la promesse
sérieuse d'une insertion pour le mois d'août au plus tôt, et
(hélas!) pour le mois de septembre au plus tard. Quant
au tirage à part, qui est ma planche de salut, c'est une
affaire que j'espère avoir bientôt réglée. Voilà pour la
brochure.

M. Jacques m'a envoyé un petit billet que M. Michelet
lui avait écrit à propos de cet article, dont le commencement t'avait justement effarouché. M. Michelet s'étonnait
de voir ses jugements appelés des jugements précipités et
de jeune homme. M. Jacques m'engageait à répondre; j'ai
répondu, expliquant et développant mon jugement. J'ai
reçu une réponse très aimable où M. Michelet m'explique
sa manière de juger les hommes; ondoyants et fuyants
comme ils sont, il ne veut pas en donner des jugements
absolus, des portraits définitifs, en une fois, comme
Thiers et Lamartine s'amusent à le faire, mais donner les
moments successifs et très divers de chaque personnage :
cinq ou six de Mirabeau ou de Marie-Antoinette, vingt
au moins de Robespierre, etc.... Voilà pour l'article.

Mais voici de beaucoup mon affaire la plus grave. Mon
père, qui depuis quelque temps a une sorte d'humeur
noire, vient aujourd'hui chez M. Bellaguet le consulter
sur mon avenir. Au cas de mon échec à l'École normale,
on me demande mon avis. « Si je suis refusé, dis-je, j'ai
deux choses à faire : mon droit avec quelques répétitions
à ma portée, ou l'engagement volontaire. Pour moi, je
me sens fort; je suis tranquille et je ferai de toute manière mon chemin. » Mais mon père ne veut, ni me voir
partir, ni me garder. « Tu ne feras rien chez moi, et
d'ailleurs il faut dix ans pour gagner quelque chose à
ce métier, et tu ne peux attendre. » M. Bellaguet dit la

---

1. M. Jacques était le directeur de la *Liberté de penser*.

même chose. Moi je réponds simplement : « Veuillez alors m'indiquer une carrière ».

Comme la question n'est pas facile à résoudre, la discussion est remise après le concours, qui pourrait, par un coup de bonheur, lever la difficulté. S'il ne la lève pas, dans un mois nous serons encore délibérant; et ce qui me désespère, c'est qu'il ne sortira de là rien de neuf. Ah! si je n'avais que moi au monde, comme je prendrais joyeusement la chose, et qu'une carrière à enlever d'assaut me plairait! J'essayerais de la vie et des mille positions de ce monde, parfaitement insouciant et désireux seulement de passer ces quarante ou cinquante ans qui t'effrayent bien à tort, toi qui as ta position faite et ton avenir assuré. Mais j'ai ma jeune et charmante sœur, j'ai un père et une seconde mère, des amis dont je suis fou et que je ne verrais plus, volontairement, si je tombais au-dessous d'eux, enfin mille raisons d'être ambitieux et amoureux de la vie. Cette crise déplorable me fatigue, dans le moment où le repos m'est le plus nécessaire.

A. P.

VII

PREVOST-PARADOL A LUDOVIC HALÉVY

Dimanche, 15 juillet 1840.

Mon cher Ludovic,

Une consigne presque générale me retient aujourd'hui à la pension. J'y perds le plaisir d'aller déjeuner avec toi, comme je me l'étais promis; j'y gagne le temps de t'écrire, comme tu me l'as demandé.

Je te savais l'esprit trop bien fait pour ne pas prendre en bonne part les conseils sincères que je t'ai donnés. Il reste à les mettre en pratique; c'est le plus difficile. On le courage ne te manque pas, comme il m'a tant de fois manqué après les meilleures résolutions.

Tu mets parmi les lectures inutiles ou mauvaises, dont je te détourne, G. Sand et Balzac. Loin de là, relis ma lettre et tu verras que je te les recommande, mais en te demandant de les réserver pour tes dimanches et pour tes vacances. J'ai pour ta prison un beau roman qui surpasse tous les autres en intérêt, en pathétique, en terreur, et qu'on ne te défendra pas d'y lire : ce sont les *Annales* de Tacite. Je crois, en mon âme et conscience, que c'est le livre qu'il te faut. Prends une édition — l'édition de M. Burnouf est la meilleure — où le latin et le français juxtaposés te permettent à chaque instant une comparaison qui te donnera bientôt en version latine l'habitude du latin, en français une phrase vive, concise, énergique. Mais il faudrait être bien malheureux pour n'apprendre que du style dans le commerce d'un si mâle génie. C'est le roman le plus beau, le plus effrayant de tous. Il y règne un ton de tristesse qui, dès les premières pages, t'ira au cœur. Tu ne trouveras nulle part ailleurs ces admirables tableaux d'un temps qu'il faut connaître, pour savoir où tombe une société qui n'a ni l'amour de la liberté, ni l'instinct du droit, ni la croyance au progrès. Il n'est pas de livre plus propre, à mon avis, à élever l'âme et surtout à l'affermir contre les hasards. Il faut te figurer que tu vis en ce temps, que tu joues un rôle dans ce drame, et tu verras bientôt s'accroître ta force et s'élargir tes idées. C'est dans ce livre qu'on apprend à rester libre au milieu d'esclaves, à défier la toute-puissance au nom de sa raison et de sa volonté, à compter sur soi-même et sur soi seul, à être le maître de sa vie et à en faire moins de cas que de sa dignité. Tu as besoin de ces fortes leçons; ton caractère, très léger, très gai, a tout à gagner en se formant à cette école. Je l'ai lu, ce beau livre, dans le plus mauvais temps de ma vie, peu après la mort de ma mère et la ruine complète

de ma famille; et tu ne saurais croire ce que j'y ai puisé
de force, d'indépendance et d'indifférence pour la mauvaise fortune. J'espère que tu n'auras jamais besoin de
tout cela; mais nous sommes dans un temps où il faut
aussi compter sur soi-même et rester libre. Ce n'est plus
l'empereur qui se joue de nos destinées; c'est le hasard,
la banqueroute, la guerre civile, les fureurs du peuple,
les accidents et tout l'imprévu des révolutions. Voilà de
l'occupation pour un an ou deux, car cela ne peut se lire
à la légère. Pour moi, pendant que tu seras ainsi tranquillement occupé, je serai déjà tristement secoué par tous
les tracas de la vie. Si je n'ai pas le prix d'honneur, et
c'est un coup de dé, je suis refusé à l'École Normale; et
me voilà à vingt ans à la charge de mon pauvre père, à
qui sa retraite donne à peine de quoi vivre. Il est bien
probable qu'alors je m'engagerai; et vois quel changement dans ma vie, dans mes habitudes de corps et d'esprit. Il faut te préparer à toutes ces épreuves, comme
si elles t'étaient réservées, quoique j'espère que l'entrée
de la vie te sera plus facile qu'à ton ami. Mais que mon
exemple te donne de sérieuses pensées.

Tout à toi,
ANATOLE PREVOST.

IX

PREVOST-PARADOL A TAINE

16 juillet 1849.

Cher ami,

Un maître d'études qui va composer avec toi et que son
métier n'a pas encore rendu l'ennemi de tous les hommes, veut bien se charger d'un mot pour toi. Si tu avais
par hasard le loisir de me répondre, il se chargerait
volontiers de ta lettre.

Ce que tu m'écris des examens d'Édouard de Suckau[1], de l'influence de mon prix de l'année dernière, me rassurerait, si je pouvais être rassuré. Mais franchement cela est au-dessus de mes forces, et je m'attends à une catastrophe. Je n'entends pas seulement par là l'échec à l'École, mais les pitoyables suites qu'il peut avoir. Les nouvelles charges que mon père s'est imposées pour moi en venant à Paris, sa tristesse, ma susceptibilité, me défendent de songer à rester chez lui, si j'échoue. Et d'ailleurs qu'y ferais-je? Travailler? Ah! que tu me connais peu! Qu'il te sied de parler de volonté, à toi, qui as vaincu le grec et le latin, sans compter le déplorable effet d'une éducation commencée en province! Mais pour moi, ce mot de volonté n'est qu'une peine, qu'un remords. Je n'ai jamais eu la force de me gêner, je ne l'aurai jamais. Quant à rester chez M. Bellaguet, je ne le ferai pas, sachant que je ne travaillerais pas et que, de ce côté aussi, mon orgueil serait blessé.

Reste l'unique alternative de m'engager ou de passer ma vie, si obscurément que ce soit, en attendant que je m'élève ou que je meure. Pour moi, sans mon père ou ma sœur, sans mes amis, sans mes ennemis surtout, que j'ai l'amour-propre d'arriver à surpasser, je me trouverais bien heureux d'un labeur misérable et d'un petit coin tranquille qui me laissât quelques heures pour travailler à mon gré. Celui qui me découvrira cela m'aura sauvé la vie; car c'est m'enterrer que de me jeter au régiment. Je me cacherais de tout le monde excepté de deux ou trois amis véritables, et je ne reparaîtrais plus que hors d'affaire.

Voilà mes rêves, en cas d'échec. Tout devient beau et brillant, si je réussis. Deux ans à tes côtés, des livres, du travail, du repos, de l'indépendance, admirable vie à laquelle je n'ose penser. Le tout dépend de ce coup de

1. Sur Edouard de Suckau, voir l'*Étude*, p. 12

dé du concours; nous verrons. Tu verras aussi que je suis tout autre avant et après le malheur. D'abord plein d'anxiété, d'inquiétude, de terreur, fatiguant de mes plaintes mes amis vrais et laissant mon trouble échapper de toutes parts; une fois le coup reçu, je ne suis plus que courage, que résignation, disons mieux, qu'indifférence. Fasse Dieu que je n'aie pas à le montrer!

Tu passes ta licence, l'issue n'est pas douteuse. De Suckau doit être épouvanté, s'il compose. Si jamais mon tour vient, j'aurai grand'peur. Quelle triste vie, semée de chausse-trapes et de torrents à passer! Que nous avons besoin de bras amis et qu'il est doux d'en sentir un vous soutenir!

Mon travail ne peut venir trop tard, à cause de sa généralité qui embrasse non pas les partis actuels, mais les principes éternels des deux partis nécessaires qui déchirent le genre humain. Grâce à Dieu, au contraire, il devient, avec le temps, plus actuel, si j'ose ainsi parler, tant les événements se chargent d'en tirer la conclusion! De ce côté du moins, j'ai un espoir. Nous verrons s'il sera déçu. Je finirais par perdre ma foi en moi-même, et alors je le dis du fond du cœur, tout serait fini pour moi.

Je te serre la main,

A. P.

X

PREVOST-PARADOL A TAINE

De la bibliothèque de l'École, ce 9 août 1849.

Mon cher ami, si peu que les jugements des imbéciles m'émeuvent, je n'ose pas braver l'opinion publique en allant te voir, quoique j'aie fini depuis un quart d'heure le plus ridicule thème grec qui ait jamais été fait ici. Je vais attendre, en lisant Virgile, une heure où je puisse

décemment m'en aller, puisqu'il est convenu que sortir
de bonne heure est d'un intolérable orgueil.

Demain, les vers latins me retiendront jusqu'à la fin;
je pourrai donc t'aller voir, sans blesser la modestie, et te
reprendre mon illisible brouillon d'hier. Il a dû te paraître faible, si j'en juge par moi, qui ne lis avec plaisir
qu'une copie propre et régulière.

Je ne sais rien de nouveau sur le concours. Mais ce qui
m'afflige beaucoup, c'est que les bruits qui courent ont
suffi pour persuader à mon bon père que j'ai le prix. Le
coup serait rude pour lui; et je voudrais savoir cela tout
de suite, ne fût-ce que pour atténuer le désappointement,
s'il est inévitable.

Après les vers latins, un jour de repos; puis, l'ouverture de ces ridicules boîtes du Concours où mon avenir
est renfermé.

A demain.

Tout à toi,
Anatole.

XI

PREVOST-PARADOL A LUDOVIC HALÉVY

2 juillet 1850.

Mon cher Ludovic,

Je t'écris par la poste, parce qu'il paraît qu'une lettre
que je t'ai envoyée par un élève n'est pas parvenue. Tu
me dis en effet m'avoir attendu dimanche; or, j'avais
répondu tout de suite à ta dernière lettre, pour te dire
que je ne pourrais venir. Je ne sais comment la lettre
s'est égarée. J'aime mieux la poste et j'en use.

Puisque tu peux sortir dès huit heures du matin, je
me ferai un vrai plaisir de te prendre en passant à
Louis-le-Grand. Je commencerai volontiers dimanche prochain, 7 juillet; mais il faut m'envoyer des instructions
précises et des pouvoirs écrits, si cela est nécessaire.

Voici ce que je propose : partir directement avec toi de Louis-le-Grand pour Issy, à condition de me laisser partir de là-bas à midi, ou, s'il est possible, avant midi ; sinon, nous attendrons.

Pour moi, je suis tourné maintenant à la tristesse et au découragement. La carrière que j'ai prise, cher ami, est une carrière de servitude. Pas de milieu pour un jeune homme, qui pense comme moi, entre l'hypocrisie et la persécution. Non pas à l'École, où nous jouissons de la plus large liberté de conscience ; mais, plus je fais de la philosophie, plus je m'écarte des théories admises et imposées par le Gouvernement, et, à moins de parler directement contre ma conscience, il faudra me faire destituer après deux mois de cours.

Ce n'est pas tout : à l'agrégation, j'aurais à jouer une indigne comédie, écrivant et disant le contraire de ma pensée, sous peine de briser ma carrière. Enfin ferais-je toutes ces vilenies à l'agrégation et dans ma chaire, que mes idées philosophiques, bien connues, me feraient écarter du haut enseignement et briseraient mon avenir. Voilà, mon cher ami, ce que serait pour moi l'enseignement philosophique : 1° trois ans d'ergoterie à l'école ; 2° une indigne comédie à l'agrégation ; 3° dans ma chaire, hypocrisie ou destitution, et mieux, destitution à coup sûr. Cela est pour moi plus clair que le soleil.

Et cependant j'ai peine à quitter la philosophie pour la littérature ; car l'histoire est impossible avec une année de perdue, à cause de l'incroyable amas de faits et des tours de force de mémoire que cette agrégation demande. En outre, c'est me détourner de ma vraie carrière, qui est la philosophie. Enfin, c'est tromper l'espoir de cet excellent M. Vacherot, qui m'a poussé à la philosophie, et qui maintenant, tout à fait affligé de mon changement, cherche à me rassurer et à me retenir.

Je ne sais que faire et je suis désespéré. De toute façon, je vois un menaçant avenir, plein de combats et d'épreuves.

Dieu sait si je les cherche et si je n'aimerais pas mieux faire des opéras avec ton oncle! En attendant, je languis et le temps passe; et ma pauvre jeunesse, sans plaisirs et sans mouvement, se consume dans de misérables querelles qui ne valent pas celles des hérésies du moyen âge. Puisse la tienne se mieux passer !

Je ne suis pourtant pas d'un caractère à me laisser mener par la fortune et je tenterai de la brusquer. Il est possible que j'emploie toutes mes vacances à quelque grand travail, qui me tire du fond de mon marais. Si je pouvais me passer de l'Université, je laisserais là de grand cœur ces disputes, ces hypocrisies et cette intolérance, et je jouirais de la liberté pour ma conscience et pour ma plume.

Tu ne me dis rien dans ta lettre de ta vie de collège. Travailles-tu? Espères-tu pour le concours? Tout cela m'intéresse comme pour moi.

ANATOLE.

XII

PREVOST-PARADOL A GRÉARD

7 septembre 1851.

Mon cher ami, nous voici au 7 septembre, et je n'ai pas de tes nouvelles; cela est contraire à tes promesses et de plus me donne lieu de craindre que tu ne sois pas allé aux bains de mer. Ton frère serait-il plus malade? N'aurait-il pas voulu t'y accompagner, et cela aurait-il suffi pour te faire oublier à toi-même les menaces du docteur Paulin? Enfin que deviens-tu et pourquoi n'en sais-je rien?

J'ai de mon côté une grande nouvelle à t'apprendre.

De Suckau est reçu le premier à l'agrégation. — Allons donc, diras-tu! Et Taine! — Taine, mon cher ami est tout simplement refusé, après les examens les plus brillants, les mieux soutenus et les plus solides que j'aie vu passer en Sorbonne. Notre pauvre Édouard est tout honteux d'avoir vaincu son maître, et pourtant il n'y a pas de sa faute; il a très sagement, mais très loyalement passé. Je n'ai pas entendu de lui une seule parole qu'il eût fallu désavouer dans l'intimité. Il a fort bien parlé, avec une convenance parfaite, avec beaucoup de sens et de facilité, je dirai même de charme. Bref, il a séduit les juges par son savoir, son laisser aller élégant et par la douceur germanique de son débit. Mais ce sont là des qualités d'enfant à côté de la force, de la clarté, de la correction, de la logique et de la hauteur de mon ami Taine. Tu ne saurais croire, cher ami, quel effet il m'a produit, combien j'étais fier de lui et quelles espérances il me donne pour l'avenir. Je ne le connaissais pas encore si souple, si nerveux, si clair et surtout si à son aise. Il était là le maître, et il y avait un peu de respect dans l'attention qu'on lui prêtait. Il a la parole très régulière et cependant très animée; il y a dans son débit une chaleur contenue, une flamme intérieure qui donne la vie à tout ce qu'il touche. C'est la passion qui a la raison pour vêtement. Et comment ont-ils fait pour le refuser? Écoute la vilaine histoire, et félicite-moi d'être sorti, l'an dernier, de ce mauvais lieu de l'enseignement philosophique.

Tu sais que les épreuves orales se composent pour chaque candidat de deux argumentations et d'une leçon. Taine fut désigné par le sort pour argumenter Édouard. Te dire la douceur, l'amitié et la persuasion avec laquelle Taine se montra supérieur à lui, sans le rabaisser d'une ligne, serait impossible. Bref cette épreuve leur faisait beaucoup d'honneur à tous deux, mais Taine avait le dessus. Le hasard désigna X... pour argumenter Taine, la question était : *Preuves de l'existence de Dieu dans*

Bossuet. Tu vois que le hasard jouait de mauvais tours à Taine. Il pose sa thèse, parfaitement inattaquable. X... l'attaque alors avec une emphase ridicule sur l'omission de la Providence dans sa thèse, sur la tendance implicite qu'il semblait avoir à confondre Bossuet avec Spinoza. Il déclamait tant que le bureau l'interrompit plusieurs fois. Taine d'ailleurs s'en tira admirablement; et les juges avouent maintenant à qui veut l'entendre, qu'après les argumentations, Taine tenait sans contredit le premier rang. Le lendemain, Taine fait sa leçon sur l'objet de la morale. Il la fait à l'École, le matin, devant de Suckau et plusieurs autres : tous la trouvent excellente. Je l'entends à la Sorbonne, je la suis avec plaisir, persuadé qu'elle le mettait définitivement hors ligne. Et c'est pour cette leçon qu'ils l'ont refusé! Ils disent qu'il l'a faite autrement que le bureau ne l'avait conçue; qu'il y a eu de sa part — et de la nôtre alors — une méprise ; et que cette brillante et savante leçon l'empêchait seule d'être reçu. J'appelle cela une injustice doublée d'un mensonge.

Que seraient donc pour eux la science et le talent, si une supériorité incontestée disparaissait devant une méprise toute matérielle — et d'ailleurs fort problématique — sur l'objet d'une leçon? Ils voudraient bien, ces Messieurs, passer pour des imbéciles, afin de ne point passer pour de malhonnêtes gens. Ce serait vraiment trop commode.

Tu peux juger, cher ami, si la joie d'Édouard est empoisonnée. Pour moi je retrouve un peu de calme, après un fort accès d'indignation. Pour mon Taine, il est fort tranquille et il a bien raison; il joue le plus beau rôle, et l'avenir est à lui, ou plutôt à nous, car ce coup a resserré nos liens et rendu notre entente plus cordiale encore et plus intime.

Sachez, monsieur Octave, que je démens vos prévisions et que je travaille. Je lis, et le 10, j'espère commencer à écrire. M... a dit en confidence à Taine qu'il travaille pour l'Académie[1]. Cela ne m'effraye guère ; mais si nous échouons tous deux, ce sera bien ridicule.

Réponds-moi, mon cher ami, et écris-moi régulièrement jusqu'à la fin de notre séparation, qui me paraît déjà longue.

Tout à toi,
ANATOLE PREVOST.

P.-S. — Comme il faut une enveloppe à ma lettre et que je ne veux pas t'envoyer du papier blanc, je le noircis. Mais qu'y mettre? Je ne sais ce qui t'arrive, et il ne m'arrive rien de nouveau : je mange, je dors, je marche, je vais au *Français*, je me couche, et le lendemain je recommence. Tout cela me fatigue et les vacances me semblent un de ces longs congés qui nous ramenaient à l'École tout endormis. Je rentrerai très fatigué et sans m'être amusé le moins du monde. Mon père est malade, ma bonne madame Rey est malade. Je ne puis me défendre d'une certaine inquiétude. Ces agrégations m'effrayent, et le chemin détourné que tu sais me semble bien difficile et bien chanceux. Nous verrons.

Si tu reçois là-bas *la Liberté de penser*, tu y trouveras *peut-être* un court article de M. Louis Brégan, et une note dans le bulletin, qui, signée Jacques, n'en sera pas moins de ce M. L. B.[2]. Elle est destinée à être désagréable aux juges de Taine ; espérons qu'elle remplira son objet.

A. P.

Cherche-Midi, 85.

Jeudi dernier, Édouard et moi nous avons dîné au Palais-Royal, bu une tonne de vin blanc, pris du café ; puis nous sommes allés causer et prendre du thé chez

---

1. Il s'agit de l'éloge de Bernardin de Saint-Pierre mis au concours par l'Académie française pour le prix d'éloquence en 1851.
2. Voir plus bas, lettre XIII, p. 175.

M. Jules Simon, qui a un bien joli appartement et une
causerie charmante ; puis nous sommes allés prendre des
glaces ; puis j'ai emmené Édouard à la maison et nous
avons passé le reste de la nuit à causer dans ma chambre ; ce sont nos adieux.

A. P.

XIII

PREVOST-PARADOL A GRÉARD

1er octobre 1851.

Cher Octave, je t'écris par un triste temps, assez triste
moi-même, et ma lettre s'en ressentira. Mais qu'importe?
Il faut prendre le temps comme il vient et les amis
comme ils sont. Pardonne donc à ma lettre, si elle ressemble un peu à une complainte.

Avant-hier M.... a donné un grand dîner de garçon
en l'honneur de son heureuse aventure à l'agrégation des
lettres. Il m'écrivit une petite invitation charmante qui
me décida à y aller, bien que je n'y connusse personne,
excepté M.... et d'A..... Je fus d'ailleurs bien reçu par de
gais convives qui burent assez pour que deux d'entre
eux aient eu lieu de s'en repentir.... Bref le dîner fut
gai, et quoique j'eusse seul le malheur ou l'avantage de
n'être point sorti de Stanislas, je n'avais pas trop l'air
d'un diable dans un bénitier ; les jeunes gens sont partout les mêmes, et... pour être Stanislas, on n'en est pas
moins homme. Cependant, cher ami, d'excellents vins
joints à ma bonne volonté ne purent me griser, tant il est
nécessaire d'être au milieu des siens et tout à fait à son
aise pour perdre gaiement le bon sens ! Puis il m'est
venu à la fin du dîner — il était, ma foi, bien temps ! —
l'idée que j'aurais dû refuser, que, si pressante que fût
l'invitation, elle avait pour but un refus, et que j'avais
abusé d'une politesse mal comprise pour gêner de braves

garçons. Je partis donc, par un vrai prodige, plein de vin de Champagne et vide de gaieté. Quand donc, cher ami, dînerons-nous au Palais-Royal ensemble, dans le petit coin d'une grande salle, disant de douces folies et riant à l'ombre de nos demi-bouteilles, pour courir gaiement nous coucher à l'École, comme deux collégiens en débauche?

Depuis ma dernière lettre, cher ami, je n'ai fait que vivre avec Édouard. J'allais chez lui, il venait chez moi, nous ne nous quittions pas un instant, et je ne sais quel jour il vint à dix heures du soir m'arracher à la maison, où j'ai un bon lit, pour aller avec lui place Saint-Michel improviser des lits de camp et perdre joyeusement la nuit en causeries. Nous avons passé le lendemain une incroyable journée, où tout ce que nous voulions faire manquait ou allait mal; tellement qu'au lieu de pester contre la mauvaise fortune, nous avons fini par rire comme des fous de la multiplicité de nos mésaventures. Mais voilà trois jours que je ne l'ai vu et je ne puis te dire à quel point il me manque; l'habitude me l'a rendu nécessaire, et, pour trois jours d'absence, me voilà démoralisé. En outre j'ai su aujourd'hui qu'il était venu ces jours-ci à Paris : pourquoi ne l'ai-je point vu? Le chemin de fer le met à ma porte; l'ai-je blessé? Que sais-je? Je sais par expérience que cela se peut sans que je m'en doute. Enfin j'ai l'esprit mal à l'aise et j'irai le réclamer à Meudon, s'il ne vient pas demain matin. Il paraît qu'on ne donnera pas Alger. Il demande Brest, et on lui parle de Tours; mais il n'en sait pas plus que les autres sur ces infernales nominations qui n'arrivent qu'au dernier moment.

Je suis allé aujourd'hui à l'École. J'ai vu About, Quinot, quelques autres encore, hélas! tout un monde qui ne me plaît qu'à demi. Puis nous rencontrons (About, Quinot et moi) un laid et plat animal, qui fait à Lille quelque classe de grammaire, et en qui la cuistrerie bête, malpropre et désagréable m'apparut personnifiée. Il avait une cravate blanche sale. Je la regardai avec horreur et presque les larmes aux yeux, me disant : Voilà notre drapeau, notre emblème, gueuserie pédantesque, sale uniforme couvrant une âme lâche et hébétée par une hypocrisie perpétuelle. Une cravate blanche sale! Mieux vaut mille fois la blouse.

Je ne sais trop en quel monde me réfugier. Chez mon ex-tuteur, je me suis retrouvé dernièrement en face de cette jeunesse dorée qui est la lie de la jeunesse, des fils d'agents de change, de banquiers, la race anoblie des Mercadet n'ayant plus à la seconde génération l'actif savoir-faire du père, se faisant gentilshommes et mangeant fastueusement de l'argent mal acquis, blasphémant politique bêtement et cruellement, sans plus de cœur que d'esprit, doués d'une prodigieuse insolence : vrais fils d'affranchis qui oublient le collier de leurs pères et qui mériteraient de le porter; et c'est cette plèbe qui a les bons chevaux et les belles femmes, et qui se fait défendre par la troupe de ligne, qu'elle nourrit de pain noir. Ah! cher ami, il faut que j'évite ce monde-là pour ne pas devenir injuste à force de colère et de mépris. Quand donc serons-nous assis au coin du feu avec Levasseur, comme Berger, Chéruel et Vacherot, parlant des belles et bonnes choses et échangeant d'honnêtes pensées, rêvant tout haut philosophie ou nous regardant sans rien dire, tout aises d'être ensemble et en paix?

En attendant ce beau temps, encore si loin de nous, j'avance avec peine mon ingrate besogne [1]. J'ai vingt-six pages de faites et j'en ferai soixante à soixante-dix; tu vois que je ne suis pas en retard. J'ai trouvé dans M. Baudrillart — demi-maître, demi-ami — un très encourageant appui. Il m'a conseillé pour le matériel du métier et reverra le manuscrit. Quelle corvée! Je te

1. L'éloge de Bernardin de Saint-Pierre.

conterai à notre prochaine entrevue les difficultés misérables que je trouve sur mon chemin et qui iraient jusqu'à me décourager, si ma parole et mon amour-propre
n'étaient engagés. En attendant, je puis dire de mon travail ce que mon pitoyable héros disait d'un de ses ouvrages : « Je n'ai jamais rien fait dont je sois moins content,
ni qui m'ait plus coûté ». J'irai jusqu'au bout, ne fût-ce
que pour voir, et puis je ne veux pas que ma peine et
mon temps soient perdus. Tu verras cela fini à ton retour.

Et toi, que deviens-tu? Ta dernière lettre était triste
malgré la gaieté du ton; la mienne te fera peut-être rire,
malgré le tragique de la forme. A notre âge, on n'est pas
huit jours de suite de la même humeur et on va toujours
aux extrêmes. Tout est noir ou tout est rose. Pauvres
créatures que nous sommes, comme un coup de vent
nous change! Qu'avons-nous donc de stable en nous et à
quoi nous attacher? Mais pour être philosophe, il faut
adorer nos variations mêmes, qui sont dans l'ordre de la
nature comme les mouvements de la mer et comme les
changements du temps. Qu'il est bon d'avoir conscience
de soi et de contempler avec clarté du haut de la raison
notre déraison elle-même et l'inconstance aveugle de nos
sentiments! Figure-toi la Terre ayant conscience des
saisons et se résignant à l'hiver, comme Cérès à l'absence
de Proserpine. Pluie, beau temps, amour, joie, mauvaise
humeur, gaieté du champagne, ivresse du travail et de
l'inspiration, accablement de l'esprit, tout cela est le déroulement de la nature; c'est son changement à vue, son
opéra, son interminable pièce qui n'a ni premier, ni dernier acte, et dont une seconde fait notre vie.

Donne-moi de tes nouvelles, et imite mon bavardage;
tu vois qu'il court de tous les côtés sans prendre soin
d'aller droit. Radote un peu à mon exemple et parle-moi
de toi avec autant d'égoïsme et d'intempérance que j'en
mets à te parler de ton ami.

ANAT. PREVOST.

P.-S. — La note sur Taine a paru, et le *Siècle* l'a reproduite. About et d'autres m'ont reconnu ; je n'ai fait nulle façon d'avouer. J'ai vu Taine, qui l'a bien prise. Quant à Édouard, il l'avait approuvée manuscrite[1].

XIV

PREVOST-PARADOL A TAINE

Vendredi soir, 7 novembre 1851.

Il y a plus de huit jours, cher ami, que je rêve au

---

1. Voici le texte de cette note. Nous l'extrayons de la *Liberté de penser*, tome VIII, p. 600. « Nous professons pour le caractère de M. Portalis la plus sincère estime ; aussi sommes-nous affligés que son début dans la présidence du bureau d'agrégation pour les classes de philosophie soit signalé par le plus grand malheur qui puisse arriver à des juges consciencieux : celui de commettre une évidente injustice. Un candidat s'était fait remarquer entre tous par l'étendue de son savoir, par la force, l'élégance et la clarté de sa parole, par la maturité inattendue de son talent. Il avait joint, dans l'argumentation, à une rare habileté un sang-froid, une justesse et une modération plus rares encore. Il avait fait la leçon la mieux liée, la plus claire et la plus philosophique qui se soit depuis longtemps entendue à la Sorbonne. Amis et concurrents jugèrent le candidat hors ligne et le crurent reçu le premier. Et M. Taine est tout simplement refusé ! Il est refusé, parce qu'il a fait preuve de sincérité et de bon goût. Il est refusé, parce qu'il a dédaigné les faciles déclamations sur la Providence, sur la morale religieuse et sur la nécessité d'un culte : lieux communs que la distinction de son esprit aurait suffi pour lui interdire. Il est enfin refusé parce qu'il a donné des démonstrations nouvelles de vieilles vérités ; parce qu'il n'a pas purement récité les livres élémentaires de l'intolérante école, parce qu'il a joint l'indépendance au savoir. En vérité, n'est-ce pas là un échec honorable ? Mais si le candidat n'y perd rien, l'Université y perd beaucoup. De telles leçons sont décourageantes pour la jeunesse étudiante. Elles ont déjà écarté de l'enseignement philosophique plus d'un esprit qui pouvait s'y rendre utile et qui n'a pu se résigner à tenter une épreuve où l'intelligence n'est pas libre, où tout effort personnel est un danger, et où la médiocrité soumise a presque toujours raison de la science et du talent. »

plaisir de t'écrire[1]. Mais j'attendais naïvement, selon tes ordres, le programme de l'agrégation de philosophie, pour te l'envoyer. Je commence à m'apercevoir qu'il me faudrait attendre jusqu'à la fin du monde, et je t'écris. Et d'abord expédions les nouvelles, afin de pouvoir causer à notre aise.

Apprends donc que je suis ton successeur direct. M. Michelle[2] m'a annoncé mon avènement au caciquat[3], avec force compliments; et il a ajouté presque comme une menace, mais une menace souriante : nos rapports seront fréquents.

About est venu ici un instant ces jours derniers. Pourquoi n'ai-je pas eu la tentation de faire un pas pour le voir? Je l'ignore, mais rien ne m'a attiré vers lui, et pourtant je ne sais rien qui m'en éloigne. C'est un fait de psychologie que je te livre sans commentaires.

Edouard m'a écrit, il y a déjà longtemps; j'ai répondu tout de suite et j'attends une lettre de lui. La lettre d'Ed. était rassurante; il a des voisins aimables et faciles, des environs viables et agréables, des buts d'excursion : que lui faut-il de plus à ce cher enfant[4]? Je crains seulement qu'il ne s'endorme. Il est d'une nature qui ne peut être bercée longtemps sans danger. Il cède au premier chant de la nourrice, et Dieu sait quand il se réveillerait! Je compte sur tes lettres et sur les miennes pour le maintenir dans le rang et à son poste. O cher ami, ne laissons pas se dissoudre notre petite armée. Encore qu'elle ne soit pas grand'chose, ne laissons déserter personne. Que nos lettres soient des appels, sinon des harangues,

1. Taine, après son échec à l'agrégation, avait été envoyé d'abord à Toulon, puis à Nevers, en philosophie.
2. Le directeur de l'École normale.
3. Le cacique, dans le langage familier des élèves de l'École normale, est le chef de la promotion, et à ce titre, c'est lui qui devient l'intermédiaire autorisé entre ses camarades et l'administration de l'École.
4 De Suckau avait été nommé professeur de philosophie à Saint-Étienne.

qu'elles résonnent aux oreilles distraites comme le cri de veille qui vient frapper le factionnaire assoupi : Sentinelle, prenez garde à vous! P.... m'a parlé de t'écrire; réponds, si tu as le temps, mais ne te livre pas. Il n'est pas au dixième des vingt degrés qu'il faut franchir pour entrer dans le temple. Levasseur est là, et cet esprit solide me réjouit. Je m'appuie là-dessus, comme un goutteux sur une bonne béquille de bois de fer. Mais Octave que son frère mourant retient à Lille, me manque bien souvent.

Le malheur qui menace mon cher Octave, m'a ramené, ô mes maîtres, à une grave question que j'ai résolu d'approfondir. Est-il possible d'établir sur le panthéisme un mysticisme raisonnable? J'entends par là une satisfaction légitime à cet instinct de l'âme humaine qui lui fait désirer d'être en rapport direct avec l'infini. Il me semble que les prières, les miracles, le commerce perpétuel que les religions entretiennent entre l'homme et un Dieu, puisent toutes leurs forces dans cet instinct qu'elles pervertissent et satisfont du même coup. Comment le faire sans le dépraver? Comment nourrir le cœur sans mentir à la raison? Octave m'a souvent fait cette question. Non, lui dis-je, il y a un mysticisme scientifique; le vrai a sa grâce consolante. L'échelle de Jacob qui va de la terre au ciel est brisée; non que Dieu ne puisse pas être atteint, mais, au contraire, parce qu'il habite parmi nous, en nous et qu'il nous touche de si près que toute échelle est inutile. La nature tend au bien qui est le développement de son ordre. Elle y tend sans conscience dans l'arbre qui se redresse, dans l'animal qui aiguise ses griffes, dans le fœtus qui se forme et se rend propre à la vie, dans la sève qui fermente. Mais elle y tend avec conscience dans l'homme qui aspire à beaucoup savoir et à bien agir. Qu'est-ce à dire, sinon que tu es un animal mystique? L'infini accomplit en toi-même ses plus grandes merveilles, et tu le vois à l'œuvre, tu lui applaudis, tu le secondes, tu le comprends. Tu l'adores par le travail, par la douleur bien supportée, par le plaisir sagement cherché; tu t'unis à lui par la science, tu le salues au dehors dans toutes les manifestations de la vie; tu l'écoutes au dedans parler par ta pensée. Tu l'aimes, et, selon la parole du maître, l'amour que tu as pour Dieu est une partie de l'amour infini que Dieu a pour lui-même. Et viens donc maintenant me demander des prières, quand tu es toi-même le prêtre, le temple et le dieu; des miracles, quand toutes tes bonnes actions sont des œuvres divines, des absolutions, quand la satisfaction morale ou le remords viennent, comme la faim et la soif, t'avertir et te faire rentrer dans l'ordre universel! La nature divine n'est-elle pas un temple pour le mystique? N'y peut-il entretenir un perpétuel commerce avec l'âme universelle, se mêler au chœur et chanter à l'unisson? Écouter dans un bois les jeunes oiseaux qui chantent, voir les feuilles s'ouvrir au soleil et sentir en même temps dans notre pensée Dieu se réjouir de sa vie, et s'enivrer de son éternelle floraison, n'est-ce pas là l'hozannah dont parle l'Évangile, le vrai psaume digne des bienheureux, l'adoration convenable et douce au vrai Dieu, en ce monde et ailleurs, partout où il végète, respire et pense?

Pardon, mon maître, de cette poétique intempérance. Mais Dieu ne saurait se louer de sang-froid ni montrer sans orgueil son inépuisable richesse à ceux qui l'accusent de ne pas suffire au cœur de l'homme. Mais dis-moi toi-même ce que tu en penses? Si dans ce trésor tu découvres une parole de plus, apporte-la et tu seras le bienvenu.

Qu'as-tu autre chose à faire, cher ami, dans ce pays barbare? Comme Ovide chantait Rome, tu dois philosopher et errer dans notre fantastique patrie O le beau pays qui n'est jamais en état de siège, où la libre pensée erre sans passeport, loin des Saint-Cyriens ivres et de leurs ennemis non moins grossiers! Je sais bien que tu passes dans cette splendide région le meilleur de ton temps; je le sais — tu vas rire, — parce que je t'y rencontre et que je n'y peux mettre les pieds sans t'y retrouver. Tu as une cabane où Spinosa vient prêter une voix à la substance, où Burdach vient causer de la nature. Ils sont divins, ces sages qui jouissent de l'ubiquité, qui m'instruisent à Paris pendant qu'ils te consolent à Nevers, et qui brillent comme le soleil, non pour tout le monde, hélas! mais pour des yeux détachés de la terre, c'est-à-dire des brillants uniformes, des reines de salon et de la politique. Je te loue de quitter Nevers pour le pays des visions; mais loue-moi aussi de me dérober à ma prison pour m'attacher une paire d'ailes et aller te rejoindre aux régions éternelles. J'imite Gulliver tâchant d'arracher les chaînes des Lilliputiens. Ah! les habiles petits bonshommes! Que de liens artistement noués, quel enchevêtrement de lacets perfides! Un thème grec à faire, un journal à lire, une sortie à employer; et me voilà sur la terre redevenu active fourmi, rivale d'autres fourmis, usant ma vie dans cette ridicule concurrence, dans cette course au clocher d'insectes. Fi donc! Et pourtant où seraient les délices de la patrie, si on ne la quittait pour la désirer plus vivement? Où serait l'ivresse de la philosophie, si l'on n'était que philosophe, de la science, si l'on savait toute chose de toute éternité! Mieux vaut rompre par instant la chaîne pour la reprendre et pour la rompre encore. Mieux vaut t'écrire une heure pour retourner à Burnouf, avec l'espoir de le quitter pour te lire et t'écrire encore.

A. P.

P.-S. — Ne t'inquiète pas de voir ma lettre décachetée, puis recachetée. J'ai voulu réparer un oubli. Mon héros est enfin loué[1], et convenablement loué. Un bon juge m'a presque garanti le succès; attendons au mois d'août, et d'ici là n'y pensons plus.

1. Il s'agit toujours de Bernardin de Saint-Pierre.

XV'

PREVOST-PARADOL A TAINE

Mercredi matin, 10 décembre 1851.

Cher ami, je t'écris un peu pour l'acquit de ma conscience, car les lettres les plus innocentes doivent être interceptées. On dit ici que votre département est en feu. Ce n'est pas le Gouvernement qui le dit, ce qui fait qu'on le croit; car jamais mensonges plus nombreux n'ont été semés, ni mystification plus immense organisée par un gouvernement quelconque. Les hommes honorables que ce personnage a inscrits, à leur insu, sur la liste de sa fantastique commission consultative, en sont réduits à faire copier par leurs femmes et circuler dans Paris des exemplaires manuscrits de leur lettre de refus. Il n'y a de presse que pour deux ou trois misérables qui mentent à l'envi, et jamais pareil silence n'a étouffé plus d'indignation et de dégoût. Mais qu'importe tout ce passé, cher ami? Pensons à l'avenir, et laissons la justice au pas lent faire le reste.

La colère ne m'aveugle plus comme au premier jour, et je vois clair dans le grand mouvement qui nous emporte. Donner aux masses le suffrage universel, c'était d'avance courber la tête sous cet homme prédestiné que l'antiquité a bien connu et que tout peuple a tour à tour adoré sous le nom de bon tyran. Ici ce n'est point ses canons et ses cent cinquante mille brutes qui ont vaincu l'indignation publique, c'est l'inaction du vrai peuple, c'est l'indifférence presque symphatique des ouvriers, c'est le bruit lointain que nous entendions par avance des acclamations de la campagne. La partie éclairée de la nation a fatigué les masses de discussions et d'agitations incomprises, et les masses la font brutalement taire, en prêtant pour cela une irrésistible force à un viveur et à deux ou trois banqueroutiers. Pas de regrets inutiles. Nous sommes vaincus : ce qui ne sait pas lire a écrasé ce qui sait lire ; ce qui n'a besoin que des biens du corps a sevré de leur liberté ceux qui ont besoin des mouvements de l'esprit. Ils se vengent de notre mobilité, en nous imposant un repos stupide. Les Ilotes ont pris Lacédémone. Mais cet instrument du peuple sera brisé. Il comprend son rôle, il en est mystiquement épris : cela ne suffit pas pour le remplir. On a beau savoir qu'on ne sera qu'un socialiste conservateur appuyé sur le sabre ; on a beau se croire envoyé tout droit pour cette besogne du ciel en terre, par la Providence, comme disent ses proclamations : tout cela ne fera jamais que ce piètre illuminé ait résolu par inspiration subite le grand problème qui a usé toutes les lumières et tout le bon vouloir de la partie éclairée de la nation. Il ne conciliera pas miraculeusement le travail et le capital ; il ne déchargera pas miraculeusement l'agriculture sans écraser le commerce, les pauvres en exaspérant les riches ; il ne sera pas à la fois M. Thiers et M. Proudhon. Il faudra bien choisir ; et le jour où il aura choisi, il est perdu : il s'écroulera au milieu du ridicule et de la haine. Ceux qui lui pardonnent ou qui le louent aujourd'hui exagèreront alors ses crimes, et justice sera faite de la plus grande infatuation des temps modernes. Écris-moi tout de suite. J'attends.

A. P.

XVI

PREVOST-PARADOL A TAINE

17 décembre 1851.

Mon très grave ami, ce n'est ni un reproche ni une excitation à l'héroïsme, c'est tout simplement une circu-

laire que tu reçois en commun avec cent cinquante à
deux cents personnes ; c'est l'exécution religieuse d'une
volonté de M. Thomas, qui, en quittant la France avec
tout le dégoût que mérite ce grand peuple, comme on
l'appelle, m'a prié de répandre sa lettre, se doutant bien
que le Recteur ne l'enverrait pas au Ministre et voulant
cependant qu'elle produise son effet[1]. Voilà, cher ami,
toute l'histoire, et ta sérieuse lettre m'eût fait sourire, si
les malheurs publics n'occupaient avant tout ma pensée.

Mais puisque tu as soulevé quelques questions sca-
breuses, je les résoudrai avec franchise. Je ne te conseille
pas de donner ta démission et je ne la donnerai pas non
plus ; mais il ne faut pas pour cela faire de sophismes, il
faut s'avouer tout simplement qu'on n'est pas un héros, ce
qui n'a rien de blâmable. Mais justifier cela par de dou-
teuses raisons, dire que nous n'enseignons pas au nom
du Gouvernement, mais au nom de l'État, et faire ainsi
de l'État une pure abstraction, faire paraître cet enseignement insignifiant et s'en dérober à soi-même le côté
moral pour se donner le droit de le traiter légèrement,
tout cela n'est pas sérieux et doit être laissé à d'autres
que toi et moi. Il est parfaitement vrai que nous enseignons au nom de l'État, et il est indubitable que l'État
repose aujourd'hui sur la violence et le mensonge. Il
est aussi indubitable que, si nous vivions en un pays digne
de la liberté, nul fonctionnaire, ni toi, ni moi, ni d'autres,
ne consentiraient à servir un seul instant une bande de
traîtres, ou, comme l'on disait dans cette noble Angleterre,
au temps de Charles Ier, de délinquants. Mais je te le répète
et le confesse à la honte de notre pauvre pays, nous ne
sommes pas tenus de donner un inutile exemple, nous
que l'État tient à la chaîne d'indispensables appointe-

---

1. M. Thomas, professeur d'histoire à Versailles, rédacteur au
Journal des Débats et à la *Revue des Deux Mondes*, avait envoyé à
l'École normale une lettre annonçant sa démission et son exil volontaire, pour qu'elle fût copiée et répandue dans l'Université.

ments. Nous pouvons dans notre obscurité courber la tête, avec d'honnêtes gens, sous cette surprise de pirates ; ce n'est que pour un temps. Laissons aux forts ou aux habiles l'initiative des actions honnêtement bruyantes ; mais, pour Dieu, n'allons pas sophistiquer et disons tout bonnement que ce n'est pas là notre rôle.

Rassure-toi d'ailleurs, et ne va pas te croire surpassé par un Régulus, comme tu dis. M. Thomas n'est ni un héros ni un intrigant. Les apparences de l'acte sont héroïques, — car rien n'était moins probable qu'une destitution, — et quitter ainsi une position magnifique et pleine d'avenir — je parle des *Débats* et de la *Revue*, — des amis puissants, etc., quitter son pays et ses espérances pour aller courir l'Allemagne et l'Angleterre, ce n'est pas là un parti facile à prendre, et plus d'une âme forte en serait effarouchée. Mais M. Thomas est et veut être un homme politique. Rester dans son coin, quand M. Thiers est jeté à la frontière, quand la partie éclairée de la nation est traquée et insultée dans la personne de ses chefs, c'était abdiquer, c'était se faire uniquement professeur et renoncer à l'avenir. M. Thomas prend date, voilà tout ; seulement il le fait à ses risques et périls. Il attache son avenir à celui de la France ; il se relèvera, si sa patrie se relève ; il hypothèque sur une ruine et à longue échéance ; et voilà pourquoi je l'aime, je l'admire et je lui souhaite bonne fortune. C'est de l'audace et de la meilleure, c'est de la confiance et une noble confiance dans l'esprit national et dans l'avenir de notre pauvre pays, et je l'en remercie, et je voudrais avoir, moi chétif, un avenir à jouer d'un aussi grand cœur, quelque chose à confier à la fortune pour qu'elle me le prenne sans retour ou me le rende au centuple. Mais encore une fois ce n'est pas là notre rôle, et le prendre serait ridicule.

Maintenant, cher ami, un mot de reproche. Il ne t'est pas permis à toi, entends-tu, et je ne te l'accorderai jamais, d'écrire une phrase comme celle-ci : « Ce pouvoir, illégitime aujourd'hui, deviendra légitime dans huit jours, confirmé par six millions de suffrages. » Jamais, Monsieur, un personnage qui a trahi son serment et surpris un peuple par ruse ne sera légitimé. Jamais, entendez-vous, quand il arracherait à un nombre infini de lâches ou d'idiots la plus éclatante et au fond la plus puérile adhésion. Quelle est cette tourbe imbécile à qui tu accordes le droit de réformer le jugement évident de ta conscience et le pouvoir d'effacer une indélébile souillure? L'illégitime devenant légitime, quelle cacophonie est-ce, et que veut dire cette monstrueuse alliance?

Que tes bandes de la Nièvre te dégoûtent, je le comprends; mais qu'elles fassent tourner ta langue et hésiter ta raison, je ne le veux pas. Si tu étais ici, mon pauvre ami, tu verrais avec plus d'horreur encore la force au service de la fraude et des mensonges les plus impudents qu'ait endurés l'humanité; une mince, très mince poignée de condottières et de banqueroutiers, maîtres des destinées d'un grand peuple, et la France, décapitée de ses grands hommes et destituée de ses honnêtes gens, livrée sans ressource à l'idiotisme des basses classes et à la fourberie de quelques intrigants. Au nom du vrai Dieu, faisons de la science et ne touchons plus à ces ordures.

Tout à toi,
A. P.

XVII

PREVOST-PARADOL A TAINE.

24 décembre 1851.

Cher ami, hier, à midi et demi, M. Michelle m'a lu une lettre de M. Fortoul ainsi conçue : « Monsieur, le personnel actuel suffisant aux besoins de l'enseignement, j'ai décidé qu'il n'y aurait pas cette année d'agrégation pour les classes de philosophie. Veuillez dire aux élèves de l'École, qui se destinaient à cet enseignement, que je les autorise à se préparer aux agrégations des lettres ou de grammaire. »

Tu vois qu'il te faut devenir mon concurrent à l'agrégation des lettres. La pensée m'en fait trembler, mais je t'y engage de tout mon cœur. C'est pour toi une misère que cette agrégation, et elle ne te détournera guère de tes études philosophiques. Travaille donc et passe-nous sur le corps.

Tu connais sans doute la suspension de M. J. Simon à la Sorbonne et à l'École pour une bien belle leçon, où je lui ai vu plus de talent encore que je n'en soupçonnais en lui. Cet homme est né orateur. Il n'a manqué l'éloquence politique que pour s'être trop rapproché de celle de la chaire. C'est plutôt un prédicateur qu'autre chose. Mais quel feu, quelle voix, quel geste, quel naturel entraînant ! Il fut magnifique ce jour-là.

J'espère que tu as reçu ma réponse à ta complainte commençant par : Est-ce un reproche ? etc.... Je t'ai dit que c'était tout simplement une circulaire, que les devoirs de ce vaillant homme et les nôtres étaient différents, puisqu'il était quelque chose et que nous n'étions rien, etc. Enfin, je crois t'avoir calmé et convaincu. Réponds aux deux lettres à la fois, à moins que — et alors la surprise serait charmante — tu ne viennes passer huit jours à Paris. Si, par bonheur, il en est ainsi, je te dispense de toute réponse et je t'attends les bras ouverts.

Tout à toi,
Anatole.

XVIII

PREVOST-PARADOL A TAINE

14 janvier 1852.

Cher ami, je mutile le grand papier de l'École qui te ferait payer ma prose au double de sa valeur et j'entre en matière. Sache qu'en trouvant à la rentrée ta lettre à l'École, j'ai vivement regretté celle que j'ai laissée à Édouard. Sache encore que ce voyageur m'avait promis de la porter lui-même, et qu'il aurait adouci de ma part ce qu'elle pouvait avoir d'amer. Et sache enfin que je l'ai écrite, assez fâché de l'obstination de ton silence. Voilà pour la forme.

Quant au fond, qu'y pourrais-je changer? Tu définis le philosophe un homme que les circonstances n'ébranlent pas; soit, mais elles doivent l'instruire. Tu me dis que le droit au suffrage universel est indépendant de l'intelligence populaire. Je me souviens d'avoir soutenu cette thèse au collège et d'avoir été réfuté par toi. J'ai encore dans quelque coin une note écrite de ta main en rhétorique, où tu me rappelles au bon sens; où tu me dis avec grande raison que la France de Louis XIV devait obéir à Louis XIV et celle de 89 à la bourgeoisie, où tu t'appuies enfin sur ce principe, le seul vrai peut-être, que les droits ont pour source et pour mesure la nature et l'étendue des besoins. Qui l'a dit d'ailleurs, si ce n'est Spinosa, notre maitre? Et l'expérience lui donne raison. Demander, comme tu le fais, le suffrage universel pour les Russes, pour les Lapons, pour les Nègres ou pour les singes, c'est tout un, et c'est une folie qui n'a pas même l'honneur d'être logique. Car tu n'es pas de ces sages qui font de l'être un homme à part, et toujours et partout intelligent. Tu admets, comme moi, que de Lord Byron ou de M. Thiers à l'amant de la Reine Pomaré, il y a une lente et continuelle dégradation de l'espèce et que le dernier est plus près de la brute que de l'idéal humain; et tu veux que cette masse d'êtres inférieurs me fasse la loi, que ne pouvant s'élever, elle m'abaisse, que n'ayant pas mes besoins, elle me prive de mes jouissances, que n'ayant pas mes facultés, elle m'en interdise l'exercice; et tu couvres du mot de propriété cette domination contre nature qui nous attire en bas et fait du progrès à rebours! Donne une voix aux polypes, et ils voteront qu'on ne doit pas marcher, et je jure de ne pas me soumettre à leur loi. Quoi! voici dans ce malheureux pays une immense foule de laboureurs, d'artisans, de ce qui faisait le personnel de l'esclavage antique, qui, parce qu'elle ne sait ni lire ni parler, trouve superflues la presse et la tribune; qui, n'ayant pas le sentiment moral qui nous rend la liberté chère et indispensable, donne à un homme la toute-puissance, et je laisserais se faire patiemment cette mutilation de ma nature par ces Procustes hébétés! Non, pas plus que je ne laisserais ronger mes livres par les rats, qui, innocemment aussi, ne les trouvent bons qu'à être rongés, pas plus que je ne laisserais casser mes lunettes par un aveugle, mon peigne par notre camarade X*** qui s'en passe, ou mon pot à eau par X***, qui n'en a pas besoin. Est-ce violer le droit de la foule que d'agir ainsi? Nullement; elle a autant de droits que de besoins, le droit de vivre, de boire, de pratiquer la jouissance du code civil, don paternel de la classe éclairée fait à des mineurs de la nation. Mais ouvrir le monde politique à des gens qui ne savent pas lire, à qui la moindre notion de droit individuel est étrangère et qui vont droit au despotisme comme un âne au moulin, c'est, comme le dit le grand Balzac, lâcher un taureau dans la boutique d'un faïencier. Le droit ne l'exige pas et le bon sens s'y refuse. L'éducation du peuple est le vrai remède, dis-tu, et tu as raison. Mais en attendant, serai-je esclave, moi dont l'éducation est faite, et feras-tu attendre pendant des siècles par la classe éclairée ces traînards du genre humain? Et puis, est-ce une école que la servitude? Leur maître n'aura garde de les instruire. Qui peut d'ailleurs les apprivoiser à l'idée de la liberté, si ce n'est le spectacle de la liberté s'exerçant au-dessus d'eux, répandant sur eux ses bienfaits et leur donnant une place parmi les hommes libres du jour où ils en sont devenus dignes, et où l'on peut espérer d'eux qu'ils ne briseront pas tout et ne jetteront pas la liberté par la fenêtre? Voilà ce que nous donnait le gouvernement constitutionnel, et j'y retourne et je m'y tiens, et je crois bien que, d'ici à ma mort, fussé-je bien vieux, il sera encore temps, de par le bon sens, de m'y tenir.

J'ai vu About chez Édouard; il parlait d'aller en Grèce le 15 janvier, comme élève de l'école d'Athènes. Depuis, plus de nouvelles.

Il n'y a qu'un grammairien du xviiiᵉ siècle, c'est Le Batteux. M. Havet et les autres n'en voient pas après celui-là.

Voilà ton renseignement, que j'allais oublier. Nous travaillons médiocrement, nous attendant à être licenciés soit par un décret, soit par la loi organique de l'enseignement, qui va bientôt paraître.

A toi de cœur.

A. P.

XIX

PREVOST-PARADOL A TAINE

1ᵉʳ février 1852.

Cher ami, ma lenteur a dû exercer ta patience. Tu as dû deviner qu'elle est parfaitement involontaire et que des tracas de toute sorte en sont la seule cause. Ce n'est pas non plus, ô raisonneur, l'embarras de vous réfuter; dès le premier jour j'y avais renoncé, effrayé un peu de l'appareil menaçant de tes démonstrations et persuadé surtout de l'entière inutilité d'un tel débat. L'état moral d'un peuple en enfance, l'évidence de la nécessité, le cri du bon sens me semblent des choses trop sérieuses et, pour ainsi dire, trop implacables, pour souffrir ce jeu délicat de l'argumentation métaphysique. Sache cependant, en passant, que les quelques droits que tu réserves entre parenthèse et que tu soustrais à la grande bête suffisent, si tu les reconnais, pour qu'on en déduise logiquement les libertés qu'on nous a ravies. Ni la liberté individuelle, ni la liberté de conscience ne peuvent exister sans les garanties que les peuples les plus sots savent prendre contre le pouvoir absolu et que ce peuple a jetées dans la rivière. C'est par le manque de ces choses nécessaires à la vie la plus étroite que ce peuple rudement corrigé reviendra au bon sens et au respect du droit individuel. Le vague de nos théories l'a perdu; on lui a trop parlé de liberté et pas assez de ses libertés, de droit en général et pas assez de ses droits. Il apprendra par expérience ce qu'il ignore à nos dépens, et comprendra que c'est payer bien cher le plaisir d'être niveleur un seul jour que de se faire esclave pour la vie.

Les bruits les plus contradictoires courent ici sur l'École et sur l'Université. Tantôt cet homme doit décentraliser complètement l'enseignement et laisser aux départements la tutelle et la charge de leurs collèges; tantôt il doit faire une Université plus forte et plus impériale que jamais et faire de nous des fonctionnaires à peu près aussi libres que des sous-lieutenants, tantôt enfin tout abandonner au clergé. Quel que soit le plan qui prévale et décide de nous, il est certain que notre triste métier va s'enlaidir encore et demander de nous un dévouement de plus en plus surhumain. J'ai eu comme une vision de cet avenir; je me suis vu en province, pauvre, opprimé, et j'ai juré qu'on ne m'y prendrait pas. Dans l'espoir, où nous avons vécu plus de quinze jours, que le licenciement de l'École allait nous rendre notre liberté, je me suis mis en campagne, cherchant quoi? Une place modeste qui me donnât, avec fort peu d'argent, le temps de faire tout doucement mes thèses pour le jour lointain où l'Université redeviendrait habitable. Ai-je trouvé? Pas encore. Trouverai-je? Je l'espère, et si je trouve, je pars. Cependant les personnes qui m'aident

dans mes recherches voudraient que, dans le cas où
l'École resterait debout jusqu'au mois d'août, j'attendisse
ce terme pour partir plus naturellement, que, dans le
cas où l'agrégation subsisterait encore, je tâchasse d'être
reçu pour partir muni d'un titre. Tout cela est sage ;
mais si je suis refusé, comme tout me l'annonce, mon
départ aura l'air d'un dépit ou d'un mouvement de tête
— Mais, Anatole, vous serez reçu, en travaillant beaucoup,
et, pour six mois d'attente, c'est une belle compensation.
— Mais, Monsieur… — Mais… — Voilà huit jours que
cela dure ! Bref, je travaille d'une main en cherchant de
l'autre, comme les juifs qui bâtissaient Samarie, et je ne
désespère pas du tout de te dater, avant un mois, mes
lettres d'ailleurs que de l'École normale.

Tout à toi,
A. P.

XX

PREVOST-PARADOL A TAINE

21 février 1852.

Mon cher ami, pardonne-moi d'avoir tant tardé à t'écrire :
je suis fort tourmenté et si malheureux que j'ai à peine
le courage d'en parler à mes amis. Mon père va mal et
me donne de vives inquiétudes ; j'ai des ennuis du dehors
par-dessus l'ennui général de l'École qui me pèse plus
que jamais. Je n'ai pu m'en dépêtrer encore. La loi qu'on
nous prépare et qui ne peut manquer de ressembler à la
loi sur la presse, va me venir en aide pour persuader
mes amis de la nécessité absolue de me tirer de là. En
attendant, je végète. Le travail languit, et d'ailleurs je
n'en ai jamais connu de plus rebutant que celui de cette
année. Les explications et argumentations me donnent
beaucoup plus sur les nerfs que n'avaient jamais fait

thèmes grecs et vers latins. Il y a de quoi rendre fous ceux que ce régime n'abrutit pas. J'y vois prospérer certains esprits dont la vigoureuse santé dans une telle atmosphère est pour moi un signe certain que ce milieu me sera mortel. Je voudrais bien sauver à la hâte, par des études plus libérales, ce qui me reste d'intelligence, le peu de force et d'élévation d'esprit qui a jusqu'à présent échappé.

En attendant je suis mécontent de moi et de l'univers. J'ai ici un trésor dont j'abuse. C'est Gréard, mon refuge; je suis toujours pendu à son bras. Je l'étourdis de mes lamentations et de mes châteaux en Espagne, et je ne parviens pas encore à lasser sa patience et son amitié. Nous passons en proverbe à cause de notre sauvagerie croissante et de notre inaltérable intimité. Hors lui et par intervalle Levasseur, je ne vois ici personne; mais je n'ai pas avec Levasseur ce lien de l'affligé au consolateur, qui fait d'Octave et de moi une seule âme.

Le numéro du 12 février 1852 de la *Revue de l'Instruction publique* contient un article sur la réception de M. de Montalembert à l'Académie française. L'auteur t'est très connu. Il en fera d'autres.

Tout à toi,
A. P.

XXI

PREVOST-PARADOL A TAINE

Vendredi, 20 mars 1852.

Tu as dû, cher ami, recevoir le numéro de *l'Instruction publique* que je t'ai envoyé. Tu y as trouvé, outre mon article, une bibliographie du programme qui a dû t'être utile. Elle répond complètement à la question de ta dernière lettre. Seulement, je te dis en confidence que le plan d'études proposé par le Ministre au Conseil de l'Université et que l'on peut considérer comme définitif a mis à vingt-cinq ans l'agrégation qui, sous le nom d'agrégation des lettres, comprend l'histoire, la rhétorique et la grammaire, les trois agrégations n'en faisant plus qu'une. Si cela passe, et cela passera, l'enseignement en souffrira; mais non pas toi qui es spécial en tous les genres et qui écraseras tous ces candidats dépaysés.

Maintenant parlons de moi. Je t'écris de chez mon père, bien que ce soit un vendredi. Et pourquoi? — C'est que j'ai un congé. — Et pourquoi? — Parce que j'ai des migraines et des attaques de nerfs. (Il te semble qu'il n'y a plus de questions à faire, mais poursuis, je t'en prie : les réponses t'amuseront.) Et pourquoi, Anatole, avez-vous des migraines et des attaques de nerfs? — Parce que j'ai besoin d'un congé pour régler mes affaires. — Et quelles affaires d'homme occupé? — C'est que je veux quitter la caserne et le vilain champ de bataille où elle conduit. — Ah! grand Dieu, âme universelle, vous désertez? — Oh que non, je vais me promener, prendre l'air, pendant que la peste dépeuplera l'Université et donnera la courante à mes collègues. — Vous ne donnez donc pas votre démission? — « Il ne faut jamais donner sa démission » : belle maxime qu'on m'a apprise, il y a huit jours, et que je retiens. — Comment donc, ô Anatole, vous tirez-vous de la galère? — Un congé, cher philosophe, un congé. — Et après? — Une mise en disponibilité jusqu'à nouvel ordre pour maladie grave et durable. — Soit, mais pendant que vous serez à la diète, comment manger assez pour bien vivre, comme vous en avez besoin? — Un traité, mon ami, un traité. — Quel traité? Résolvez vos charades. — « Entre les soussignés Louis-Christophe Hachette, etc., et Prevost Lucien-Anatole, élève de l'École normale, rue du Cherche, etc., a été convenu ce qui suit. Le pauvre jeune homme fera un gros volume

intitulé : *Revue de l'histoire universelle*, avec quelques
faits et force considérations générales. Il a, pour pondre
cet œuf, treize mois ou moins, s'il le peut, et le premier
de chaque mois, il touchera deux cent cinquante francs,
jusqu'à ce qu'il en ait touché (et dépensé hélas!) trois
mille. Après quoi, sa prose appartiendra au sieur Hachette
qui, si Anatole reste un pauvre diable, n'y perdra rien —
ce livre faisant partie d'une collection et se vendant de
force —, et qui, si Anatole devient un personnage, y
gagnera énormément, ce livre devenant quelque chose et
restant toujours sa chose. Il est sous-entendu, mais très
entendu, que lesdits Hachette et Prevost exerceront toutes
les influences dont ils peuvent abuser pour faire couronner
ce livre à venir par l'Institut, comme utile aux mœurs. »

Que les mœurs me seraient utiles, si j'étais proclamé
utile aux mœurs! En attendant, priez pour moi, cher sage,
que cette année de sérieux travail se passe bien, qu'elle
soit fructueuse et honorable, et que ton pauvre ami se
trouve bien de sa résolution décisive! Il te serre la main
et attend de toi des encouragements et des conseils,
ô historien!

A. P.

XXII

PREVOST-PARADOL A LUDOVIC HALÉVY

5 mai 1852.

Mon cher Lud,

J'ai reçu de toi une bien charmante lettre. Tout l'esprit
que tu y as dépensé te devrait être payé au poids de l'or.
Cela viendra, je l'espère bien. En attendant, je ne puis que
te remercier de penser à moi, quand tu t'ennuies. Cet
ennui-là est bien fécond en choses spirituelles et m'a valu
un bien délicieux moment.

13

En récompense, je t'annonce une bonne nouvelle. J'ai vu ce matin M. Flourens, et je ne m'en repens pas. Il n'y a que trois réservés sur vingt-cinq[1]. M. Flourens tient à honneur d'avoir voté ma réservation — pardon du mot —, et, avec force compliments, il m'a donné bon espoir. Mon imagination est montée de suite à cheval, et, si je n'ai pas le prix, c'est l'histoire du pot au lait.

Priez pour moi et aimez-moi toujours.

ANATOLE P.

XXIII

PREVOST-PARADOL A GRÉARD

Mardi, 25 mai 1852, 5 heures 1/2.

Mon cher ami, que le gros Levasseur se réjouisse, et toi aussi! Porte-lui ce bout de papier. La bataille est gagnée. J'arrive de l'Institut : j'ai *le prix tout seul*, tu entends bien, *tout seul*. Je t'embrasse de tout mon cœur. Donne à Gaucher[2] la nouvelle, avec mes amitiés. Le voilà enfin instruit, le curieux compère! Il l'a bien gagné. Je t'embrasse.

A. P.

Je vais jeudi à la réception de M. A. de Musset. Si tu es en état de me faire dîner au Palais-Royal, écris-moi et donne un rendez-vous : j'ai douze sous à moi.

---

1. Concours sur l'Éloge de Bernardin de Saint-Pierre.
2. Maxime Gaucher qui, pendant les dix dernières années de sa vie, a rédigé la chronique littéraire de la *Revue bleue*.

XXIV

PREVOST-PARADOL A TAINE

21 juin 1852.

Mon cher Poitevin, je viens de relire une lettre de toi, du 2 juin, à laquelle j'ai eu l'infamie de ne pas répondre encore, et j'en serais tout honteux, si je n'avais pour excuse que je n'ai vraiment rien à te dire. Mon prix dont tu me parles fait pour moi partie de ce passé, qui est comme s'il n'avait jamais été, et le présent n'a rien de gai. Je viens d'être un peu malade, moitié du temps et moitié d'une vive contrariété, comme on en rencontre par douzaines dans la vie : mais il est dit que notre diable de nature ne peut s'y faire et geint toujours. Bref, âme et corps relèvent en moi de maladie et vont fréquemment se refaire au Jardin des Plantes, dans la contemplation de mes chères bêtes et de mes beaux arbres. Le travail marche au milieu de tout cela d'un pas boiteux, mais il marche.

Je voudrais, cher ami, déterrer un sujet de thèse et passer; il faut que je sois docteur avant un an et que, dans trois ou quatre ans, j'aie l'air de l'avoir été toute ma vie. Mais, pardieu, que prendre? Je veux : 1° La littérature française ; 2° Un homme ; 3° Le XVIIIe siècle ; 4° que ce soit court. Je délibère, mes amis cherchent, et j'attends.

Pour toi, cher ami, la tienne est envoyée, me dis-tu ; mais je n'en ai pas de nouvelles. Si tu le permettais, j'en parlerais bien à M. Garnier[1] et je serais au courant. C'est un homme très aimable. Mais le meilleur des hommes est bien certainement M. Geruzez, qui est pour moi d'une bonté extraordinaire, et à qui je le rends de mon mieux. As-tu lu mon éloge de son livre dans la *Revue de l'Instruction publique*? Il en a été bien content, et moi aussi, à cause de lui.

1. Professeur de philosophie à la Faculté.

Quoi de neuf de ton côté? Les retenues maintiennent-elles tes petits drôles? L'ordre règne-t-il à Poitiers? Mon cher ami, je tourne de jour en jour à l'indifférence. La vie est un néant; nos plaisirs et nos douleurs, d'imperceptibles mouvements dans une goutte d'eau, et le tout ne vaut pas la peine qu'on s'en occupe, même pour faire des thèses. Au reste, la conviction de ce néant de nos individualités, la pensée de l'infini auquel nous aspirons tous et qui nous avalera tout à l'heure, c'est le *Suave mari magno*; c'est, pour le philosophe, la confession et la confirmation réunies.

A toi de cœur,
A. P.

XXV

PREVOST-PARADOL A TAINE

30 juillet 1852.

Mon cher ami, je t'écris, un peu triste, mais nullement découragé de ce qui nous arrive. J'ai là ta thèse sur mon bureau, je viens de la lire, et je te dis avec toute l'admiration et toute la bonne foi imaginables : il fallait s'y attendre. Ni le moi étendu, ni le moi nerveux, ni le moi cérébral, ni rien, en un mot, de ce qui fait la science véritable ne peut avoir droit de cité à la Faculté, surtout avec un passeport aussi sincère, aussi clair, aussi énergiquement adéquat au porteur que ton style.

J'ai retrouvé mon Taine de l'École, celui que je ne peux lire sans reconnaître une partie de moi-même. Tu es mon sens philosophique; tu as digéré le Spinosa que j'ai lu, et tu me le rends par tous les pores.

Mais encore une fois, cher philosophe, comment as-tu pu croire un instant faire supporter cela à nos maîtres? Comment as-tu pensé que tes analyses exactes, claires et concluantes, que ce que tu appelles avec raison tes expériences, feraient adopter de force la cynique vérité de tes résumés et de tes conclusions [1]?

Le mal que signale ton Introduction est vivace; la psychologie doit confirmer leur métaphysique, ou ils la nient. Et est-il possible qu'il en soit autrement? « Messieurs, dit Galilée, je ne fais pas de religion, je fais de la science, j'observe et je vous déclare que la terre tourne.... » Si la terre tourne, malheureux, la Bible a menti; va en prison.

C'est ton histoire, cher ami, et elle est aussi vieille que le monde. Invoquer le fait contre un système régnant, c'est être coupable deux fois : si vous n'opposez qu'un système, vous êtes réfutable; si vous opposez un fait, vous exaspérez. Tu n'auras pas même eu cet honneur, mon cher maître, car iis ne t'ont pas compris. Ce n'est pas à cinquante ans que l'on change de point de vue, même pour un instant, et de leur place notre harmonie n'est qu'un chaos. Qu'importe, après tout? Il te reste un livre, de la jeunesse, l'habitude du travail et, si j'en crois mes espérances, quelque chose de plus que du talent.

Nous les vaincrons, je te le jure. Mais, pour Dieu, du courage et du sang-froid. Après avoir eu trop d'audace, n'aie pas trop de découragement. Il faut patienter et s'exercer, voleter en attendant que l'espace s'ouvre aux larges ailes, manger ton cœur quelques années. Je te supplie de deux choses : l'une, c'est de préparer une thèse littéraire plus qu'inoffensive et de paraître avoir renoncé à la philosophie; l'autre, c'est de faire de la philosophie plus que jamais et de te préparer à la liberté. Je te parle ainsi dans l'hypothèse que tu as absolument besoin de l'État pour vivre. Si, par bonheur, tu peux t'affranchir, viens t'enfermer ici à Babylone et sape dès demain leur Jérusalem. Mais, de toute façon, point d'imprudence.

Je ne te parlerais pas tant de toi-même, si je n'avais eu vaguement de mauvaises nouvelles sur l'état de ton

1. Le sujet de la thèse était *la Sensation*.

esprit. Cet esprit-là est à nous tous, et il faut le garder, brillant et tranchant comme notre meilleure épée.

Le mien, cher ami, s'épuise et s'amoindrit, moins encore par l'effet d'un fastidieux travail que par les frottements douloureux et continus de la vie. Nous sommes tous, cher ami, comme ces délicats instruments des cabinets de physique qu'on emploierait tout à coup à raboter des planches ou à tailler des pierres. L'École nous a gâtés. Tenons ferme pourtant; persévérons dans l'être, et agrandissons-nous.

A toi de cœur,
A. P.

XXVI

PREVOST-PARADOL A LEVASSEUR

Mardi, 19 octobre 1852.

Mon cher ami, ta lettre m'a d'abord bien attristé. Je t'ai vu seul et malade dans un hôtel de province, et j'ai pensé que Gréard et moi nous étions très semblables aux Juifs dispersés après la destruction du temple[1]. La fin de ta lettre m'a un peu consolé et je crois que tu es maintenant raffermi sur ta base et aussi solide que jamais de corps et d'esprit. C'est à mon tour d'être en ruine, et tu rirais, selon ton impitoyable habitude, si tu me voyais depuis hier emmailloté et ne montrant à un grand feu que le bout de mon nez, le tout sous prétexte d'un rhume de cerveau, mon supplice de tous les automnes. Je n'ai dans mon infirmité aucune de tes consolations, ni une classe à faire, ni de petits drôles à moraliser, ni un avancement rapide à espérer tous les huit jours.

Et à ce propos, je vais te donner le secret de ton avan-

---

1. Au sortir de l'École normale, Levasseur avait été envoyé à Alençon, Gréard à Metz.

cement. Vous avez été tous mal placés faute de chaires convenables, mais placés selon votre rang de sortie, et on a l'intention de vous élever par degrés, quand des vides le permettront. Gréard est sorti le premier de l'École, tu es le second, et ainsi de suite; Belot est, je crois, le dernier des littérateurs, et de là, son exil à Blois; Gaucher a la place de Taine qui prend un congé. Ordinaire, Duvaux, Lalande ne sont pas encore casés, et voilà l'état des choses. Bénis donc notre heureuse étoile et l'impartialité bienveillante de l'administration envers les deux survivants de notre triumvirat. On attend ici des révolutions dans le personnel de l'École. Les professeurs de grec, de français, vont être réduits; on ne sait qui partira.

Après les affaires universitaires, viennent les miennes, moins brillantes encore. Je suis dévoré par une sorte d'oisiveté occupée qui chasse le travail. Lettres à écrire, visites à faire, caprices à satisfaire, devoirs de toutes les couleurs à remplir; en un mot, tout le menu tracas de la vie m'agite de la façon la plus stérile. Je passe des empêchements de la maladie aux distractions de la santé. Où sont nos bonnes longues études de l'École, ce laborieux loisir que tu vas retrouver en province et que je poursuis? Mets à profit ton temps d'exil, mon cher historien, et enferme-toi, envers et contre tous, dans ta petite chambre qui donne sur la place d'armes.

J'ai assisté, sur les estrades du Gouvernement, à la fête du 16 octobre. Il n'est rien de tel que le défilé de la cavalerie par un beau temps.

A. P.

XXVII

PREVOST-PARADOL A ERNEST HAVET

25 octobre 1852.

Monsieur,

Votre lettre si bienveillante m'a fait un plaisir d'autant plus vif que je partage entièrement votre avis sur la philosophie de Bernardin de Saint-Pierre. Croyez qu'il fallait la contrainte absolue du genre pour m'imposer l'indulgence envers un tel système. Aussi me suis-je attaché surtout à ce que je pouvais louer sans malaise intérieur, au naturalisme de Bernardin, à son humanité, à son amour de la paix, à tout ce qui est de notre temps et de l'avenir. Mais, dans une étude libre sur Bernardin, j'aurais été heureux de montrer comment l'application du système chrétien à l'étude de la nature conduit fatalement à la négation de la science, à des explications puériles, à une sorte de résignation béate. J'ai dû glisser sur les questions sérieuses et me jouer longuement sur les banalités, pour plaire à l'Académie. Que la philosophie me le pardonne; j'espère lui donner un jour sa revanche.

Je suis vivement touché, Monsieur, de l'intérêt que vous prenez à mes travaux à venir. Ce que vous me conseillez, je l'ai depuis longtemps résolu, et je n'attends qu'une certaine réunion de circonstances favorables pour entreprendre quelque sérieux travail, plus éloigné de la rhétorique et plus voisin de la science. Mais je dois avant tout achever un gros volume que vous me pardonnerez d'avoir commencé, lorsque vous saurez que la nécessité me l'a imposé au sortir de l'École. C'est une sorte de discours sur l'histoire universelle au point de vue moderne, une vue générale de tout ce qui s'est passé dans le monde jusqu'en 89. Encore ne suis-je pas entièrement

libre, M. Hachette destinant ce travail à former le dernier
volume d'un cours d'éducation supérieur pour les filles ;
ce volume pourra cependant s'en détacher, à l'usage de
tout le monde. Bien que je m'appuie sur des faits, je sens
encore que je fais œuvre de rhéteur, et j'ai hâte d'en
finir. Être délivré de ce long travail, m'en tirer sans
trop de honte, me faire recevoir docteur et, une fois
établi, grâce à ce titre, dans quelque position supportable où le travail soit possible, entreprendre un ouvrage
sérieux, honorable pour moi et utile pour les autres,
voilà, Monsieur, toute mon ambition, voilà ce qu'il faut
me souhaiter, lorsqu'on me porte, comme vous, un intérêt sincère et vraiment digne de ma reconnaissance.

Veuillez agréer, Monsieur et cher maître, avec mes
bien vifs remerciements, l'assurance de mon respect.

A. Prevost-Paradol.

XXVIII

PREVOST-PARADOL A GRÉARD

28 octobre 1852.

Je vis, cher ami, depuis ton départ, au milieu d'un
incendie et je ressemble à un chercheur de pierre phi-
losophale. Je saurai, le 15 novembre, si je l'ai trouvée.
Ouvre ici de grandes oreilles et tâche de comprendre
l'énigme : M. Geruzez ne succède pas à M. Villemain, par
conséquent je n'ai plus l'espoir de succéder à M. Geruzez. Nous causions de ce changement dans notre avenir,
quand il m'annonça que M. Rosseeuw Saint-Hilaire, à la
fois professeur à la Sorbonne et professeur de littérature
française à l'École polytechnique, abandonnait cette dernière chaire ; que M. de Loménie, son répétiteur, lui
succéderait sans doute, et que la place vacante de M. de

Loménie me conviendrait à merveille. Bref, il m'enflamme, et depuis cinq ou six jours, me voilà candidat avoué et actif pour la place de répétiteur au cours de littérature française à l'École polytechnique. Si j'y arrive, je pourrai dire que l'enfer est le chemin du paradis, car ces cinq jours sont les plus agités de ma vie.

Figure-toi ton pauvre ami courant, de six heures du matin à minuit, à pied, en voiture, à cheval, d'un bout de Paris à l'autre, du jardin des Plantes à Passy, de la rue de l'Est à la rue Montaigne, etc., voyant dix personnes par jour, posant, parlant, souriant, faisant l'homme mûr, venant dîner ici, en toute hâte, repartant jusqu'à extinction de vie, mêlant le monde, les affaires, l'amour et l'amitié, à demi mort et accusé d'une voix unanime de négliger l'amitié, l'amour, les affaires et le monde. Voilà le brasier dans lequel ce bon M. Geruzez m'a jeté tout vif, et avec toutes ces allées et ces venues, avec tous ces saluts, avec des protections innombrables, j'ai grande chance d'être poliment écarté comme trop jeune ou comme ami du gouvernement parlementaire. C'est un nouveau tour de roue de ma destinée que cette place, si elle m'arrive. On la dit de trois mille francs. Attendons la fin, et du courage ! C'est en finissant mes lettres, cher ami, que tu apprendras à fredonner le *Suave mari magno*. La tempête a aussi ses charmes et ses beaux moments ; je te les conterai, quelque jour, au coin d'un bon feu. Le vrai tort de l'orage, c'est de laisser à peine le temps de faire signe de loin à son ami qu'on vit encore et qu'on l'aime plus que jamais.

ANATOLE.

XXIX

PREVOST-PARADOL A GRÉARD

24 novembre 1852.

Cher petit Octave, rien n'est décidé, mais je suis f...., ou à peu près. Je te demande pardon de mon style militaire, je me suis cru un instant à l'École polytechnique. Figure-toi que cette infernale affaire, qui m'a mis sur les dents, ne sera guère vidée avant quinze jours et probablement contre moi. Je me repens, soit dit entre nous, d'avoir compromis en une si forte mêlée mon pavillon jusqu'ici sans blessure. MM. Caboche, Maurice Meyer, de la Faculté de Poitiers, peut-être Franck lui-même, Du Cellier, de Versailles, Demogeot, de Saint-Louis, font concurrence à M. de Loménie, qui resterait répétiteur, si on lui barrait la chaire. MM. Du Cellier, déjà nommé, Besnault, notre petit bouquiniste de l'École normale, Étienne, de Versailles, me font concurrence, si M. de Loménie est nommé. De là une grande incertitude.

J'ai vu en revanche la plus curieuse galerie en faisant mes visites officielles. Au conseil de perfectionnement, j'étais en général bien reçu et pris très au sérieux, ce qui m'étonne toujours, moi qui ne peux me regarder sans rire. J'ai donc soutenu mon personnage et considéré respectueusement cette série de puissances, que je te dépeindrai à notre prochaine rencontre. Quoi qu'il arrive, j'aurai tiré de cette chasse fatigante une preuve de plus de la bienveillance générale qui accueille, à Paris, la jeunesse, accompagnée des dehors du mérite. Ceux qui maudissent la société ressemblent à ceux qui maudissent la tribune ; c'est qu'ils ne savent pas y monter et s'y tenir. Moi qui connais ma paresse, mon peu de valeur, je vis sur mon succès d'Académie. Il n'est porte qui ne s'ouvre, figure qui ne se fasse aimable, bienveillance qui ne se montre, lorsque j'arrive. Si, au lieu d'être dévoré par la vie, je faisais activement un gros livre, tout me serait ouvert avant deux ans. Fais donc une bonne thèse, mon cher Octave, et viens te battre avec nous dans ce pays des bonnes occasions et des heureuses aventures. Mais travaille avant de venir; car, à moins de vivre, comme mon héroïque Taine, enfermé dans un triste hôtel garni, il est impossible de n'y pas être consumé comme dans un feu de paille.

T'ai-je dit l'étonnante bonne volonté de M. Michelle pour mon succès? Il m'a bien plus étonné hier. Nous parlions des prétentions fort peu raisonnables du petit Besnault, et je disais que si, par impossible, il m'enlevait la répétition de l'École polytechnique, j'hériterais volontiers de la bibliothèque de l'École. M. Michelle me répondit qu'en cela il ne pourrait me seconder, parce qu'il avait déjà pensé à cette place pour un homme qu'il serait heureux d'attacher de plus en plus à l'École et qui gagnait trop peu de chose pour ses charges et pour son mérite, en un mot, pour M. Chéruel. Et moi de m'extasier, de le remercier avec une effusion bien sincère et d'ajouter, ce qui est vrai, que je me désisterais pour Chéruel de toute espèce de candidature à toute espèce de place! Mais que dis-tu de M. Michelle? Ne l'avons-nous pas un peu mal jugé?

J'ai dîné vendredi, chez M. Garnier, avec une société fort de mon goût; mais la vraie bonne fortune, c'est le grand Renan, avec qui un quart d'heure de causerie m'a lié pour longtemps, je l'espère. J'irai le voir à sa bibliothèque. J'ai dîné dimanche chez Guiffrey et j'ai retrouvé M. Galuski, catholique et savant consciencieux, fin jeune homme, qui me dit en parlant de Renan, « ennemi personnel du Christianisme, que le respect chez lui tempérait la colère ». En somme, une attrayante connaissance que je cultiverai, s'il plaît à Dieu. Nous causerons de tout cela plus tard.

Hier j'ai passé ma soirée, de sept à dix, dans un tête-à-tête intéressant avec M. Cousin. La séduisante créature! Comme il accouche les esprits, comme il peint ce qu'il sait! Il m'a raconté sa Longueville, ses découvertes, son Condé; il m'a joué le xviie siècle, les Carmélites. Je l'ai suivi, excité, et nous avons visité ensemble le ciel et la terre. A quoi n'a-t-il point touché et que ne sait-il embellir? Par bonheur il me goûte fort et me presse toujours de revenir. Je n'y manquerai pas; je lui veux arracher ma théorie du roman, à l'usage d'un article dont le plan a été accepté à la *Revue des Deux Mondes*. Mais quand le ferai-je? je l'ignore. Voilà des siècles que je n'ai écrit.

A toi de cœur,
A. P.

P.-S. — J'ai assisté au pansement, à l'hôpital Necker. Le cœur m'a manqué, comme à l'École, te rappelles-tu? Mais je m'y ferai. J'ai vu et je te dirai des choses horribles, mais simples et nécessaires.

Il n'y a rien à lire à Paris, sauf les *Débats* et la *Revue des Deux Mondes*. La *Cabane de l'Oncle Tom*, qui fait tant de bruit, est à parcourir : livre utile sur l'esclavage, mais puritain et monotone. Guette le *Journal des savants* : il va y paraître un *Charles-Quint* de M. Mignet, un chef-d'œuvre, dit M. Cousin.

XXX

PREVOST-PARADOL A GRÉARD

22 décembre 1852.

Il faut que tu trouves moyen, cher ami, de nous voir longuement au jour de l'an, moi, Levasseur et ce bon Chéruel qui tous les jours me parle de toi. Il faut au besoin prendre huit jours de congé et te retremper ici contre le retour.

Ce n'est pas qu'ici, cher Octave, la vie soit de rose, ni que j'y sente moins vivement que toi le vide de notre séparation. J'y ai, de plus que l'exilé de Metz, de constantes inquiétudes sur mon avenir, des alarmes perpétuelles sur mon père qui n'a jamais été si malade et l'accablement d'un travail forcé qui me fait paraître aux yeux du monde négligent de mes devoirs, lorsque je ne les ai jamais remplis avec plus d'acharnement. Écrire l'histoire du matin au soir, courir chez Chéruel chercher des conseils, des renseignements surtout et des plans, enfin des secours sans lesquels je ne ferais que des choses pitoyables; me sentir, malgré ces efforts désespérés, débordé par le temps et menacé par la pauvreté au moment même où je vais peut-être prendre la place et le fardeau de mon père, tout cela, sans me faire perdre la tête, me la remplit de noires images et me rend la vie insupportable. J'y perds la douceur ordinaire de mon caractère; je suis injuste, je m'aigris, et l'effet inévitable de cette abominable vie se fait sentir à ceux que j'aime.

J'en suis à la *Querelle des investitures*; mais j'ai beau tout dire, ces feuilles, à trente-deux grandes pages chacune, dévorent le monde, et j'aurai fini avant d'avoir barbouillé les deux tiers du nombre convenu. Je prévois de grands ennuis de ce côté. J'ai planté là la *Revue de l'Instruction publique* faute de temps, et j'ai remis à l'été prochain mon entrée à la *Revue des Deux Mondes*. Voilà ma vie, si cela s'appelle une vie. Ce ne sont pas des distractions nouvelles que le monde m'offre, mais des obligations rigoureuses. C'en est une nouvelle que les vendredis de Mme Geruzez. J'ai manqué le dernier et je ne puis recommencer. J'espère bien voir là M*** et ce qui s'ensuit, et parler un peu de mon Octave, qui me manque terriblement, quand je me sens si malheureux!

M. de Loménie échoue. M. Havet va être décidément

nommé. Ainsi plus de vacances à remplir, à moins que
M. de Loménie ne se pique jusqu'à une démission, et
alors j'ai des chances. Mais je n'ai pas même le temps d'y
penser. Je t'attends ici, travaillant et gémissant. Si tu es
capable de pitié, tu viendras ici avant le 2, et tu ne t'en
iras plus jamais.

A toi de cœur,
P. P.

XXXI

PREVOST-PARADOL A GRÉARD

Jeudi matin, 10 mars 1855.

Mon cher Octave, tu te souviens sans doute que, le
1er mars, je devais toucher mes derniers deux cent cinquante francs d'*Histoire universelle*. Je pensais donc tristement à entamer le prix de l'Académie, quand M. Rodrigues perd sa fille. — Eh bien après? Quel rapport entre ce
deuil et ton budget? — Lorsque j'avais quitté l'École,
M. Rodrigues m'avait prié de me charger de ses deux fils
(seize et dix-sept ans). Je lui avais conseillé de les laisser
chez M. Bellaguet. Cette fois cet excellent homme, qui ne
vit que pour ses enfants, refuse absolument de les quitter et me fait prier par son beau-frère de leur donner
une leçon par jour, me laissant maître absolu et unique
de toute cette affaire.

Mon acceptation immédiate fut considérée comme un
service d'ami; et, depuis le 20 février, j'y vais tous les
jours, de trois heures et demie à cinq heures et demie,
ayant à me débattre pour ne pas dîner chaque fois, écouté
en oracle, aimé de tout le monde et prenant un plaisir
véritable à meubler de bonnes idées ces jeunes têtes. Je
crois que je le ferais pour rien maintenant, mais chacune de mes causeries me vaut dix francs, ce qui remplace

avantageusement le payement mensuel de mon *Histoire*.
Mes deux camarades — car nous avons continué à vivre en
camarades — ont l'un une intelligence ordinaire et un
peu lente à mon gré, l'autre un esprit vraiment vif, curieux
et distingué, tous deux un excellent cœur et une vive
affection pour moi. Je les ai jetés dans l'antiquité par les
grands livres, nous lisons de l'*Hérodote*, du *Tite-Live*, etc.,
et, chemin faisant, ils apprennent bien des choses avec
un plaisir et des étonnements qui m'amusent. Je ne
comprends pas qu'on nous ennuie si stérilement au collège, quand il est si aisé de nous plaire en développant
notre esprit et en excitant notre appétit pour les bonnes
choses; on peut devenir instruit, comme on devient gour-
met, mondain, sensuel. Le bien tente aussi vivement
l'homme que l'inutile et le dangereux. Je suis bien sot
de prêcher là-dessus maître Octave, qui sent tout cela
mieux que moi et qui sait ce que vaut notre chère,
vigoureuse et souple nature humaine, instrument magnifique pour qui peut en jouer.

Et ton livre, malheureux? N'est-ce pas que tu y penses,
en me voyant épris d'autre chose? De ce côté aussi, il
y a du nouveau. M. Hachette a désiré en lire quelques
passages. Je lui ai donné deux feuilles, sans lui cacher
que je ne m'occupais plus du nombre de feuilles, depuis
que j'avais reconnu que les proportions ne s'en accom-
modaient pas. Il lut cela, et le mercredi suivant, me prit
à part chez M. Garnier, me fit des compliments, m'exprima aussi la crainte que cela ne fût au-dessus du
public virginal, mais en ajoutant — ce qui m'entr'ouvrit
le ciel — : que cela ne nous embarrasse pas, je vais lire
le reste, et si le tout est tel, nous publierons cela autrement et à part. J'eus peut-être tort de lui montrer ma
joie, mais le remerciement débordait. Je l'ai vu depuis;
il n'avait pas encore lu. Il disait : Cependant je voudrais
bien compléter cette diable de collection. J'attends avec
un singulier mélange d'inquiétude et cette indifférence

de fond qui est chez moi incurable. Et pourtant de quelle importance cela est pour mon avenir! Être enterré dans une collection puérile, ou débuter par un essai viril sur l'histoire universelle, avec l'intérêt de M. Hachette pour auxiliaire, quelle différence! Attendons.

Guiffrey[1] est nommé par le Ministre rédacteur en chef du *Journal de l'Instruction publique*. Te dire les embarras de ce brave garçon, ses tracas et ses épreuves, gardons cela pour Pâques. Sache seulement qu'il a recouru à mes travaux d'école pour remplir ses premiers numéros, que j'ai corrigé l'épreuve de mon *Economique* de Xénophon, que la chose n'a pas encore paru, que M. Fortoul s'en est mêlé, que sais-je encore? D'ailleurs, j'ai prévenu Guiffrey que mon prochain début dans la *Revue des Deux Mondes* rendait impossible ma collaboration à un journal officiel.

Parlons-en donc de cet article, que tu as la bonté d'attendre comme le Messie. Je l'ai rendu hier pour la troisième fois à la *Revue*. J'ai mes poches pleines de lettres de M. de Mars, uniformes comme des circulaires : « M. Prevost est prié de passer à la *Revue*, pour causer encore de l'article du roman ». Une seule de ces lettres, venue après une discussion assez vive entre M. Buloz et moi, ajoutait à la formule sacramentelle : « Nous tiendrions bien à former des relations durables avec vous ». Enfin, il y a quatre jours, M. de Mars est venu ici en personne voir où j'en étais de mes raccommodages. — Mais alors, diras-tu, pourquoi tant de retards? La cause est double ; remaniements et augmentations. Il a fallu mettre la charrue avant les bœufs, sous prétexte que j'avais fait le contraire. Peu m'importe. Mais ils veulent que je fasse d'immenses lectures pour un immense article. Je le trouve déjà assez long et presque monotone par

1. Un condisciple d'Ecole normale, mort sénateur des Basses-Alpes, en 1889.

l'uniformité de ses critiques. Enfin j'ignore l'art de dire dix fois la même chose, et en cela je ne me sens pas de force pour la *Revue*. Bref, je l'ai rapporté hier, et, dans ma pensée, c'est un ultimatum. M. de Mars parle de m'y offrir d'autres sujets, si je me déclare rebuté par celui-là. Mais quoi? Si c'est le même rocher de Sisyphe à rouler, j'y renonce. Je ne désespère pas cependant. Là encore j'attends; la vie se passe à cela, cher ami, et, après tout, cela fait vivre.

Sais-tu ce que je regretterais le plus, si l'article était mort-né? Ce ne serait pas le principal, l'attaque aux romanciers, je n'y tiens guère; et, bien qu'elle soit juste, je trouve ingrat de châtier des gens qui m'ont amusé; mais je pleurerais l'accessoire, mes coups de griffe au Gouvernement. Là encore, pourtant c'est de l'ingratitude; car, s'il laissait la presse libre, on n'aurait nul plaisir à crier avec tout le monde. Mais quelle volupté de compter et de peser ses mots, d'enfoncer délicatement l'aiguille, d'ajuster ces brigands à coup posé! Vive l'oppression pour donner toutes ses ressources et tout son prix à la pensée, pour nous instruire à la force contenue, aux nuances savantes, au style laconique et acéré! Que ce silence général est favorable! Les braillards se taisent; il faut une voix métallique, dure, vibrante, pleine d'intonations fines et mordantes : plus de chanteurs de rues, place aux artistes! Que je voudrais en être, pour mon plaisir plus encore que pour l'honneur! La main me démange et l'épée danse au fourreau.

A*** m'a écrit : il ouvre une grande fabrique de bacheliers et voulait m'enrôler dans ses lieutenants. Tu ne demandes pas si j'ai énergiquement refusé. Il va se marier, prendre des pensionnaires chez lui; il a un vaste appartement, des bustes grecs de sages en plâtre bronzé, etc... Faut-il rire? faut-il pleurer? Lui qui est seul au monde, ne pas s'engager plutôt que d'en venir là! Chacun son goût.

Lis un livre admirable et curieux : *Un missionnaire républicain en Russie*. C'est un anonyme et j'en suis désolé : je voudrais bien le connaître.

A toi,

Anatole.

XXXII

PREVOST-PARADOL A LUDOVIC HALÉVY

31 mai 1853.

Cher Lud., voici bien longtemps que je me promettais de t'écrire, sans pouvoir trouver un moment au milieu des tempêtes. Heureusement que tes lettres à ta mère me font assister à ton voyage[1], et que de loin je vis avec toi. Je ne sais comment te dire, sans te complimenter, que tu écris d'une façon charmante. Tu es né pour conter agréablement, et j'ai bien des raisons de t'en féliciter. La meilleure de toutes, c'est que tes lettres, vives et légères, récréent le cœur malade de ta chère mère et sont depuis ton départ sa seule consolation. Continue donc, et si tu as parfois le temps d'être triste, ne le montre pas; envoie-nous toujours ton meilleur esprit et ta plus vive gaieté.

Il paraît d'ailleurs que les préfectures ne sont pas aussi pauvres en aimables personnes qu'on le suppose, et qu'il est à Guéret des salons capables de faire une dangereuse concurrence à l'Opéra-Comique et même à *la Camaraderie*. J'ai voulu, cher Lud., faire au Théâtre-Français quelques pèlerinages en ta mémoire, et j'avais repris mes habitudes d'autrefois. Mais je me suis blasé bien vite et *les Souvenirs de voyage*, implacablement joués tous les soirs, me font fuir à toutes jambes, comme *le Sage et le Fou*. En revanche, j'ai revu mes *Pilules du Diable* avec

---

1. Voir ci-dessous, lettre XXXIV.

autant de fou rire qu'à dix ans, et j'ai failli être ému par *le Vieux Caporal*. S'il n'est pas mort avant ton retour, tu seras confondu, comme moi, de l'habileté mimique de Frédérick Lemaître, plus éloquent dans son rôle de muet que tous les membres du Corps législatif réunis.

M. Villemain[1] est un libéral, dans tous les sens du mot, et tu ne pouvais avoir affaire à un esprit plus éclairé. Il a même ses passions en matière religieuse, et je sais que la théocratie est son ennemie personnelle. Il a enfin, en philosophie, les opinions de mes amis et les miennes : c'est te dire assez que je les trouve excellentes. Bref, ce que j'envierais le plus dans ton voyage — si tes plaisirs n'étaient un peu les miens, — c'est ton long commerce avec cet homme supérieur, embarqué, comme tant d'autres, par le hasard dans cette périlleuse galère du 2 décembre.

A ce propos, cher Ludovic, je t'avoue que je suis dans la plus grande incertitude sur la conduite que tu dois suivre à ton retour. On parle ici pour toi d'auditorat au Conseil d'État, de missions, etc. D'un autre côté, ta mère serait plus heureuse de te voir fixé, plus obscurément, mais plus sûrement, dans quelque administration stable et régulière : plus je pense à l'un et à l'autre parti, moins j'ose dire quel est le meilleur. Heureusement pour notre pauvre sagesse humaine que la fortune nous laisse rarement le choix de notre conduite, et que, le plus souvent, on se trouve, sans savoir pourquoi ni comment, jeté à droite ou à gauche. C'est ainsi, je crois, que se décidera ton sort à ton retour; et notre belle prudence n'y fera rien.

Voyage donc en paix, profite de l'esprit supérieur de ton compagnon de route, écris des lettres fortifiantes à l'Institut et n'oublie pas ton vieil ami, qui roule sans

---

1 Voir ci-dessous, lettre XXXIV.

repos d'Auteuil à Paris, qui entreprend la *Renaissance*
et la *Réforme*, qui se prépare laborieusement un douteux
avenir, et qui a grand désir de revoir son cher Lud.,
l'enfant gâté de la fortune.

ANATOLE.

XXXIII

PRÉVOST-PARADOL A GRÉARD

2 juin 1853

Cher Octave, que fais-tu? Que lis-tu? Que désires-tu?
Quel est ton dada actuel enfin, et vers quoi tend ta vie?
Voilà ce que je veux savoir, et ce qu'il est de ton devoir
de ne pas me laisser ignorer. En attendant, je vais te
parler de moi, à charge de revanche.

Je roule toujours dans les mêmes parages sans grande
tempête et sans beau temps, écrivaillant mon histoire
et en désirant ardemment la fin, aussi vivement que je
désirerai ensuite quelque chose, et ensuite quelque chose
encore, et ainsi de suite, jusqu'à ce que ma petite lampe
soit éteinte et mon rideau tiré. Croirais-tu que cette seule
pensée de l'infinie succession de nos désirs, faite pour
contrister l'âme, me console, au contraire, en m'empêchant de m'attacher trop fortement au désir présent,
comme font ceux qui croient toujours toucher au port et
mettre la main sur le repos? — Je voudrais maintenant
avoir fini ma *Renaissance*, ma *Réforme* que j'ai commencée
aujourd'hui. J'ai fait mon plan jusqu'au bout, avec l'aide
de l'excellent Chéruel. Tout calculé, au 30 août, si rien
ne m'empêche, j'écrirai la dernière ligne de mon *Histoire*; resteront l'Appendice et l'Impression.

Une nouvelle lettre m'est venue de la *Revue des Deux
Mondes*, me priant de me hâter et de me faire tout à eux.
J'ai engagé ma liberté future, il s'agit maintenant de la

conquérir. Je vois toujours M. Cousin : il imprime des leçons sur le *vrai*, le *bien* et le *beau*, foudroie contre le panthéisme allemand, continue sa *Longueville*, écrit sur l'art français dans la *Revue*, m'engage à faire *Saint-Simon* pour l'Académie et fait suer son pauvre petit secrétaire devant son écritoire !

J'ai vu Edouard à Paris la semaine dernière. Nous sommes allés voir ensemble *le Vieux Caporal*, pauvre pièce, admirable acteur, Frédérick Lemaître, dans un rôle de muet. Puis il est parti, emportant de nouveaux projets de thèses et de nouvelles espérances, comme tout le monde ; nous le reverrons aux vacances.

Voici Taine à son tour hors de son doctorat et brillamment reçu lundi dernier. Sa thèse sur *La Fontaine*, que je vais t'envoyer en son nom, est un chef-d'œuvre de méchante malice et de spirituelle exagération. M. Saint-Marc a étincelé en sens contraire. M. Garnier a protesté contre la philosophie, à lui déjà connue, de l'être. Tout s'est gaiement et agréablement passé, et voilà Taine un peu plus en lumière. Si tu lis le journal de Hachette, jeudi prochain, tu y verras sans doute le récit de la séance. C'est la seule chose que depuis bien longtemps j'aie mise dans ce malheureux journal, et j'attendrai, pour recommencer, le doctorat de mes amis. Puissé-je te célébrer bientôt ! Quant à moi, Geruzez m'y poussant, je m'étais arrêté à *Saint-Evremond*. Voici *Saint-Simon* qui revient me hanter, incarné dans M. Cousin. Bref, j'attendrai avant tout mon loisir, c'est-à-dire l'hiver.

Ce Ludovic, que tu connais, goûte aussi de la province, mais en souverain et dans une allure héroï-comique. Il est secrétaire de M. Villemain — frère du vrai, — conseiller d'État en mission ; et tous les deux inspectent avec une majestueuse lenteur — six mois — un quart de la France, les vingt-deux départements du sud-ouest de notre malheureux pays. C'est une curieuse et instructive revue pour mon Lud. que cette course de préfecture en préfecture, que ce défilé d'autorités brodées et quêteuses ; chaque village veut être ville, chaque coucou locomotive : que de désirs inassouvis, que de manières d'être ambitieuses ! Lud. est amusé par cette fantasmagorie ; il ne sera pas gâté par les honneurs civils et militaires dont on comble son brillant uniforme. Il a trop d'esprit pour se prendre au sérieux, lui et tout le reste. Quant à M. Villemain, il doit sourire au dedans, lui qui est philosophe et, qui plus est, de la bonne école, m'assure-t-on.

C'est ainsi, mon cher petit Octave, que tout se remue autour de nous, sans que nous bougions, toi ou moi, en aucune façon, ce qui ne veut pas dire que nous soyons tranquilles, moi surtout que menacent mille catastrophes. Voilà ma sœur malade et revenue par congé à la maison ; palpitations, évanouissements et le reste. Mon père songe à partir avec sa fille pour la mer ou le Midi. Ces dépenses m'effrayent, quand je pense qu'au mois de septembre mes élèves vont à Bordeaux, et qu'à leur retour, ils seront probablement lancés l'un à la Bourse, l'autre en peinture, sans que j'aie remplacé ce qu'ils me font gagner. Suppose en même temps une charge nouvelle et inévitable pour moi-même, et vois si ma situation n'est pas bien sombre ; j'en imagine difficilement une plus périlleuse, en attendant qu'elle devienne réellement cruelle. N'oublie donc pas ton ami, et écris-lui beaucoup, car il ne peut parler qu'avec toi de tant d'inquiétudes, et il lui faut avoir l'air ferme et presque gai, quand de telles pensées l'étouffent.

Tout à toi,
ANATOLE.

XXXIV

PREVOST-PARADOL A GRÉARD

26 juin 1853

Cher ami, hier, j'ai entendu M. Mignet à l'Institut sur Jouffroy. Belle séance, va, et des applaudissements à tout rompre, et des allusions éloquentes, et des traits à tout percer, et une peinture de la liberté constitutionnelle à émouvoir un paysan, s'il savait le français! Bref, un admirable discours et un succès de haute opposition. M. Mignet a dit des leçons de Jouffroy cette belle phrase que, dans mon compte rendu — paraîtra-t-il? Hachette le sait, — j'applique à son discours même : « La pensée se traduisait avec grandeur, et dans l'auditoire couraient des frissons, comme autrefois dans les assemblées où s'entretenait l'intelligence et où battait le cœur du pays ». N'est-ce pas que c'est beau? Plus d'un passage était aussi majestueusement séditieux que celui-là, et comme on applaudissait, de tout cœur, et à consoler de tout! Pourquoi n'y étais-tu pas?...

Il me faudrait une séance pareille tous les jours pour compenser les ennuis multipliés et divers qui m'assiègent. La thèse de Taine m'a réjoui deux jours, puis après je retombe. Où? Le plus souvent dans mon incommensurable *Histoire*. Je vais égorger les protestants à la Saint-Barthélemy, tuer Waldstein et Gustave-Adolphe, décapiter Charles Ier, et j'aurai alors fini mon XIVe livre, qui s'appellera la *Réforme*. Resteront le XVe et le XVIe, et l'Introduction et l'Appendice. Je marche donc, quoique lentement et péniblement. Pourvu que de tout cela sorte quelque chose, et qu'à la longue je devienne quelqu'un, je ne m'en plaindrai pas; mais qui sait l'avenir?

A. P.

XXXV

PREVOST-PARADOL A LUDOVIC HALÉVY

Lundi, 11 juillet 1853.

Cher Lud,

Pourquoi ce long silence? Que deviens-tu à Agen? La province se venge-t-elle de tes épigrammes, en te rendant muet et endormi? En subis-tu déjà l'influence inévitable? Réchauffe-toi un peu, en m'écrivant quelque longue lettre sur tes voyages de découverte dans la Gironde.

Pour moi, je n'ai rien de nouveau, car l'ennui est mon vieux compagnon. Je me trouve plus seul que je ne l'aurais cru par le départ de toute ta maison, qui est à Étretat. Je marche à pas de tortue dans mon histoire. La chaleur en est la cause, je n'en ai jamais souffert autant que depuis huit jours. Depuis hier, c'est plus supportable : il était temps. Que doit-ce être à Bordeaux? Figure-toi le courage qu'il faut pour aller tous les jours à Auteuil, dans cette petite boîte roulante qui, d'un bout à l'autre du chemin, est au grand soleil et toujours pleine. J'arrive épuisé pour travailler avec mes disciples. Des trois, c'est bien moi qui travaille le plus. Ils ont une bonne volonté qui est décourageante; impossible de les gronder d'une ignorance qui passe l'imagination et qu'on ne peut guérir. C'est la mer à combler avec des voitures de sable, et, tous les jours, j'en verse une, sans qu'il y paraisse. La belle chose que les pensions pour empêcher les enfants de s'instruire! D'ailleurs, ils sont aimables, et Fernand n'est pas du tout une médiocre intelligence, mais son amour de la discussion et du sophisme le gâte bien souvent. Il devient rouge de conviction et réfute son père et sa grand'mère d'un ton qui, à son âge, m'eût fait mettre immédiatement à la porte. On fera de lui quelque chose.

Quant à la population d'Auteuil, tu la sais par cœur. Les Zimmermann, Gounod, Boilay y abondent, mais je ne fais qu'entrevoir tout ce monde. Tes tantes, Esther, Bébé, animent le tableau. Mes élèves considèrent avec le respect dû à un grand homme, un M. de Beauchêne, qui a écrit une élégie en prose sur Louis XVII, et que j'ai à peine vu. Je crois pourtant que les histoires des *Mousquetaires* leur semblent plus belles encore que le livre Beauchêne. Que veux-tu que je fasse contre de pareilles influences et contre de telles admirations? Allez donc ensuite leur faire goûter l'*Antonio Perez* de Mignet, et Tacite ou Pascal. Plus je vois tout cela, plus je sens, cher Lud, qu'un entourage raisonnable est le plus grand bienfait que le sort puisse donner à des enfants. Cela ne se remplace pas.

Reviens, mon cher Lud, et, en attendant, écris-moi.

ANATOLE.

XXXVI

PREVOST-PARADOL A GRÉARD

21 octobre 1853.

Si c'est un ennui, cher Octave, d'écrire aux gens auxquels on n'a rien à dire, comme je viens de l'éprouver, c'est un grand embarras que d'avoir à dire tant de choses à son ami qu'une journée n'y suffirait pas. Ma première corvée, et celle-là n'est pas longue, c'est de te gronder comme toujours. Pourquoi ne m'as-tu pas encore répondu, et plutôt dix fois qu'une? Je sais bien tes tristesses, mon pauvre ami; je connais peu de jeunesses plus éprouvées que la tienne, et la vie, s'il y a une justice, te doit une belle revanche. Mais il faut s'y préparer. Ce n'est pas assez de travailler, comme tu le fais : tu nous dois de te laisser distraire. Écoute-moi donc.

Le 18 octobre, je reçois de Poitiers une lettre éplorée

de Treille, que tu te rappelles sans doute. Il avait écrit, dans je ne sais quel journalicule, je ne sais quoi, et il a été suspendu net. Vivre de leçons à Poitiers est suspect! Voilà le problème qu'a résolu ce pauvre diable. Il se serait bien tué, mais il a une femme et un enfant, et il a tout fait pour vivre. Bref, après des mois et des mois, on s'est adouci, on a eu pitié, que sais-je? et on a demandé par un rapport le replacement du délinquant suffisamment maigri, à ce qu'il a paru. Et Treille m'écrit une lettre suppliante pour que je suive son affaire. J'ai fait ce que j'ai pu et j'attends. Voilà ma première histoire.

La seconde est plus gaie. Je reçois dimanche une lettre de Richarville. Mystère! Je la flaire et la retourne. Rien ne m'amuse comme une lettre inconnue; mais une fois ouverte, rien de plus simple. C'est ce bon M. Geruzez; quatre belles pages de franche amitié et la prière de passer chez l'imprimeur des *Essais littéraires*, en format Charpentier, pour lire l'épreuve de l'Introduction et y corriger mon nom. — Ton nom, et qu'y fait-il? — Il y figure dans une petite note, en guise de niche, où l'on assure que je promets à l'histoire et à la philosophie un penseur et un écrivain. Je souhaite fort que ce soit vrai, mais j'ai été plus intimidé que réjoui de cet éloge anticipé, qui est lourd à porter. En revanche, j'ai été vraiment touché de l'amitié vraie de cet excellent homme. Il m'encourage contre les traverses de la vie; il est loin de les soupçonner, mes traverses. J'ai répondu de mon mieux à cette bonne lettre, embarrassé comme toujours de dire des choses aimables, même lorsque je les sens le mieux et que mon affection est sincère.

Mes élèves sont enfin à Paris; il était temps que ce voyage perpétuel cessât; j'en étais malade, j'arrivais à Ris et je revenais à Paris les pieds mouillés, brisé par le chemin de fer; et ce sont des fatigues que peut-être je payerai plus tard. Le plus jeune de mes élèves va au bureau tra-

vailler avec l'aîné ; c'est à moi de profiter du temps que
leur laissent les chiffres et les affaires. Quand donc aurai-
je quelques centaines de mille francs à leur confier en
disant : « croissez et multipliez? » J'ai au sujet de ces
deux enfants, et surtout du plus jeune, d'incroyables
alternatives de joie et de découragement : tantôt de l'intelligence et même de la noblesse d'esprit à étonner,
tantôt des faiblesses à désespérer ton très patient ami. Ce
qui les tue, c'est cette vie au grand air de la famille,
cette indépendance précoce, ce bonheur trop constant et
la vue de toutes les plaies du monde. La famille, quoi
qu'en disent les sots, est rarement une bonne école.
Mieux vaut encore la république collégiale. Enfin je ferai
d'eux ce que je pourrai ; ce qui est sûr, c'est que l'aîné
ne sera jamais un philosophe, et le jeune jamais un
financier. Ils ont tous les deux, en sens opposé, leurs
limites infranchissables.

Il y a trois jours une centaine de conscrits ayant l'air
d'avoir quinze ans étaient dans le même convoi que moi.
Deux pensées m'ont frappé en même temps : la première,
qu'ils étaient tous en blouse et que jamais la bourgeoisie
ne passait par l'armée ; la seconde, que cette belle occasion d'élever en commun et d'améliorer quatre-vingt mille
jeunes Français par an était perdue, et qu'ils revien-
draient de là un peu plus abrutis qu'ils ne partent. Enfin
j'ai plaint les mères et j'ai entrevu dans l'avenir beaucoup
de morts et d'estropiés. Tu t'étonneras de me voir ainsi
philosopher en chemin de fer. Sache bien, mon ami, toi
qui n'ignores rien de moi, que, si je ne promenais sans
cesse ma pensée sur les choses générales, je deviendrais
fou en vivant dans mes affaires particulières et que nul
autre n'y résisterait.

Interrompue hier par le déjeuner, la leçon et le reste,
ma lettre recommence et devient une réponse à la tienne
que j'ai reçue hier soir.

Tu as deviné, cher ami, l'emploi de mes soirées. Mais

mes matinées sont plus tristes encore; mon père malade
et plus que sombre m'afflige plus que mon petit ange
qui a du courage, de l'esprit et de l'âme pour vingt
beaux corps comme le sien et qui, au milieu de toutes
ses douleurs, ne vit que pour moi et ne pense qu'à moi.
« Quelle vie tu mènes! » me dit-elle souvent. Et elle est
vraiment infernale, cette vie; et si l'amour et aussi l'orgueil de bien lutter et de n'être interrompu par aucun
chagrin ne me soutenait un peu, cela ne durerait pas huit
jours. Se conduire devant vingt personnes en jeune
homme tranquille, indépendant, occupé seulement de
travail et de littérature et une heure après faire face au
présent et à l'avenir, sentir s'appuyer sur soi un père
désespéré, une femme inquiète et porter deux familles!...
Quand tout cela sera fini, je n'y croirai pas. A quand l'enfant? on l'ignore. Ce qui est certain, le voici : il sera
protestant, baptisé rue Chauchat. Thérèse a arraché à
Mme de Saint-Pierre la promesse d'être marraine, malgré
son confesseur, par la menace, moitié gaie, moitié sérieuse,
de venir la tourmenter après sa mort. Tu seras parrain,
et on t'attendra au jour de l'an.

Tout ce petit monde est toujours agité d'espérances
financières et roule sur l'or... dans l'avenir. Quant à moi,
j'espère joindre à ma leçon une autre leçon qui nous
mette à flot, et là s'arrête mon ambition.

A toi de cœur, réponds-moi et bavarde beaucoup, j'en
ai besoin.

ANATOLE.

XXXVII

PREVOST-PARADOL A GRÉARD

25 octobre 1853.

Cher Octave, que dis-tu de l'industrie de l'exploitation
du charbon de tourbe dans un département, d'une grande

fortune à faire en douze ans, de l'Université à planter
là, etc...? Hélas! tout ce que j'en dis moi-même! Cela
est trop beau pour ne pas toucher à la chimère, soit, mais
cela est bien ancré dans la tête de ce digne M. Daniel et
de cette excellente Mme de Saint-Pierre.

On veut que je t'en parle un peu pour toi et beaucoup
pour moi-même. J'ai dit : Écrivez une lettre et je l'enverrai. — Où est-il? — A Metz. — Ah Dieu! c'est à Metz
que se font les choses? Qu'il voie M. Hébert, M. Gaillard, à
la fonderie militaire. — Oui, dit M. Daniel, mais s'il allait
traiter directement avec M. Hébert, que devient le huitième
des bénéfices nets à partager entre M. Anatole et moi? —
Ah! ai-je répondu, c'est un honnête frère que j'ai là-bas,
et je vous jure que ce n'est pas là qu'est mon inquiétude;
j'ai bien plus peur qu'il ne prenne rien du tout que de
le voir tout prendre. — Comment? Il reculerait devant
ce coup de fortune! Il resterait dans cette galère où mon
frère, François Collet, a ramé vingt ans pour se retirer
avec douze cents francs de retraite! Ce serait tant pis
pour lui. — Mais, chers amis, il est comme moi, sans le
sou, hors d'état de mettre les vingt mille francs. — A la
rigueur, on les lui trouverait. »

J'ai bondi alors, cher Octave, voyant qu'on te menaçait
sérieusement de faire fortune. Je t'envoie donc la lettre de
Mme de Saint-Pierre et je la commente en te disant : va
toujours aux renseignements, ne serait-ce que pour m'en
donner de raisonnables sur une affaire qui me touche
de si près. Et si, ce que je n'ose espérer, c'était réellement
un signe amical de la bonne Déesse, soyons hardis. Quoi
qu'il en soit, fais tout cela avec une rapidité industrielle,
c'est tout dire. A toi de cœur.

Réponds-moi vite, bien vite.

ANATOLE P.

Au milieu de tout cela, mon père va mal, et c'est le
plus réel de mes chagrins.

XXXVIII

PRÉVOST-PARADOL A GRÉARD

Samedi 26 octobre 1855.

Ton refus m'a singulièrement étonné, cher Octave; mais je n'ai ni crié, ni frappé du pied par la bonne raison que je ne veux pas y croire. Les motifs que tu m'en donnes ne sont pas sérieux, tu le comprends toi-même. Chercher pour un baptême de puissants protecteurs est un enfantillage, et aurions-nous cette puérile fantaisie, notre union ne la comporte pas dans le petit cercle de personnes qui possèdent notre secret. Même au delà, tu m'es la plus chère, et voilà ma raison. Thérèse te connaît par moi, t'aime à cause de moi, te désire comme moi, et voilà mon autre raison. Tu es mon ami, comme elle est ma femme, et nous devons tous les trois nous serrer la main rue Chauchat; toi seul as connu les débuts, la suite, les peines, les plaisirs de cette union, tu es notre conscience intérieure, et il faut que tu sois le père moral de notre enfant. Répondre à tout cela par une mauvaise étoile que je brave, la mienne étant pire, c'est ne pas répondre. Donne-moi une raison sérieuse, décisive, acceptable à l'amitié, et je te tiens quitte de me faire cette joie, qui m'est pourtant si nécessaire. Si tu persistes à refuser sans motif raisonnable, notre amitié n'en souffrira pas; mais je te le jure, au milieu des chagrins qui m'entourent ou qui me menacent, celui-là aura été le plus cuisant.

Et je te prie de croire que j'ai l'esprit bien malade. D'affreux malheurs arrivés dans ma famille, dont je t'ai souvent entretenu, sont faits pour troubler la raison et menacent par contre-coup une grande partie de mes ressources. Je te raconterai, au mois de janvier, ces

étranges drames, et tu verras à quoi tiennent les prospé-
rités en apparence les plus sûres. Il me suffit de t'avertir
aujourd'hui des terreurs et des leçons que je te réserve.

Mon livre s'imprime. Quatre feuilles sont corrigées et
tirées, et déjà des fautes d'impression, restées dans le
tirage définitif, me piquent comme autant d'aiguilles.
Tout cela t'est déjà conté dans une de mes lettres précé-
dentes.

Quant à Duplessis-Mornay, — mon sujet de thèse provisoire —, M. Mignet, à qui j'en ai parlé, m'en détourne,
comme d'un personnage ordinaire; il m'offre des lettres
inédites de Coligny, tout en m'en détournant encore.
Bref, il m'aidera dans mon choix définitif, et je crains
qu'il ne m'impose un trop important personnage.

Ici tout roule comme d'ordinaire. About, Taine, travail-
lent. Que de choses j'aurai à te dire, quand nous serons
ensemble, cher Octave, et quelle consolation pour tous nos
maux que d'en causer à cœur ouvert!

Écris-moi tout de suite que tu acceptes.

A toi de cœur,

A. P.

XXXIX

PREVOST-PARADOL A GRÉARD

29 octobre 1855.

Merci, cher Ottavio, je te retrouve, ou plutôt je sais
bien de quel cœur délicat venaient tes scrupules. Nous
l'appellerons Lucien ou Lucy, veux-tu?

Réponds pour la Tourbière.

Je t'embrasse,

ANATOLE.

XL

PREVOST-PARADOL A GRÉARD

Dimanche matin, 30 octobre 1853.

Cher ami, je m'attendais à ta réponse, je l'aurais dictée. Nous n'avons pas ce qu'il faut pour tenter les meilleures aventures, et nous devons les laisser aux faiseurs. Quant à M. Gaillard, c'est à l'arsenal de Metz qu'on le trouve; pour M. Hébert, c'est à une tourbière, qui est à douze lieues de Metz, qu'il fait ses expériences. Mme de Saint-Pierre m'enverra pour toi des renseignements plus précis et plus complets, ne serait-ce que pour satisfaire notre curiosité.

En attendant, le petit diable fait son chemin, moins vite encore que je ne le voudrais; on l'attend avant mercredi. En tout cas, cher Octave, lui, il attendra son parrain jusqu'au 1er janvier. Sois donc exact au rendez-vous. D'ici là nous aurons déjà, s'il faut en croire Mme de Saint-Pierre, recueilli quelque chose de toutes nos affaires industrielles. Si je dois être riche un jour, ce sera un grand contraste avec ma situation présente. Le lendemain est pour moi un problème, mais la bonne Déesse est là, qui m'envoie des ressources inespérées.

Je vais faire, sur les *Essais littéraires* de M. Geruzez, — en reconnaissance de la note dont je t'ai parlé — deux longs articles qui vaudront bien cent cinquante francs. Ces jours-ci, est venu sonner chez moi un M. Brédif qui demandait pour son fils cinq leçons par semaine pour soixante francs par mois. Taine et About l'avaient repoussé avec perte; je l'ai pris; cela ne me coûte qu'un détour en allant donner ma leçon rue de la Victoire. Enfin M. Duhamel, de l'Institut, mon ancien appui à l'École polytechnique, m'est venu offrir de faire pour le fils du grand

15

Eug. Pereire ce que je faisais pour les Rodrigues : causer avec lui et lui apprendre les grosses choses qu'il est honteux d'ignorer. Les heures et les arrangements ne peuvent être fixés que dans quelques jours ; mais l'affaire est à peu près sûre. Ce serait environ trois cents francs par mois de plus dans mon budget, qui irait ainsi à plus de six cents francs ; aussi disposerais-je de la leçon Brédif en faveur de quelque destitué. Je serais alors bien au-dessus de mes affaires ; mais n'escomptons pas l'avenir, bien que, sans lui, le présent soit impossible à supporter.

La petite colonie des échappés du bagne universitaire est ici en émoi à propos du pauvre Lamm, qui, depuis un mois, a disparu sans dire gare, et qu'on soupçonne d'avoir été tout droit dans l'autre monde par la Seine. Vingt ans de travail et de douleur sans un jour de plaisir, et au bout de cela la misère et la mort, voilà une carrière qui dispense de l'enfer !

Les conversions se multiplient dans le protestantisme, et les journaux ici commencent à en parler. Il n'y a pas de peuple sans religion, et pour moi le protestantisme et la liberté ne font qu'un.

Ma thèse est enfin décidée. Je songeais à Duplessis-Mornay. Rien d'inédit, me disais-je, et cela m'arrêtait. Mais Chéruel m'a indiqué là-dessus de l'inédit à en revendre. Je causerai de tout cela avec toi, et j'y travaillerai comme un forcené.

Mon *Histoire* est finie, et Hachette l'a chez lui. J'attends des épreuves ; je ferai l'Appendice au jour le jour et l'Introduction après tout le reste.

A toi de cœur. Écris-moi.

ANATOLE.

J'ai découvert une omission dans mon dernier chapitre. Il n'y a rien sur Law. Si tu peux m'écrire là-dessus une page de généralités, je l'insérerai textuellement.

XLI

PREVOST-PARADOL A GRÉARD

Dimanche, 20 novembre 1853.

Monsieur Octave, je suis fort fâché contre Votre Seigneurie, et je lui dirais bien des injures pour avoir laissé ma lettre sans réponse, si je n'avais une grande nouvelle à lui annoncer.

Il est certain, cher Octave, que les cris de ces petits êtres nous vont au cœur, et qu'avec mon indifférence ordinaire pour les babies, j'ai été tout surpris de me sentir à ce point remué par le chant plaintif de ma petite fille. C'est avant-hier matin, à 3 heures, que miss Lucy, ta filleule, est entrée dans ce monde de douleurs, me délivrant par un premier bienfait des inquiétudes mortelles que me causait l'état de sa mère.

Tu es pour la cérémonie, comme disent les Arabes, le maître de l'heure. Tout nous sera bon, au mois de janvier, pourvu que nous te serrions la main et que tu sois le père spirituel de ce petit être que Thérèse, avec une gravité qui me faisait rire et pleurer à la fois, appelait, en le confiant à la nourrice, les trois parties d'elle-même.

J'ai à te dire sur mon livre et sur le reste mille choses que je réserve. Cette lettre doit appartenir tout entière à celle qui vient de tomber du ciel parmi nous.

Je t'embrasse de tout mon cœur.

ANATOLE.

XLII

PREVOST-PARADOL A GRÉARD

Dimanche soir, décembre 1853.

Cher Octave,

Tu es venu aujourd'hui à la maison malheureusement trop tard pour me trouver, et je n'ai pas besoin de te dire combien je l'ai regretté. Il me manque quelque chose depuis que je ne puis plus bavarder avec toi de temps en temps et vider mon sac de complaintes. Que de choses à dire me restent sur le cœur! *Non omnibus omnia!*

Je me sens bien seul depuis que tu es heureux, et comme ce bonheur-là doit durer longtemps — si Dieu est juste — je voudrais bien concilier notre ancienne et chère intimité avec ta vie nouvelle[1]. Enfin, tu songeras à tout cela. Ton retour à Versailles s'y prêtera.

Mon livre est enfin complètement terminé; les brocheurs seuls me le font attendre. Je manque de patience. Je voudrais commencer dès demain mes thèses et, d'un autre côté, je ne veux pas aller chez M. Mignet sans mon livre. Je t'envoie, cher Octave, la préface; lis-la en pensant un peu à moi et réjouis-toi de me voir au bout — tant bien que mal — de cette terrible entreprise. Tout le monde me promet un succès, et M. Hachette médite force réclames. Tu sais que l'espérance n'est pas mon défaut, et je me contente de la joie d'avoir fini, sans compter sur aucune autre.

J'ai repris le train de l'été, allant coucher trois fois par semaine au château de Fromont. Tu sais combien cela doit

---

1. Gréard venait d'être nommé au lycée de Versailles, et il allait se marier.

me fatiguer et me sembler dur; mais j'ai vu d'autres chagrins que ceux-là, et je suis préparé à bien d'autres.

Adieu, mon cher Octave, je t'embrasse de tout mon cœur et je voudrais bien une lettre de toi. Autrement j'en viendrais à regretter le temps de ton exil en province; car j'y gagnais tes lettres.

À toi de cœur,

ANATOLE.

XLIII

PREVOST-PARADOL A ERNEST HAVET

Janvier 1854.

Cher Maître,

Je suis bien heureux du jugement favorable que vous portez sur mon *Histoire universelle,* et je ne vous cacherai pas la joie que votre lettre m'a causée. Je vous sais bon juge et, qui plus est, sincère. Si mon travail vous a contenté, j'ai l'approbation du public éclairé. Mais pour trouver ce livre bon, il faut le lire, et c'est ici que la difficulté commence. Vous-même, si le nom de l'auteur et le souvenir bienveillant que vous avez gardé d'un ancien élève ne vous y avaient engagé, auriez-vous bien eu le courage d'ouvrir cet énorme volume et de déchiffrer ces lignes entassées sur deux colonnes? Vous aurez, je le crains, peu d'imitateurs, même parmi les personnes qui me connaissent et à qui j'ai envoyé mon ouvrage. Les conditions matérielles décident en grande partie de la destinée des livres et me font mal augurer du mien. Je ne pourrais espérer de changement qu'à une seconde édition, qui n'existera jamais, si la première rebute les lecteurs.

Vos éloges sont donc pour moi une consolation plutôt qu'une espérance, et ils me viennent en aide contre le

découragement dont je me suis senti un instant menacé.
Je me prépare cependant à prendre ma revanche; j'espère
dans quelques mois présenter au public, sous une forme
plus acceptable, un travail plus restreint où je n'aurai
plus à lutter contre l'étendue du sujet et contre l'insuf-
fisance de mon érudition. Sous ce titre : *Négociations
de Henri IV avec la cour de Rome*, je voudrais exposer
l'histoire diplomatique de la conversion et de l'absolution
de Henri IV et, plus tard, de l'édit de Nantes. Une grande
partie de ces négociations est inédite, et j'espère que la
Faculté voudra bien accepter mon travail comme une
thèse pour le doctorat.

Je n'ai aucun droit à ce repos que vous avez la bonté
de me conseiller. Je ne suis pas dans les conditions où
l'on se repose, et les vacances même que l'Université
accorde aux professeurs sont pour moi le fruit défendu.
Je m'estimerais très heureux, si je pouvais m'attacher
exclusivement à Henri IV, et s'il ne me fallait mêler à
l'histoire des occupations moins attrayantes. J'ai donc plus
d'une raison de regretter de n'avoir pu devenir le répétiteur de votre cours à l'École polytechnique; c'est la
liberté du travail que j'ai un instant espérée et perdue.

Veuillez agréer encore une fois mes remerciements
pour votre aimable lettre et me croire toujours votre bien
dévoué.

A. Prevost-Paradol

XLIV

PREVOST-PARADOL A SALVANDY [1]

Paris, 6 septembre 1854.

Monsieur,

Je suis à la fois affligé et heureux de la lettre que vous

1. A la suite d'un compte rendu très élogieux de la séance publique de l'Académie française du 24 août 1854, séance dans laquelle

m'avez fait l'honneur de m'écrire. Je regrette vivement d'avoir blâmé avec trop peu de réserve un ami des lettres qui, au pouvoir, les encourageait, qui, dans la retraite, les cultive, et auquel l'Université doit ses derniers jours de protection et de liberté ; mais je suis heureux d'avoir l'occasion de vous dire, sans paraître indiscret, ma pensée pleine et entière sur un sujet qui me tient au cœur.

Vous avez dû voir, Monsieur, que la note qui termine mon article fait un étrange contraste avec l'article lui-même. J'étais encore sous le charme des nobles et touchantes paroles que vous avez prononcées à la séance, lorsque la lecture de la partie supprimée de votre discours m'a causé la plus vive douleur. C'est cette douleur sincère qui a un instant aigri mon langage et que je vous demande la permission de vous expliquer. Peut-être ne vous sera-t-il pas indifférent de connaître l'opinion d'une partie de la jeunesse éclairée, qui se souvient de votre bienveillance pour elle et que vous paraissez n'avoir pas oubliée.

Lorsque le 2 décembre emporta, avec la république, le gouvernement parlementaire, ce fut une grande leçon pour plusieurs d'entre nous, que les effets despotiques du suffrage universel inséparable de la république avaient déjà inquiétés sur son avenir. Vous connaissez, Monsieur, ce besoin de la jeunesse de s'attacher à quelque chose et

M. de Salvandy avait fait le rapport sur les prix de vertu, Prevost-Paradol avait inséré la note suivante (*Revue de l'Instruction publique* du 31 août 1854) : « Notre article était terminé, lorsque nous est parvenue la partie du discours de M. de Salvandy qui n'a pas été lue à la séance, et qui a été trop remarquée au dehors. Ce n'est pas sans étonnement que nous voyons M. de Salvandy se jeter avec si peu de retenue dans cette croisade récemment organisée contre la philosophie du xviiie siècle, et déjà si ridicule ; nous ne dirons rien de plus de ces reproches qui échappent à toute discussion, qui ont mérité et déjà subi les félicitations de *l'Univers*. » De là deux lettres de M. de Salvandy et les deux réponses de Prevost-Paradol ; la clarté avec laquelle le sujet y est traité nous dispense de tout commentaire.

de remplacer une illusion, aussitôt qu'elle est détruite.
L'oppression commune qui pesait depuis ce jour sur les
républicains et sur le parti constitutionnel, la désillusion
des premiers, l'accord de toute la classe éclairée sur les
principales garanties qui lui manquent, l'unanime dégoût
de l'arbitraire, tout me fit entrevoir le succès du parti
constitutionnel et la restauration par ses mains des libertés publiques. Il me parut alors, Monsieur, et je persua-
dai à plusieurs de mes amis que la formation d'un grand
parti libéral, aspirant avant tout au gouvernement parlementaire et aux garanties constitutionnelles, serait fatale
au régime actuel et déciderait de l'avenir; que les deux
ou trois grands objets de ce parti méritaient quelques
sacrifices des nuances dont il serait formé; que la résolution commune de rendre le gouvernement à la classe
éclairée devait dominer toutes les autres, que la monarchie constitutionnelle avait fait ses preuves et que la
république avait trompé tout le monde.

Telles étaient, Monsieur, mes espérances. Ces pensées
me semblaient si simples, si nécessairement présentes à
tous les esprits éclairés, que je ne doutais pas qu'elles ne
fussent les vôtres et celles de vos amis, et j'oserais croire
encore que, si les chefs de l'opinion constitutionnelle
avaient tenté cette fusion vraiment nationale entre tous
les amis d'un gouvernement libre, ils eussent déjà détruit
à demi ce qui pèse sur nous et tiré cette nation de la terre
d'Égypte. Tout au contraire, les chefs de cette opinion
ont semblé refouler au dedans d'eux-mêmes leurs inclinations libérales; ils n'ont pas attaqué ce gouvernement
dans ce qu'il a de despotique, mais dans ce qu'il a gardé
malgré lui de la Révolution; ils se sont, pour ainsi dire,
convertis au rebours, effrayant le parti libéral qu'ils auraient dû conduire, le laissant sans chef, ne lui offrant
aucune sécurité pour l'avenir, mais plutôt la crainte de
changer de servitude. C'est cet abandon de ceux que
nous aurions voulu voir à notre tête, c'est cette cruelle

déception après un instant d'espoir qui m'a inspiré ce langage amer, où vous avez cru à tort voir de l'ingratitude.

Lecteur assidu des journaux anglais, me reposant dans l'image d'une liberté qu'il faut rendre à ce pays, de ce *self-government* qu'il n'a pas assez connu et que vos amis me semblaient appelés à lui faire connaître, je ne passe pas sans amertume de cette lecture à celle d'un journal, qui est, dit-on, l'organe de vos amis et qui paraît incliner plutôt vers les institutions de l'Autriche que vers les garanties de l'Angleterre. Ce n'est pas ainsi qu'on détournera ce pays de sa présente servitude, ni surtout qu'on fera connaître et aimer à la jeunesse ce gouvernement constitutionnel qu'elle vous aiderait à rétablir, si vous le lui proposiez, comme la forme la plus noble et la plus durable de la liberté.

Enfin, Monsieur, un dernier événement est venu confirmer la séparation de vos amis et de la jeunesse libérale; c'est cette alliance avec l'Église Romaine qui, du nord au midi de l'Europe, fait la guerre aux institutions constitutionnelles et qui s'est récemment, dans ce pays, associée avec éclat à la destruction des libertés publiques. Il n'y a rien, Monsieur, de rassurant pour l'opinion libérale dans l'alliance de ses anciens chefs avec un parti qui, en Angleterre, en France, en Autriche, et en ce moment même en Piémont, ne cache pas ses sentiments et ne consent à user des institutions libérales que dans l'espoir de les détruire par elles-mêmes.

Votre discours, Monsieur, a semblé un nouveau gage donné à ce parti, et votre nom justement respecté en a augmenté la malheureuse importance. Nul n'ignore qu'il n'y a parmi les hommes éclairés qu'une opinion sur les deux faces opposées du xviiie siècle, sur sa grandeur et sur sa misère; mais l'opportunité de mettre en lumière l'une ou l'autre de ces deux faces est ici seule en question, et c'est un acte politique plutôt qu'un jugement philosophique que vous avez cru devoir faire et que j'ai trop vivement blâmé.

Veuillez en agréer ici, Monsieur, mon regret bien sincère. Je vous remercie de vous être souvenu de moi, qui ai si peu de titres à être connu de vous. Je vous remercie — en m'excusant d'en avoir usé si longuement — de l'occasion que vous m'avez offerte et qui sans doute ne se présentera plus, de faire parvenir jusqu'à vous quelques idées qui n'agiront guère sur votre esprit, mais qui vous peindront l'état du mien et de bien d'autres.

Veuillez agréer, Monsieur, l'assurance de mon profond respect.

PREVOST-PARADOL.

XLV

PREVOST-PARADOL A SALVANDY

Novembre 1854.

Une indisposition assez longue m'a empêché de répondre plus tôt à votre lettre du 30 septembre. Sans avoir jamais craint que les lignes que j'ai pris la liberté de vous soumettre fissent une impression fâcheuse sur un esprit élevé comme le vôtre, je n'osais espérer une réponse aussi bienveillante et surtout aussi conciliante que celle dont vous avez bien voulu m'honorer. Elle me confirme dans cette idée que la grande faiblesse de l'opinion constitutionnelle est de ne pas prendre assez le soin de se montrer sous son véritable jour et de laisser dans l'ombre les tendances libérales qui feraient sa force, ne serait-ce que parce qu'elles contrastent heureusement avec celles qui dominent aujourd'hui en France.

La double devise de l'opinion constitutionnelle « Ordre et liberté » lui donne un double aspect, et il faut qu'elle se présente sous celui qui est le plus capable de lui rallier la classe éclairée de ce pays. Depuis la révolution de 1848, la première partie de sa devise était la plus précieuse, lorsque le coup d'État vint donner un attrait tout nouveau à la seconde. Cette bonne fortune de pouvoir rallier à la fois les esprits les plus modérés par des souvenirs d'ordre et les esprits les plus ardents par des espérances légitimes de liberté, il me semble, et j'ose vous le dire, qu'on l'a négligée et perdue. Le coup d'État a été considéré comme un incident de la Révolution, et les organes de l'opinion constitutionnelle ont continué une polémique exclusive et impopulaire contre les idées libérales. C'était après tout s'associer aux théories du nouveau gouvernement ; et qui ne sait que ne point faire contraste avec les doctrines d'un gouvernement, c'est ôter au public l'envie de le changer et à soi-même tout prétexte d'en proposer un autre ?

Je sais, Monsieur, qu'aux yeux de certaines personnes, cette concordance dans les doctrines était rendue nécessaire par l'état de l'opinion publique. On se la représente comme livrée entièrement encore à la réaction produite par les crimes de Février ; on craint qu'elle ne soit en effet persuadée, comme les organes du gouvernement le lui veulent faire croire, que le régime parlementaire est le grand chemin du désordre, et l'on se dit : Attaquons, nous aussi, les excès de la liberté, parlons autorité encore plus haut que le gouvernement, et le public, retrouvant dans les organes de l'opinion constitutionnelle les idées et les passions dont il est en ce moment dominé, ne croira plus l'ordre inconciliable avec les libertés constitutionnelles, que nos noms et notre passé suffiront pour garantir.

Je crains, Monsieur, que ce raisonnement spécieux ne repose sur une fausse idée de l'état de l'opinion publique, d'ailleurs si difficile à connaître avec certitude. Février est loin de nous, et l'empire est sur nos têtes. Le mal présent agit toujours sur la nature humaine plus fortement que les souvenirs, si récents qu'ils soient. Il est d'ailleurs évident que la partie active et logique de la nation est acquise aux idées libérales et ne sera ralliée au gouvernement constitutionnel que comme à un rempart contre le suffrage universel omnipotent, que comme à la meilleure garantie des libertés publiques.

Pardonnez-moi, Monsieur, ces réflexions et leur insistance. Elles me sont inspirées surtout par le respect que méritent les amis sincères de la liberté, par mon désir de voir tomber en des mains intelligentes les destinées de la Révolution et de ce pays. Que de problèmes nous apporte l'année qui va bientôt s'ouvrir, cette guerre, ces complications inévitables, ces grandes réunions de troupes, que sais-je? En vérité, Monsieur, quelle responsabilité pèserait sur les membres influents de l'opinion constitutionnelle, si un coup de fortune les mettait en présence d'une nation abusée sur leur compte et hésitant à recevoir d'eux sa liberté? Que ces deux années perdues paraîtraient alors précieuses! Que de regrets et qu'ils seraient inutiles! Tout le monde en France ne dit pas comme le respectable M. Vivien : « Je recevrais avec joie la liberté d'un Washington; je l'accepterais d'un Monk, et je la prendrais même d'un Cromwell, s'il pouvait nous la donner. » Il n'est plus temps de donner la liberté à une nation, si on ne la lui a promise, si on n'en a rattaché l'espoir à son nom.

Veuillez agréer l'assurance de mon profond respect.

PREVOST-PARADOL.

P.-S. Quant à la question religieuse, permettez-moi de la tenir à l'écart. Elle n'est qu'une des conséquences de la position prise par le parti constitutionnel; ou, si l'on veut la considérer en elle-même, elle demande un développement que ne comporte pas une lettre et que j'espère lui donner dans un travail dont votre bienveillante correspondance m'a inspiré l'idée. Je tiens d'ailleurs à ne pas

rendre la mienne importune, et j'aime mieux remettre à
cet hiver la suite d'une discussion à laquelle vous m'avez
fait l'honneur de vous intéresser, et dont je conserverai
toujours un bien agréable souvenir.

XLVI

VILLEMAIN A PREVOST-PARADOL

7 septembre 1855.

Monsieur,

J'avais remarqué votre bon souvenir et j'en étais bien
reconnaissant de cœur[1]. Sans accepter vos éloges au degré où votre amitié les porte, je voulais vous remercier
de cet aveu si complet donné à des choses que n'osent
avouer ceux qui les ont si longtemps professées. *Le Siècle*
craint de citer un mot de cette défense des principes qu'il
a exagérés pendant vingt ans. Un autre journal m'in-
sulte; un autre m'oublie tout à fait. Je suis bien touché,
moi, de votre approbation si désintéressée.

Je vous remercie aussi de l'envoi de votre thèse historique, savante et spirituelle, sur *Elisabeth et Henri IV*;
je vous demande la thèse latine sur *Swift* et je vous montrerai, à ce sujet, une page latine assez curieuse de
votre héros, bien spirituel et bien piquant écrivain, mais
que je n'aime guère, et qui ne méritait ni Vanessa, ni
Stella.

Agréez de nouveau, Monsieur, mes compliments et
mes vœux bien affectionnés.

A. VILLEMAIN.

1. Prevost-Paradol, dans le compte rendu de la séance publique
annuelle de l'Académie française, avait relevé l'éloquence avec laquelle
Villemain rappelait les principes du gouvernement constitutionnel.

XLVII

PREVOST-PARADOL A ERNEST HAVET

26 septembre 1855.

Mon cher Maître,

Vous n'imaginez qu'imparfaitement le prix que j'attache à vos éloges, et avec quelle impatience j'attends vos jugements sur les écrits que je prends la liberté de vous envoyer. Je vous remercie donc avec un vif plaisir de votre appréciation sur *Elisabeth et Henri IV*. Elle est pour moi très encourageante, car ce livre est mon véritable début dans l'histoire, comme je l'entends et comme j'essaierai de l'écrire. J'ai en mains un autre sujet, restreint aussi, mais dont l'unité est plus apparente et dont l'intérêt est plus vif, une histoire de *la Conversion de Henri IV*. Je ne l'ai pas encore abordé et je ne fais que l'entrevoir; mais je vais m'y livrer tout entier, si je suis encore à Paris au mois de novembre. Car vous savez sans doute que je demande une suppléance de Faculté en province, et que je crains de l'obtenir. Mais, en vérité, mon devoir est de la demander et de m'assurer quelques années de sécurité relative et de repos. S'il est difficile de faire quoi que ce soit en province, il est impossible d'y faire de l'histoire. D'un autre côté, j'essaierai mes forces dans un cours de Faculté, et cette épreuve, qui peut échouer, veut être tentée loin de Paris, dans une obscurité protectrice.

Pour en revenir à mon travail et à cette page 61 que vous y avez remarquée, j'ai à peine le courage de prétendre que vous avez trop bonne opinion de la nature humaine et en particulier de la nature française; mais là, je crois, est le fond de la question.

Vous croyez cette nation capable de république, comme

vous la croyez capable de philosophie. Il ne faut cependant, pour être digne d'un gouvernement constitutionnel et pour le supporter, qu'une moitié des viriles qualités et des beaux défauts nécessaires à la vie durable d'une république, et le gouvernement constitutionnel n'a trouvé dans ce pays, ni des hommes d'État capables de la conduire, ni des partis capables de l'améliorer. Je veux bien convenir que nous sommes à la fois meilleurs et pires que l'Angleterre et ne pas me plaindre de notre lot, mais je ne conclus pas de notre incapacité pour un gouvernement déjà très élevé à une aptitude particulière pour un gouvernement supérieur et qui exige davantage de la nature humaine. Ce n'est qu'avec embarras et défiance de moi-même que je porte de tels jugements; mais ils me semblent sortir plutôt de l'histoire contemporaine que de ma propre pensée.

Veuillez agréer, cher Maître, mes remerciements et l'assurance de mon respect.

PREVOST-PARADOL.

XLVIII

PREVOST-PARADOL A GRÉARD

Mercredi, novembre 1855.

Cher Octave, si je ne t'ai pas donné signe de vie depuis la bonne soirée que j'ai passée chez toi, c'est qu'attendant du nouveau de jour en jour, je ne voulais t'écrire que pour t'envoyer une bonne nouvelle. J'appelle bonne nouvelle une nomination quelconque, tant je suis las de cette incertitude! Mais la meilleure de toutes serait ce Strasbourg, qui pourrait bien, ou ne pas devenir vacant, ou m'échapper. M. Vidal, professeur à Aix, est venu ici me vanter sa chaire d'Aix et me prier de la demander, afin de favoriser ses desseins sur Strasbourg. J'ai refusé l'échange, mais il peut bien faire l'échange sans mon aveu. Sauf M. Guignault, très zélé pour mon affaire, et M. Lesieur, s'il faut l'en croire, je n'ai personne auprès du Ministre, et, à vrai dire, je ne cherche à y avoir l'appui de personne. Voilà, cher Octave, l'état incertain de mes affaires; je ne voulais pas t'en fatiguer au point où elles sont.

J'ai achevé samedi dernier ma lecture à l'Académie des sciences morales : l'effet en est bon ; mais une fois parti, tout cela ne peut plus me servir à grand'chose. J'ai eu mes deux filles malades chacune à son tour, et la seconde est encore en coqueluche. Tout cela nous entraîne, outre la mauvaise santé de la mère et le froid. Que ne demeures-tu cependant à Paris! Viens le plus tôt possible. J'ai besoin de toi.

A. P.

XLIX

PREVOST-PARADOL A GRÉARD

Dimanche, 1ᵉʳ décembre 1855.

Mon cher Ottavio,

Je verrai le champ de bataille des Cimbres et Pourrières,... mais je ne verrai plus de longtemps mon cher Octave ; car je vais à Aix, chargé du cours de littérature française, la chaire de M. Fortoul.

Cher Octave, il serait horrible de partir sans t'embrasser. Que faire? Écris-moi vite ce qui te convient le mieux, et aime-moi toujours bien.

A. PRÉVOST.

L

PREVOST-PARADOL A LUDOVIC HALÉVY

Aix, 24 décembre 1855.

Mon cher Ludovic,

Aussitôt que tu auras reçu cette lettre avec le mandat qu'elle contient, tu m'achéteras le volume des *Causeries* de Sainte-Beuve, où est Vauvenargues; tu le mettras affranchi à la poste, — tu sais que c'est un sou par feuille, vingt-cinq ou trente sous, — à mon adresse provisoire, qui est la poste restante, en attendant que j'aie fait mettre un numéro à la petite maison de campagne que j'ai louée.

Je t'écris, les fenêtres ouvertes, avec un soleil d'été, à peine supportable dehors; à côté de vos onze degrés de Paris, cela paraît bon, et pourtant quand le soleil se cache comme hier, nous avons plus froid que vous, avec trois ou quatre misérables degrés contre lesquels on est sans défense. Je commencerai mon cours le dix janvier, sur *les Principaux Moralistes français depuis le* XVIe *siècle*. Je lirai la première leçon et j'attends l'inspiration pour les autres.

De la solitude et de la tristesse d'Aix, tu ne t'en feras jamais une idée, à moins de venir dans mon château et dans mon parc plein d'oliviers, de mûriers, de figuiers, de cyprès. Ce qui ressemble pour nous à une serre-cimetière. Au fond, tout cela est admirable, et je crois avoir mis la main sur le Paradis.

Embrasse tout le monde pour nous et prie ton père de m'écrire, car je suis bien seul.

Tout à toi,

P. P.

LI

PREVOST-PARADOL A LUDOVIC HALÉVY

Aix, 26 janvier 1856.

Mon cher Ludovic, merci de *Ba-ta-clan*, merci de *Figaro* qui te reviendra régulièrement le lundi, merci enfin de tes lettres qui auront bientôt des réponses plus régulières.

Mon cours, cher Ludovic, m'occupe beaucoup moins que *Vauvenargues*. Voilà mon vrai souci. Si peu de temps pour un tel travail, et qui pis est, si peu de renseignements sur sa vie! J'en ai pris mon parti et je ne dirai de lui que ce que m'apprend Suard. Mais j'aurai ma revanche avec les œuvres et j'ai en tête et en note quelques bonnes pages. Pour l'envoyer, je compte faire comme pour ma thèse, quand je l'ai envoyée à Orléans; le chemin de fer accepte tout ce qui dépasse un kilogramme. Je mettrai l'éloge dans une petite caisse avec quelques livres et je l'enverrai à ton père. Je tâcherai d'avoir le temps de le recopier, afin d'avoir ici un texte à envoyer, coûte que coûte, par la poste, si l'autre tardait en route ou s'égarait. Je te parle longuement de tout cela, parce que c'est ma porte de derrière pour m'échapper et marcher sur Paris. Non que je sois mal à Aix : au contraire; partout ailleurs en province, climat, habitants, fonctions, tout serait pire. Mais j'étouffe, cher Ludovic, l'air me manque.

Je suis de mieux en mieux avec mon vieux Recteur, qui vient et revient à mon cours, et qui a déjà écrit beaucoup de bien de moi à Paris. Mes collègues sont excellents et mon cours va bien; dès ma seconde leçon, j'ai parlé à mon aise sans autre préparation que trois ou quatre lignes de plan écrites la veille et regardées le matin. J'improvise tout, mon Ludovic, et je réussis. J'ai du monde, des dames, enfin un petit succès de province.

Cependant tout le monde est ici si aimable en paroles qu'il est impossible, faute d'un ami, de savoir au vrai l'effet produit. Aussi figure-toi mon plaisir, jeudi dernier, quand, après mon petit sermon, descendant la rue au milieu des étudiants qui ne me reconnaissaient pas — il fait nuit à six heures et je relève mon paletot, — j'entendis ce dialogue : « Eh bien, qu'en penses-tu? — Moi, j'ai dormi tout le temps. — Comment as-tu pu dormir? Il vous a une parole, celui-là...! » Comme je suis sûr de ne pas crier, cela veut dire, à coup sûr, qu'ils me trouvent intéressant, et voilà le premier compliment qui m'ait rassuré, depuis que je suis à Aix. D'ailleurs, cher Ludovic, quel doux métier depuis que je me suis découvert la bosse du professorat! Deux jours occupés par semaine et le reste pour le travail libre ou pour la paresse, selon les goûts. J'ai déjà bien des projets pour remplir mes journées après *Vauvenargues*.

J'étais déjà en demi-relation avec M. B***, très aimable homme, et, pour cette ville, très distingué; mais il lui manque quelque chose que je ne sais dire. Il parle trop sérieusement, ou, ce qui est pire, il plaisante sérieusement. Je n'ai pu encore rencontrer M. Borely chez lui, mais je donnerais beaucoup pour être bien avec celui-là. C'est parce que tu ne le connais pas encore, vas-tu dire. D'abord peut-être; et puis, parce qu'il a végété dix-sept ans à Aix, comme procureur général de M. Thiers et de la Révolution, et qu'il s'est fait volontairement destituer pour un discours d'opposition en décembre 1847. Depuis, il vit retiré, en grand seigneur, monte beaucoup à cheval et doit ronger son frein. Mais, cher Ludovic, la fatalité s'en mêle et j'ai appris que le seul homme d'Aix avec lequel je pouvais espérer de causer était sourd à ne plus rien entendre. Ai-je assez de motifs, mon cher Ludovic, pour désirer revoir la coupole de l'Institut et me rassasier du ramage de Valentine? Mes amitiés à tout le monde. Je t'embrasse.

P.-P.

LII

PREVOST-PARADOL A Mme LÉON HALÉVY

Aix, 10 février 1856.

Chère Madame,

Je serais bien désolé que vous fussiez incompétente pour ma leçon d'ouverture et pour mon cours. Ce serait un bien mauvais signe, et je craindrais de devenir inintelligible pour toutes les personnes de goût. Ici on n'a pas peur de paraître bas-bleu en venant à la Faculté, et un auditoire de dames, comme on dit, est la meilleure garantie de succès.

Mais je laisse la Faculté pour passer à la cuisine, où vous voulez bien jeter les yeux. Elle est bonne. Nous n'avons perdu ni le lait, ni le beurre, et nous y avons gagné, avec les olives, de beau raisin conservé, qui vaut cinq francs à Paris et ici cinq sous, parce que l'année a été mauvaise; autrement, c'est deux ou trois sous. Mais que cela ne vous fasse pas croire à une terre promise! La viande médiocre, le pain excellent, les légumes rares; tout est cher et, au bout du compte, nous dépensons autant qu'à Paris; ce qui est bien injuste, car, en réalité, on vit ici moins qu'à Paris, et il devrait être permis de ne payer que moitié une demi-existence.

Mais le fléau et la curiosité du pays sont les domestiques. Nous en sommes au numéro 5. Le numéro 1 mettait la journée à faire un lit, le lendemain à faire l'autre, le surlendemain au troisième. Il n'y avait donc jamais qu'une personne de bien couchée. Elle est partie, cette lente personne, et nous la regrettons, et nous allons la reprendre, si nous pouvons.

Voici pourquoi : le numéro 2 laissait coucher ses maîtres dont vous connaissez la confiance, se levait pour aller coucher on ne sait où, laissant les portes du jardin et de la maison ouvertes et emportant même les clefs, en personne prudente qu'elle était, pour assurer le retour. Ma profonde habileté a eu raison de la sienne. A onze heures du soir, j'ai glissé au-dessus du loquet de la porte du jardin un morceau de bois d'olivier — voilà à quoi sert l'olivier en ce pays ! — qui l'a empêchée d'ouvrir ma porte, avec ma clef, pour rentrer dans ma maison. Elle est revenue, le lendemain matin, à neuf heures et avait, sans dire un mot, commencé à faire le salon, avec un sang-froid que vous n'imaginez pas, quand je lui ai conseillé un départ prompt et définitif.

Le numéro 3 entendrait mieux le patois que le français, si elle pouvait entendre quelque chose; mais elle est entièrement sourde et, après de grands cris qui vous épuisent, on lui voit faire le contraire de ce qu'on lui a crié.

Sachez, chère Madame, que ces trois exemples ne sont pas l'exception, mais la règle, et que le numéro 1 est l'idéal du pays. Voilà notre histoire domestique. Vous connaissez notre histoire politique et littéraire; elle va bien, comme chez vous, où *Ba-ta-clan* brillera longtemps encore.

Je vous souhaite une charmante maison de campagne. Quand donc pourrai-je la chercher avec vous?

Votre tout dévoué,

ANATOLE.

LIII

PREVOST-PARADOL A GRÉARD

Aix, 12 février 1856.

Mon cher Octave,

On t'a amplifié mon succès ici, mais on a aussi exagéré ce que tu appelles ma correspondance parisienne. Sauf Geruzez, avec qui affaires et amitié se confondent pour activer les lettres, je n'écris guère et pour d'excellentes raisons : la première, toute confidentielle, est que j'ai passé dans la composition précipitée de *Vauvenargues* tout le temps que me laissait mon cours ; la seconde, c'est que j'ai été, pendant plus de huit jours, accablé et hébété d'un rhume de cerveau ; la troisième — hélas! perpétuelle celle-là — est que, dans ce pays-ci, la vie se consume en froides visites à essuyer et à infliger à son tour avec rigueur, les habitants de cette province n'ayant d'autre divertissement que de s'attifer solennellement pour pénétrer les uns chez les autres.

D'ailleurs d'excellentes gens, comme je te le disais dans ma première lettre. C'est mon Doyen, qui a écrit ce que cite Geruzez. Quant à mon Recteur, il est le plus paternel, le plus ennuyé des hommes et le plus heureux de causer un peu de Paris, qu'il n'espère plus revoir après dix-sept ans de députation ou de conseil d'État. Le seul de tout ce monde qui ait une valeur réelle est l'ancien procureur général, ardent et intelligent homme de bien, avec qui mes atomes crochus se sont vivement engagés, mais qui est si sourd, si sourd, qu'on souffre en lui parlant. Et pourtant à qui parler, sinon à lui? Tu vois que j'ai des raisons d'envier Versailles. Sauf le temps admirable, mon jardin et une certaine tranquillité d'esprit, j'ai tout perdu en quittant Paris. Mais pardieu! j'y reviendrai.

Tu me parles de mes appointements, cher Octave. Amère ironie. Ils ne couraient qu'à partir du 12 décembre, et, à raison de la suppression du premier mois, du 12 janvier. J'ai donc touché cent cinquante francs ce mois-ci, pour tout potage. Or, cher Octave, parti de Paris avec quatorze cents francs, j'ai été obligé d'en faire venir quatre cents autres pour attendre ces bienheureux cent cinquante, et je ne suis pas sûr d'attraper mars sans encombre. Mes trois mille francs de fixe avec la retenue me mettent à deux cent trente-sept par mois, dans un pays où la vie est aussi chère qu'à Paris et les moyens indirects d'augmenter le revenu nuls. Voilà pour toi seul ma petite cuisine ; elle n'est pas toute rose.

Si tu entends, cher Octave, parler de mon petit speech, sois persuadé que mes leçons valent mieux ; mais l'usage veut qu'on imprime cela ; envoie-moi ce qu'on dit. Mon *Vauvenargues* part aujourd'hui incognito pour Paris ; suis-le et souhaite-lui bonne chance. Sans livres, sans loisirs, en trois semaines, c'est un tour de force ! Hélas ! cela n'en vaut pas mieux.

De tous les noms d'hommes-thèses que tu me cites, Saint-Évremond, que j'ai failli faire, me tente le plus avec Rollin. Bon terrain celui-là pour parler de l'éducation, comme tu t'y entends ; songe à cela et choisis vite.

Si tu n'étais pas marié, je te dirais ce que j'écris à Édouard : rentre à l'École : c'est le bon chemin, on le fera de fleurs pour t'avoir. Mais mieux vaut encore être le mari de Mme Gréard, à qui nous présentons nos plus vives amitiés, et le père d'une belle petite fille à qui ta filleule fait ses compliments.

ANATOLE.

Si tu vois Chéruel, ne m'oublie pas auprès de lui.

LIV

PREVOST-PARADOL A LÉON HALÉVY

Aix, 24 février 1856.

Mon cher ami,

Je suis incapable de suivre votre bon conseil et de combler cette lacune, très réelle, de mon *Vauvenargues*. Voici l'affaire. Il y a, près d'ici, un charmant village qui s'appelle Tolonet, célèbre par son vin blanc cuit, dont je connais à présent tous les mérites. J'y suis allé hier avec mon collègue Zeller. Arrivés à Tolonet, après une longue course au soleil, j'ai demandé ce fameux vin cuit. Zeller, qui a l'estomac malade, m'a laissé boire seul une bouteille entière. J'ai pu me contenir un peu jusqu'au retour ; mais, à peine l'avais-je quitté, que j'ai été pris d'un fou rire, que j'ai dit et fait mille sottises et que j'ai montré la plus déplorable gaieté. Ce matin, je suis réellement malade et à peine en état de vous avouer la cause ridicule de la migraine qui me torture. Je me souviendrai longtemps du vin de Tolonet, qui va peut-être me coûter deux mille francs la bouteille. Mais toucher à mon travail dans le sot état où je suis, me ferait certainement tout perdre.

Je serais, d'ailleurs, embarrassé pour le faire, même en bonne santé, faute d'une copie de mon travail. Vous savez que je ne fais pas de brouillon. Cette fois surtout, me sentant en retard, j'avais soigné mon manuscrit, afin de l'envoyer le plus tôt possible. Au moment où il allait partir, m'est arrivé l'article de Geruzez. Je ne savais comment le remercier et voilà ce que j'ai imaginé. J'ai fait la copie que vous avez entre les mains et je lui ai fait cadeau du manuscrit primitif qui était d'abord destiné à l'Académie. Je n'ai donc ici pas une ligne de

mon *Vauvenargues*, et je ne saurais à quoi rattacher
le petit morceau dont vous m'envoyez un plan qui me
donne bien des regrets. Je crois pourtant me souvenir
d'une longue phrase, où j'ai fait entrer les noms des de-
vanciers de Vauvenargues. C'est vers la fin, qui ressemble un peu, je crois, à une oraison funèbre, mais dont
je ne suis pas mécontent. La lacune que vous me signalez
n'en reste pas moins sensible et, si j'ai le prix, j'essaierai
de la combler. Merci encore une fois, mon cher ami, de
vos bons conseils; si j'étais à Paris, j'aurais bientôt fait
de les suivre. Vous souvenez-vous de l'excellente page que
vous m'avez fait ajouter à Bernardin de Saint-Pierre sur
la Chaumière indienne, que j'avais complètement oubliée?
C'est un service semblable que vous vouliez me rendre
et que je suis forcé de perdre.

Envoyez-moi donc le numéro sous lequel Pingard aura
enterré mon manuscrit, et croyez-moi toujours votre bien
dévoué et très reconnaissant.

P.-P.

LV

PRÉVOST-PARADOL A LUDOVIC HALÉVY

Aix, 2 mars 1856.

Mon cher Ludovic, il y a huit jours, les X***, avec
qui nous sommes liés, gens fort aimables et spirituels,
nous disent qu'une femme assez âgée, qu'ils ont beaucoup connue autrefois et qui a eu des malheurs con-
jugaux et autres, va débuter au théâtre d'Aix dans...
la Juive.

Tu sais peut-être que je n'ai jamais vu *la Juive*. Ces
trois nouveautés : le théâtre d'Aix, *la Juive*, la vieille
débutante, me décident, et, pour deux francs cinquante
centimes, je prends une des premières places. Ces pre-

mières places sont telles qu'on n'ose s'asseoir. Cet horrible petit théâtre d'un blanc sale ressemble à une cour d'assises.

On commence. De l'orchestre je n'ai rien à dire; les vingt ou trente malheureux qui écorchaient la partition, tournaient souvent plusieurs pages à la fois pour aller plus vite et n'en allaient pas mieux. Mais le chant, mais les acteurs, mais les costumes! Jamais Guignol ne fut à cette hauteur.

Rachel avait, à première vue, soixante-cinq à soixante-sept ans, ridée, cassée, essayant de chanter d'une voix tremblante : *Et cependant il va venir!* et laissant, faute de dents, échapper les sons à moitié commencés. Les autres personnages à l'avenant, les gardes avec des fusils de munition à capsule et des pantalons de toile bleue rentrés dans les bottes! Je devinais cependant les beaux endroits du chant, parce que, quand il s'élève, les acteurs ne chantent plus et laissent aller l'orchestre en remuant les lèvres et en ouvrant de grandes bouches, ce qui indique que là on doit crier. Un public d'étudiants est disposé à la raillerie. Aussi, quand Éléazar, pleurant sa fille, s'est écrié : *Mourir si jeune,* tu peux t'imaginer quelle tempête cette contre-vérité a soulevée dans la salle. Moi, j'étais fort attendri et plein de pitié pour cette pauvre vieille femme. Mais quand j'ai su, le lendemain, qu'on lui faisait seize cents francs de rente et que c'était par amour de l'art et pour gagner quatre-vingts francs qu'elle avait joué *Rachel,* j'ai regretté de n'avoir pas ri comme mes étudiants.

Le meilleur de tout cela, c'est que ton oncle a gagné à cette soirée. Cette affreuse salle était comble; et puisque après tout c'est *la Juive* qui y a été condamnée et exécutée, il touchera, bon gré, mal gré, ses droits d'auteur. Les officiers qui m'entouraient et qui fredonnaient toute *la Juive,* devançant les malheureux chanteurs, disaient que la troupe d'Avignon était au-dessus de celle d'Aix.

Je le crois sans peine. Heureux Lud. qui peut entendre de vraie musique et voir de vrais acteurs!

P.-P.

LVI

PREVOST-PARADOL A GRÉARD

Aix, 10 avril 1856.

Mon cher Octave,

Mon départ a été plus précipité que je n'aurais voulu; mais il n'a rien de mystérieux. Je ne suis arrivé à Aix que dimanche soir; et n'ayant pas de prolongation de congé, j'avais à la fois une leçon à faire pour jeudi et un programme à rédiger pour mon cours de l'année prochaine. Ma leçon devait être sur La Rochefoucauld que je ne connaissais plus depuis dix ans et qu'il fallait au moins relire. Quant au programme, j'ai voulu avoir le temps de le produire. Avec tout mon zèle, je n'ai pu en faire qu'un de deux à trois pages sur l'*Histoire de la poésie française au xviie siècle*. Mes collègues ont écrit presque des brochures et je crois cela plus agréable au laminoir des inspecteurs généraux de l'enseignement supérieur qui vont juger tout ce fatras. Mais qu'y faire?

Le silence vaut de l'or dans ce temps-ci, et je suis d'une joie folle d'avoir acquis le droit d'être absent et de me taire. J'en ai envers Fortoul une vraie gratitude; lui-même m'a dit à Pâques : « Eh bien, je vous ai donné le calme et la liberté de travailler à votre aise! » Pourquoi faut-il, cher Octave, que je doive au libraire cette *Elisabeth et sa cour* qui me dérobe mon loisir? T'ai-je dit le marché qui m'est proposé? On me rembourse mes quinze cents francs d'*Henri IV* à Lahure, mais on ne prend *Elisabeth et sa cour* en toute propriété que pour huit cents francs. J'ai commencé par maudire l'offre, mais aujourd'hui je trouve le marché bon; en effet, il ne s'agit que de trois cents pages, format et caractères de leur *Saint-Simon*. Si bien qu'ayant *Askin* à traduire et à réduire, je fais largement dix pages par jour sans me gêner, si bien que je gagne mes vingt-cinq francs par jour, et même davantage, comme feu les représentants du peuple. Gain négatif que celui-là, cher Octave, puisque je ne fais que payer ainsi ma dette ! Mais quoi ? S'il avait fallu rembourser en argent, au lieu de payer en nature ? Je trouve donc philosophiquement cette affaire la meilleure des affaires, faites avec le meilleur des libraires !

Tu vois que je prends le bon côté de chaque chose. Le paisible cours de ma vie d'Aix me ravit au point que je me consolerais aisément d'échouer dans mes projets ambitieux sur la Sorbonne. Ma petite fille, monsieur le Soleil, mon jardin que je vais orner de poules, mon cabinet de lecture et mes journaux, mon cours même qui me réveille une fois par semaine et me chatouille, mon cher Borely enfin avec qui *je crie* un peu tous les jours, tout cela me roule si doucement à travers la vie qu'elle me semble un chemin de mousse qui peut me conduire au néant, sans que j'y songe. A peine si la demi-certitude où je suis de la chute de *Vauvenargues*, et si l'inquiétude que doit me causer pour mon mémoire sur *l'Éducation* l'instinctive antipathie du rapporteur ont le pouvoir de me troubler[1]. Il me faut un effort pour m'affliger de ces échecs lointains, qui perdent ici de leur réalité. Et je suis sûr de regretter Aix au moins pendant dix bonnes minutes, si j'étais appelé à la Sorbonne et rejeté dans le tourbillon ; mais, ces dix minutes passées, je crois que je serais tout entier au plaisir de me retrouver chez moi avec mes amis et de macadamiser avec Octave.

---

1. L'Académie des sciences morales avait ouvert un concours sur la question de l'action de la famille dans l'éducation. Prevost-Paradol avait traité le sujet et remis son mémoire avant de partir pour Aix.

En attendant, à toi de cœur et nos amitiés à ta jeune famille. *O sapiens homo, quando familia illa crescet in numerum?* Je vais faire des bacheliers lundi prochain; je nettoie donc mon latin.

Tout à toi,

ANATOLE.

LVII

PREVOST-PARADOL A LUDOVIC HALÉVY

Aix, 15 avril 1856, 8 heures et demie du matin.

Cher Ludovic,

Je veux t'écrire une lettre mémorable. Sache donc que je t'écris sur une estrade majestueuse, du haut de laquelle je surveille, pour la première fois de ma vie, vingt et un malheureux aspirants-bacheliers, qui développent ce vers de l'abbé Bernis :

Dieu s'annonce à nos cœurs par la voix des remords.

Un des candidats vient de me demander si c'était *voie* ou *voix*, ce qui suppose une jolie force en versification française.

Tout en t'écrivant, je surveille ces infortunés, afin d'empêcher les communications, et le souvenir personnel d'avoir fait cinq versions avant la mienne, à la Sorbonne, ne m'empêche pas d'être attentif et sévère.

Ici rien de nouveau, mon cher Lud. Nos lettres sur *le Figaro* se sont croisées. Je n'ai aucune nouvelle de *Vauvenargues.*

N'as-tu pas parmi mes livres un exemplaire de la séance de l'Académie française de 1852, comprenant le rapport de Villemain, mon *Bernardin de Saint-Pierre* et les vers de madame Collet? Si tu trouves cela et que la poste accepte ce grand format, veuille me l'envoyer pour mon ami Borély, qui y tient.

ANATOLE.

LVIII

PREVOST-PARADOL A GRÉARD

Aix, 5 mai 1856.

Mon cher Octave, comme j'ai envie de te gronder! Il y a je ne sais combien de temps que je t'ai écrit une grande lettre, et tu ne m'en dis rien. Depuis ce temps-là, j'ai été un peu malade, après les examens de baccalauréat. Je suis remis, mais occupé de bien des choses et surtout de suivre à Paris les affaires si compromises de *Vauvenargues*. Tu sais la situation de Pâques, mais la nouvelle, non. La voici.

Mardi dernier, il y a huit jours, j'ai été réservé pour le prix par 9 voix contre 8 qui me donnaient l'accessit. Tu sais que l'accessit est entre le prix et la mention. C'est un grand pas, puisque cette seconde lecture pouvait me mettre hors de combat, ce qui semblait probable à la première. Mais le numéro 9 a été, avant moi et avec bien plus d'approbation que moi, réservé pour le prix. En supposant donc que la seconde lecture n'élève aucun des autres qui survivent, Edmond Blanc, Gilbert, Cerfbeer, etc., la lutte serait entre moi et Poitou. Ce serait déjà une victoire inespérée pour moi que d'obtenir le partage du prix. Cousin est dévoué à Poitou. Son discours est étendu, plus travaillé que le mien. Enfin, l'année dernière, on lui a infligé un partage et l'on ne veut pas recommencer. Voilà où j'en suis. Peut-être, quand tu liras cela, tout sera-t-il décidé, et tu le sauras.

Que deviens-tu donc? Et tes thèses, mon cher Octave? Et celles de Rigault? As-tu quelque bruit de Sorbonne? Et tes enfants présents et futurs? Ici, l'extrème grossesse de ma femme fait tout languir; mais Lucy va admirablement bien et jouit de quatre poules : elle passe sa vie

au soleil dans le jardin, et moi presque autant. Nos amis
Borély sont notre occupation et notre distraction de
chaque jour. Le temps passe assez vite, et si j'avais un
peu plus de tes lettres et quelque espoir de revoir Paris
au mois d'août, je ne me plaindrais de rien.

Tout à toi,
ANATOLE P.

As-tu lu *Tite-Live*? De bien belles pages. Je crois la
méthode étroite et exclusive. D'ailleurs Taine va bon
train. Mille amitiés à Chéruel, et dis-lui mes affaires. De
même pour Levasseur. J'ai reçu de lui un article *Sur la
manière de connaître la valeur de l'argent*. On dirait, à
l'entendre, que c'est bien difficile. Qu'il se marie, qu'il
ait des enfants, qu'il vienne s'établir à Aix, et il connaîtra
tout d'abord la valeur de l'argent, surtout s'il a la dé-
mangeaison des voyages et le goût d'aller à Paris.

LIX

PREVOST-PARADOL A LÉON HALÉVY

Aix, 25 mai 1856.

Mon cher ami,

Mille remerciements pour la bonne nouvelle de
l'augmentation de traitement et pour votre empressement
à me l'annoncer. Je suis étonné et charmé de la promptitude de la résolution. Le ministre a dû se décider le
jour même où ma demande est parvenue à Paris, car
elle n'est partie d'Aix qu'au commencement de cette
semaine. Le vrai est qu'il me comble de bons procédés
et que je suis fâché de ne pouvoir les lui rendre qu'à demi.

Je viens, par exemple, d'écarter poliment, mais fermement, une proposition de la *Revue contemporaine* qui

commençait ainsi : « Monsieur le Ministre de l'instruction publique, qui veut bien s'intéresser tout particulièrement à la *Revue contemporaine*, m'a autorisé à vous demander votre concours pour cette revue, etc.... » Cela ressemblait fort à une sommation ; mais je n'y puis rien. Autant je suis résolu à ne donner aucun sujet de plainte, et à faire sagement mon devoir, autant je suis décidé à tout jeter là, plutôt que de m'enrôler dans cette armée qui cherche des renforts. D'ailleurs le peu d'articles que je pouvais faire est dû à Hachette, et je ne puis prendre aucun autre engagement.

Mon cours ne va pas mal, et le Recteur, M. Mottet, — qui est ici le meilleur juge — a dit à M. Mignet, en toute sincérité, que tout ce qu'il écrivait au Ministre sur moi, il le pensait. Il pressera de vive voix M. Fortoul de me rappeler à Paris ; il ne peut pas convenablement l'écrire, devant officiellement paraître jaloux de me garder. Mais il faut que les vacances se produisent à la Sorbonne.

Vous ai-je écrit que nous avons eu M. Mignet, pendant quatre jours, tout entier, à M. Borély et à moi, après sa mère dont la fin prochaine l'appelait à Aix ? Je ne sais s'il reverra vivante, au mois d'août, cette mère de quatre-vingt-quatre ans qu'il aime tendrement et qu'il a pu s'habituer à croire immortelle. Nous avons, comme vous pensez bien, épuisé mes affaires académiques.

L'affaire de *l'Éducation* est commencée. Mon numéro 16 est jugé favorablement par quelques-uns des commissaires ; mais il y en a un ou supérieur ou égal. Tout cela est encore vague. M. Louis Reybaud, qui en est, peut en savoir davantage.

Nos amitiés à tout le monde. J'espère que vous jouissez enfin du beau temps à la campagne. Je répondrai bientôt à Ludovic et à Valentine. En attendant, mille amitiés.

P.-P.

LX

PREVOST-PARADOL A LUDOVIC HALÉVY

Aix, 30 juin 1856.

Mon cher Ludovic,

Je te renvoie trois *Figaro*. N'aie aucune inquiétude sur les autres. M. Borély qu'intéressait la guerre contre Lamartine les a entre les mains et j'attends son retour de la campagne pour te les renvoyer.

Nous avons eu ici pendant quelques jours, mon ami et vainqueur Gilbert, bon et aimable garçon, quoiqu'il m'ait battu sur *Vauvenargues*. Il m'a confirmé ce que M. Mignet m'avait déjà écrit : que mes partisans, d'ailleurs peu nombreux à l'Académie, avaient préféré ne pas me voir classer au-dessous du prix et qu'on avait confié à M. Villemain le soin de parler en termes honorables du numéro 16.

L'imperfection de mon travail n'est pas la seule cause de mon échec; j'ai manqué aux convenances académiques en laissant comprendre que Vauvenargues niait le libre arbitre et avait rencontré sur beaucoup de points les opinions de Spinoza. Il faut des vérités à l'Académie; mais pas trop n'en faut. Ton père a dû recevoir en même temps que toi ma dernière lettre. Prie-le de m'écrire et en même temps de remercier M. Pongerville qui, grâce à lui d'ailleurs, s'est montré très favorable à ma cause perdue.

Ici rien de nouveau; la chaleur devient accablante et je t'écris en costume de bain, ce qui ne veut pas dire que nous ayons ici la mer ou une rivière quelconque; mais je passe une partie de la journée dans une baignoire.

ANATOLE.

LXI

PREVOST-PARADOL A GRÉARD

Aix, lundi 28 juillet 1856.

Cher Octave,

Une troisième petite fille m'est tombée du ciel, mardi dernier, à trois heures. Elle tette très bien à une lieue d'ici, à Gardanne. La mère est aussi bien que possible.

Jeudi matin, je pars pour la Corse, et, le 6 ou le 7 août, je serai de retour ici jusqu'au 19, date d'un nouveau départ pour Alger. Ne pourrons-nous nous voir pendant les vacances? Arrange quelque chose. Que sais-je? Iras-tu en Portugal pour tes nouveaux malheurs, et Mme Gréard a-t-elle quelque projet?

Quel successeur aura M. Fortoul? Quelle mort!

Viens, et en attendant, écris-moi.

A toi de cœur,

An. P.-P.

P.-S. — Si tu es à Paris, le 16 août, je voudrais que tu allasses à la séance de l'Académie française pour entendre ce que M. Villemain dira du numéro 16 et me donner quelque idée de la séance.

LXII

PREVOST-PARADOL A GRÉARD

Aix, 13 août 1856.

Cher Octave, j'ai trouvé ta lettre en revenant d'Ajaccio, et je te réponds avant de partir pour Alger. D'ici au

19. jour de mon départ, j'espère voir Édouard, qui m'a offert de passer par Aix et que j'attends le 15 ou le 16. Que n'es-tu de la partie? Nous pourrions passer au moins ces trois jours ensemble. Mais je suis forcé de le laisser aller seul en Italie. Quant à Paris, j'irai peut-être, malgré moi, en septembre, et je ne sais trop comment je me tirerai de ces frais de voyage. Les avances qu'il nous faut faire pour nos tournées de Corse et d'Algérie nous laissent peu de moyens de tenter d'autres voyages. Mais il faut que ma femme aille chercher sa petite fille à Paris, puisque Mme de Saint-Pierre n'a pu l'apporter ici. Et comme ma femme n'entend pas partir sans Lucy, elle doit être accompagnée au retour; revenir seule, avec deux enfants de cet âge, est impossible. Il est donc probable que je te verrai en septembre, à ton retour du Rhin. Que n'ai-je été nommé à Strasbourg! J'aurais fait cette belle excursion avec toi, et en outre j'échapperais à l'écœurante chaleur que nous avons ici.

Tu me demandes, cher Octave, si je travaille. A la fin de l'été, je dirai comme Siéyès, après la fin de la Terreur : J'ai vécu. Avec la mer, ce pays serait un paradis pour un lézard, comme moi : te souviens-tu de nos perchoirs dans la cour de l'École normale? Mais être à six lieues de la mer, — cent lieues de diligence, — n'avoir pour école de natation qu'un torrent à moitié desséché, qui coûte deux heures de marche au soleil, c'est assez pour lasser du beau temps et prendre le soleil en dégoût. Marseille est une ville admirable; il y a un certain Prado avec la Méditerranée au bout, où j'habiterais aussi volontiers qu'aux Champs-Elysées; mais Aix, Aix! J'aime Ajaccio, quoique l'hydre de Lerne en soit sortie. La mer est d'un bleu admirable, même quand le ciel est gris. Beaucoup de jolies femmes, l'air un peu dur, mais quels profils et quels yeux! Comme je me porte mieux sur mer que sur terre, et d'autant mieux qu'elle est plus agitée, si je reste ici quelques années, je connaîtrai mieux la

Méditerranée que la rue du Cherche-Midi; car je veux la
parcourir deux mois par an. Pourtant les boulevards, avec
toi surtout, sont encore plus beaux.

A toi de cœur,
P.-P.

LXIII

PREVOST-PARADOL A LUDOVIC HALÉVY.

Aix, 22 octobre 1856.

Mon cher Ludovic,

Merci du *Figaro*; merci surtout de ta lettre. La première *Lettre de Valentin de Quévilly* est un chef-d'œuvre.
Fais-en compliment à About, si tu le rencontres.

Que me parles-tu, cher Ludovic, de cataplasmes et de
purgations? Cela est trop tristement laconique. Comment,
pourquoi es-tu malade? Et est-ce fini? Ma femme est
arrivée ici très souffrante et enfiévrée; mais notre admirable climat a tout guéri. L'automne vaut mieux ici que
l'été et le printemps; c'est la température et l'atmosphère
des Champs Élysées de Fénelon. Ma nouvelle petite fille
mange toujours avec excès et m'inquiète pour l'avenir :
comment conduire dans le monde une jeune personne
aussi affamée, qui mange des deux mains et toujours?

Nous sommes revenus avant-hier seulement de la campagne de nos amis Borély, où nous avons passé quatre
jours. M. Borély a importé ici une belle race de cochons
anglais. Il y a fondé une sorte de haras à cochons. On
se dispute les petits; tout autre y ferait sa fortune; jusqu'à présent, il n'y a rien gagné. L'établissement est très
beau et bien situé au milieu d'un bois de pins, seule et
triste verdure du pays. J'ai chassé, j'ai tué des grives
et ce qu'on appelle des palombes. J'ai même tué, à deux

pas du pigeonnier, un malheureux pigeon que j'ai eu la naïveté de prendre pour une palombe. « Sacredienne! » criait M. Borély, en me voyant ajuster au vol ce pauvre pigeon! Et moi qui interprétais l'exclamation par : « N'allez pas le manquer », je lui ai coupé la tête comme M. de Framboisy à sa femme. On m'a tout pardonné.

Mille amitiés à tout le monde, et n'oublie pas ton ami dévoué

Anatole.

LXIV

PREVOST-PARADOL A LUDOVIC HALÉVY

Aix, 21 novembre 1856.

Mon cher Ludovic,

Je ne t'ai pas encore écrit, occupé comme je l'étais de la réouverture de mon cours. Aujourd'hui, c'est une affaire faite et heureusement faite. J'avais hier, à cinq heures, cent soixante-dix-huit Aixois, dont vingt-trois Aixoises, réunis pour ma première leçon, et j'ai été accueilli avec une parfaite bienveillance. J'aime fort mon cours et mon auditoire, et croirais-tu que je commençais à trouver les vacances un peu longues : tant j'ai déjà pris goût à l'enseignement public! Me voici rentré dans mes leçons sans cesser d'être enfoncé dans mes livres, et l'année va sans doute s'écouler rapidement et paisiblement, en attendant des jours meilleurs. Les journaux anglais disent toutes sortes de choses dont je ne sais que croire, et je ne te demande pas de les confirmer ou de les démentir. Pour moi, je suis ici le plus patient des hommes, parce qu'en réalité rien ne me manque, sauf mes amis de Paris, et que cette vie, doucement occupée, est tout à fait de mon goût.

J'ai été désolé du caprice qui te privait de ta course en Italie. Mais nous y gagnerons de la faire un jour ensemble et par un chemin plus agréable que celui qui effrayait ta tante. Il faut tout simplement venir à Marseille s'embarquer pour Gênes. C'est la voie la plus courte, la moins coûteuse et, à mon gré, la plus charmante. De Gênes on va partout en chemin de fer, sauf dans les États sauvages du vicaire de J.-C. A l'été prochain cette partie, surtout si le concours de l'Académie des sciences morales réussit.

Tu as dû lire, dans ma dernière lettre à ton père, l'état de la question. Depuis, point de nouvelles, mais une furieuse idée d'en avoir, bonnes ou mauvaises. Tu connais, je crois, mon Mémoire, et je suis sûr que tu me donnerais le prix sans ajournement, ne fût-ce que pour me voir arriver, au jour de l'an, déjeuner à l'Institut et souhaiter une bonne année à Valentine.

Embrasse bien tout le monde pour moi ; donne les meilleures nouvelles de toute ma maison qui va à merveille, et crois-moi toujours ton bien dévoué

ANATOLE.

LXV

PREVOST-PARADOL A GRÉARD

Aix, 5 décembre 1856.

Cher Octave,

Je regarde, tout en t'écrivant, quatorze aspirants bacheliers qui se creusent la tête pour développer un vers de Boileau.

J'ai reçu hier et ce matin ton fin compte rendu du doctorat de Rigault ; je le mets à côté de ceux de Geruzez et d'Édouard. Je suis sincèrement heureux du grand succès de Rigault qui n'est nullement un obstacle à mon avenir et qui fait d'ailleurs profession d'amitié pour moi. Geruzez m'écrit qu'il a glissé dans sa thèse un mot fort aimable sur mon compte; quel mot? j'attends le volume, pour le savoir. Le voilà au Collège de France, ce qui ne doit pas l'empêcher d'aspirer à la Sorbonne, qui ne bougera guère jusqu'à l'année prochaine.

Pour moi, mon cher Octave, je plante mes choux avec plus de résignation que jamais. J'attends avec impatience la décision de l'Académie sur *l'Éducation*; je sais seulement que M. Guizot m'est favorable, mais que je suis menacé d'un ajournement[1]. Je pousse mon *Elisabeth* vers sa fin. Si j'avais un prix, je voudrais pouvoir remettre mon manuscrit d'*Elisabeth* à Hachette, en allant à Paris, et me livrer tout entier à mes *Moralistes*, dès le mois de janvier.

Je mène, en attendant, une vie calme, mais assez triste, ayant pour toute distraction la lecture des journaux; ce n'est pas beaucoup dire. L'hiver avait été jusqu'ici admirable, mais le mistral est arrivé ces jours-ci et avec 1 degré au-dessous de zéro; on a plus froid qu'en Sibérie, à cause de la force de ce vent qui pénètre partout. Le soleil pourtant fait bravement son métier et réchauffe tout ce qu'il touche; mais le jardin est interdit aux enfants, et tout le monde se sent un peu en prison. Comment vis-tu à Versailles? Tes thèses avancent sans doute; mais que feras-tu du doctorat? Tu ne songes guère aux Facultés de province. Je n'y aurais jamais pensé, si, comme Rigault, j'avais eu un pied aux *Débats*. Hélas! il a fallu prendre un détour dont je crains de ne pas voir la fin.

J'ai repris mon cours avec grand tapage, cent soixante-dix-huit auditeurs la première fois et cent soixante-seize

---

1. Le prix, qui était de cinq mille francs, fut partagé. Prevost-Paradol obtint le second avec deux mille francs; le premier fut décerné à M. Barrault.

la seconde, dont vingt à vingt-cinq femmes. Mais ces succès à huis clos me donnent sur les nerfs. Leur parfaite inutilité m'irrite; ils ne me servent qu'à n'être pas ridicule.

Édouard n'a pas eu de peine à se réacclimater à l'École. Il m'écrit des lettres ravies et ravissantes. Il n'est pas difficile; il me semble que j'y rentrerais volontiers. J'aime toutes les pierres de cette école, où je travaillais si librement, où nous déjeunions si gaiement sur nos bancs de pierre. Je voudrais être vieux et avoir des titres pour prendre la succession de Michelle. Je te ferais tout de suite nommer à côté de moi, et nous recommencerions à vivre de la même vie; car il ferait beau voir qu'on interdise aux directeurs d'aller, à sept heures et demie, déjeuner dans la cour, puis voir la gymnastique et le mastodonte!

On ne recommence pas sa vie, mon cher Octave; il faut marcher, marcher toujours sans grand plaisir et jusqu'à la mort. C'est déjà un grand bonheur que de ne point faire seul ce vilain voyage, et que de pouvoir se tendre la main d'Aix à Paris, pour traverser les brouillards et les fondrières.

A toi de cœur, écris-moi.

P.-P.

LXVI

J.-J. WEISS A PREVOST-PARADOL.

Aix, 15 mars 1857.

Je ne veux pourtant pas, mon cher Prevost, m'exposer à reparaître devant toi à Pâques, sans t'avoir remercié de tout ce que tu avais fait ici, avant ton départ, pour me préparer un bon accueil auprès de tes collègues, de tes amis et de ton public[1]. On m'a reçu partout à bras ouverts et tu en es un peu la cause. Je voudrais de grand cœur reconnaître tes prévenances, en te disant qu'elles ont eu pour résultat de me rendre Aix agréable. J'ai vu bien des villes, je n'en ai vu aucune à laquelle il soit aussi impossible de se faire qu'à celle-ci. Dans ta maison de campagne, sur le poirier où l'on m'a dit que tu aimais à percher, tu n'étais, pour ainsi dire, pas à Aix. Rue Villeverte, n° 20, voilà la véritable Aix, et il n'y a que Mazas où l'on puisse être plus tristement! Je me résigne, parce que j'ai une paresse naturelle d'esprit qui fait que je n'aime pas trop à prendre la peine de me révolter contre la situation où il plaît au vent de me jeter. Mais il faut une fière résignation ou une fière paresse. Le voisinage de Marseille n'est guère une consolation. Il ravive chaque semaine mes douleurs. Quand je reviens le lundi matin des allées de Meilhan, Aix me fait le même effet que Titus à Bérénice.

Je crois toujours la voir pour la première fois.

Mais ce n'est pas pour la même cause. Les Marseillais, pour me rendre courage, m'assurent qu'ils auront la Faculté d'ici à dix ans. D'ici dix ans, j'espère être ailleurs. Je te remercie de ta bonne lettre ; c'est un rayon de Paris que j'aimerais à voir quelquefois se renouveler. Tout ce qu'il y a de beau ici, c'est le plus magnifique soleil du monde, mais il n'est si beau soleil que les brouillards de la Seine.

Ton tout dévoué,
J. J. Weiss.

---

1. J.-J. Weiss avait remplacé Prevost-Paradol à Aix.

LXVII

ERNEST HAVET A PREVOST-PARADOL

13 mai 1857.

Mon cher Prevost-Paradol,

Vous devinez bien, j'en suis sûr, à quel point j'ai goûté votre mémoire sur *l'Éducation*. Ce n'est pas moi qui me plaindrai que vous soyez trop Universitaire. Les sages semblent vous le reprocher, et c'est apparemment pour cela que vous n'avez qu'un second prix. Les sages sont si sages qu'ils dorment à moitié et ont peur qu'on ne les éveille, en faisant entrer le grand jour chez eux; ils aiment mieux les rideaux fermés de la vie de famille. Il est vrai que le calme et la sérénité manquent parfois dans vos éloquentes pages, et cela étonne d'abord dans un livre sur les enfants; mais ces enfants, que seront-ils et quel avenir leur prépare notre présent? Il n'est guère possible d'y penser sans inquiétude et sans amertume. Pour votre style, il s'empare pleinement de moi, aussi bien ici que dans votre belle polémique des *Débats*.

Puisque je parle du journal, je demande encore que vous vous méfiiez un peu, je ne dis pas de votre passion pour l'Angleterre, — quand on a une passion, on ne s'en méfie jamais, — mais de l'expression trop vive de vos sentiments. Vous êtes fait pour gouverner les esprits, et vous les gouvernez déjà; mais prenez garde de les effaroucher, en leur parlant trop anglais.

A vous de tout mon cœur.

ERNEST HAVET.

LXVIII

PREVOST-PARADOL A GRÉARD

11 mars 1858.

Mon cher Octave,

Merci. De mes deux chères malades, ma femme me reste seule aujourd'hui et j'ai perdu la plus jeune de mes petites filles. Cette charmante enfant avait échappé par miracle à la mort, il y a six mois, et depuis ce temps, elle était devenue une petite merveille de grâce et d'affection pour nous. Sa mort si prompte nous a déchirés, et tu connais assez tous les genres de douleur pour te figurer la nôtre, surtout celle de ma pauvre femme, malade elle-même depuis si longtemps.

Je t'embrasse de cœur, mon cher Octave.

ANATOLE.

LXIX

PREVOST-PARADOL A LUDOVIC HALÉVY

Aix, samedi 29 janvier 1859.

Je suis arrivé cette nuit de Cannes. Je repars ce soir pour Toulouse et je me crois sur le point de découvrir le mouvement perpétuel. Mon voyage de Cannes est un petit abrégé de la vie : triste et gai tout ensemble. Je suis allé à Cannes par mer; à peine débarqué, j'ai couru chez mes amis les Garnier. Rien de pareil à ce qu'ils souffrent. Figure-toi un père et une mère de cinquante ans, debout nuit et jour, pâles, désespérés et cachant leur désespoir, à côté du lit d'un charmant et excellent garçon de vingt-deux ans, leur seul enfant, qui crache le sang à flots, qui se meurt et qui veut paraître l'ignorer, de peur d'attrister ses parents.

De là, je suis allé chez lord Brougham, qui me cherchait, dit-il, depuis longtemps, qui me prend en belle amitié, me défend de remonter sur mon bateau et me ramène en poste à Aix. Il a soixante-douze ans et est infiniment plus jeune que moi. Nous avons donc roulé toute la journée d'hier entre Cannes et Aix, dans un pays admirable, sous un soleil ardent, causant dans les deux langues.

J'arrive enfin ici et je retombe dans d'autres chagrins. Ma pauvre femme souffre horriblement. Elle est vieillie non pas de dix ans, mais de cent ans. Cette maladie cruelle, que rien n'arrête, me fait trembler. Pauvre chère femme! C'est le compagnon courageux de mes plus mauvais jours, et, si je réussis, elle s'en trouvera récompensée. Elle m'a toujours soutenu, encouragé, avec une foi dans l'avenir, naïve et admirable. Ses atroces souffrances sont injustes. Voilà le côté triste de mon retour. En revanche, une petite voix émue, sortant d'un petit lit, a crié : Qui est là? Et aussitôt mon petit ange de Lucy était dans mes bras. C'est le plus grand bonheur qu'on peut sentir en ce monde, et sans lequel la vie n'a point de sens ni de prix.

Tout à toi,
ANATOLE.

LXX

COMTE DE MONTALEMBERT A PREVOST-PARADOL

30 mai 1860.

Cher défenseur,

Je vous ai lu avec bonheur et admiration, comme toujours, et, peut-être, plus que jamais, car je ne trouve pas même une ombre de réserve à faire[1].

---

1. L'écrit auquel Montalembert fait allusion est la brochure sur *les Anciens Partis*.

Vous me disiez, un jour, que vous écriviez pour cinq cents personnes, et vous aviez tort. Dieu vous a donné une plume, et, ce qui vaut bien mieux encore, un cœur dont vous devez rendre compte à votre temps. Vous êtes, à la fois, l'espoir et l'ornement de ce parti libéral dont vous avez raison de réhabiliter le nom, mais dont il faut confesser les fautes, pour sauver l'avenir.

Quant à moi, qui n'écris pas même pour les cinq cents âmes sympathiques dont vous parliez, je n'écris plus jamais quoi que ce soit sans penser à vous, et j'espère que, dans les dernières pages de l'article que je vous envoie sur *le Vrai et le Faux Moyen Age*, vous trouverez, à propos de la mission de l'historien dans le monde moderne, quelques accents qui vous iront.

Tout à vous, avec mille sincères amitiés,

CH. DE MONTALEMBERT.

LXXI

PREVOST-PARADOL A M. BORÉLY

23 juin 1860.

Vous connaissez déjà sans doute, mon cher ami, le jugement rendu contre ma brochure. Je n'ai point l'intention d'en appeler. Ce n'est pas que je reconnaisse le moins du monde l'exactitude des considérants qui le précèdent; je trouve qu'ils vont bien au delà non seulement des termes — cela va sans dire — mais même de la pensée de ma brochure. Je n'ai point demandé le moins du monde dans ce travail que les anciens partis se réunissent pour détruire l'empire; je les ai engagés à réclamer en commun et à poursuivre d'un même effort l'application de certains principes libéraux, dont j'ai donné le programme; je n'ai dit rien de moins, ni rien de plus.

Le jugement m'en fait dire bien davantage et constitue
à lui seul une nouvelle brochure, bien autrement fac-
tieuse que la mienne. Cependant je n'en appellerai pas,
d'abord parce qu'on m'a appliqué le minimum de la
peine, ce qui est une sorte de succès[1], si l'on songe à
l'acharnement et à la puissance de mes adversaires;
ensuite, parce que les magistrats sont enclins, en ces
matières, à se donner raison les uns aux autres et que
j'aime mieux me débarrasser de ma prison, pour aller
vous embrasser au mois de septembre.

A vous de cœur,
Prevost-Paradol.

LXXII

THIERS A PREVOST-PARADOL

21 juillet 1860.

Mon cher ami,

J'ai eu tant à faire ces jours derniers que je n'ai pu
loger dans le temps qui me restait une seconde visite à
Passy[2]. N'y voyez ni tiédeur, ni oubli, mais impossibilité.
Vous savez combien je vous aime et m'intéresse à ce qui
vous touche. Je pars pour Anzin, et si, à votre retour, vous
êtes encore avec les fous, quoique fort sage, j'irai vous
serrer la main bien affectueusement.

Tout à vous,
A. Thiers.

---

1. On sait qu'il avait été défendu par M. Dufaure.
2. Prevost-Paradol avait été autorisé à subir dans la maison de
santé du Dr Blanche, à Passy, le mois de prison auquel il avait été
condamné.

LXXIII

SAINTE-BEUVE A PREVOST-PARADOL

28 octobre 1860.

Je trouve, Monsieur, mon nom cité par vous d'une manière toute bienveillante et flatteuse dans votre article d'aujourd'hui. Je saisis cette occasion de vous remercier et de vous dire combien j'ai regretté de n'avoir pas en vous le juge que je désirerais pour ce livre sur *Chateaubriand*. Croyez que c'était moins des éloges que j'attendais de vous que le jugement d'un homme d'autant d'esprit, voulant bien me discuter et au besoin me contredire, mais répandant sur sa critique même de cet agrément qu'il met dans tout ce qu'il écrit. Il me semble que nous nous connaissons depuis longtemps, et qu'à travers des dissidences mêmes, il y a des points de réunion; c'en est un où je me rencontre avec tout le monde, que de vous goûter.

Agréez, je vous prie, avec l'indulgence d'un ancien élève de l'École normale, les sentiments d'un professeur tout nouveau[1], mais qui aime à renouer, autant qu'il le peut, la chaîne.

SAINTE-BEUVE.

LXXIV

COMTE DE FALLOUX A PREVOST-PARADOL

28 octobre 1860.

Monsieur,

La jouissance profondément émue que je viens de goû-

1. M. Sainte-Beuve avait été nommé maître de conférences à l'École normale, en novembre 1857; il y resta jusqu'en août 1861.

ter resterait toujours incomplète, si elle ne vous était
directement exprimée ! Vous avez fait comprendre
Mme Swetchine aussi bien que vous l'avez saisie[1], et il
me semble que vous voilà désormais étroitement uni à
tous ceux qui l'ont aimée. Permettez donc aussi à l'un
de ceux-là de vous dire tous les sentiments qui en nais-
sent pour lui.

C'est maintenant en notre commune amie et près de
Dieu que ma reconnaissance se plaira à vous aller chercher. Je suis sûr, Monsieur, que vous lui pardonnerez de
prendre ce caractère presque intime et que vous y recon-
naîtrez du moins le gage d'une inviolable fidélité.

FALLOUX.

LXXV

PREVOST-PARADOL A SAINTE-BEUVE

Dimanche, 30 octobre 1860.

Monsieur,

La note dont vous me remerciez d'une façon si gra-
cieuse est bien peu de chose, et je regrette infiniment
d'avoir été devancé par un de mes collaborateurs, au sujet
de votre *Chateaubriand*. J'aurais aimé à vous témoigner
par un article aimable, — qui eût été en même temps un
article juste, car on ne peut être juste sans être aimable
en parlant d'un tel ouvrage, — combien je vous suis
reconnaissant du compliment si délicat que vous avez
bien voulu me faire dans une note du premier volume[2].

---

1. Voir les *Nouveaux Essais de Politique et de Littérature*, p. 276.
2. Voici le passage de la note à laquelle Prevost-Paradol fait allusion : « Il y a quelques années déjà, qu'un de mes amis fort docte,
et d'ailleurs bon républicain, me donnait l'idée d'un joli essai à faire
sous ce titre : que la censure a été utile au bon goût en littérature. Je ne conseillerais certes à personne d'essayer de rétablir la
censure; mais il faut être juste envers ses ennemis, surtout quand

Je me sens presque fier de voir ainsi confirmé par vous
ce que j'ai dit plus d'une fois moi-même à mes amis :
c'est que je suis le plus désintéressé des hommes en
souhaitant le retour d'une liberté raisonnable; car c'est à
la dure contrainte imposée à la presse que je dois cet art.
dont vous me louez, de parler à demi-voix : si tout le
monde crie, l'on ne m'entendra plus [1]. Mais je m'en console
aisément, Monsieur, en songeant que nous touchons
peut-être au terme de ce régime, et que la France va
peut-être reprendre possession d'elle-même. Ce grand
intérêt me touche, je l'avoue, plus que tout le reste, et
domine singulièrement chez moi toute préoccupation littéraire.

Ce n'en est pas moins pour moi une précieuse récompense que de voir mon nom associé à la vogue et à la
durée de votre beau travail, et je vous suis sérieusement
reconnaissant de l'honorable témoignage que vous me ren-
dez, d'avoir voulu et pu me faire entendre, lorsque presque tout le monde était réduit à se taire.

Veuillez agréer, Monsieur, avec mes remercîments bien
sincères, l'assurance de ma considération la plus distinguée.

Prevost-Paradol.

ils sont morts. Il en est de la censure comme de la rime; elle a
servi beaucoup à la pensée, en la gênant; elle a forcé de s'ingénier
et de trouver ce qu'en temps de pleine liberté on ne se donne pas la
peine de chercher. Quand la censure n'étouffe pas toute liberté, comme
en Italie, elle l'aiguise…. Ce qui précède a été écrit en 1849. Depuis
lors, l'expérience a continué. Après le régime de la liberté absolue,
si favorable à la grossièreté, on a eu le régime de la liberté res-
treinte, de la liberté avertie et intimidée ; je n'en parle qu'au point
de vue du goût : il me semble que quelques écrivains en ont profité
pour montrer bien de l'esprit, pour donner à croire qu'ils auraient
bien du talent, s'ils étaient moins gênés : M. Prevost-Paradol, par
exemple, n'a pas à se plaindre de ce régime-là. » (*Chateaubriand et
son groupe littéraire sous l'Empire*, tome II, p. 58-59, note.)

1. Ce n'est pas tout à fait en ces termes que Prevost-Paradol parle
de cette contrainte, dans la préface des *Nouveaux Essais de Littérature et de Politique*. Il s'en plaint amèrement.

LXXVI

PREVOST-PARADOL A SAINTE-BEUVE

Lundi, 4 novembre 1861.

Monsieur,

Combien je souhaiterais, après vous avoir lu ce matin, pouvoir vous remercier de tout cœur et sans qu'aucun regret fût mêlé à mon plaisir![1] Mais la fin de votre article est si cruelle et le coup porté tombe si près de moi qu'il m'est impossible de ne pas le sentir. Non seulement M. Cuvillier-Fleury a encouragé jadis mes débuts au *Journal des Débats* sans le moindre sentiment de jalousie, mais il a contribué plus qu'aucun autre à m'y ramener, après mon court passage à *la Presse*. C'est un procédé trop rare et trop délicat pour que je l'oublie, et ma gratitude invariable pour lui me fait trouver bien amer le fond de cette coupe de lait et de miel que vous m'avez généreusement versée.

Vous m'avez traité en juge indulgent, beaucoup plus qu'en adversaire ; et s'il est, dans ce que vous avez dit, plus d'un éloge qui surpasse de beaucoup mes mérites, je reconnais que vous venez d'appliquer à un vivant cette rare puissance d'analyse et cet instinct pénétrant de la vérité qui vous ont permis de ressusciter heureusement tant de morts. Oui, Monsieur, — pourquoi ne l'avouerais-je pas à un psychologue, curieux uniquement de bien connaître le cœur humain et digne qu'on lui vienne en aide? — il y a en moi, je le sens et je l'avoue, sous des opinions très sincères et très arrêtées contre ce qui est, un regret involontairement personnel de ce qui était ou

---

1. Voir dans les *Nouveaux Lundis*, tome I, p. 344, l'article dans lequel Sainte-Beuve élevait Prevost-Paradol au détriment de Cuvillier-Fleury et le désignait à l'Académie comme le vrai et digne candidat.

de ce qui pourrait être. République ou monarchie, je voudrais voir au milieu de ce grand pays un gouvernement libre, ou, si vous l'aimez mieux, une mêlée ouverte aux gens de bien et dans laquelle on pût se jeter avec honneur. Je crois fermement que la France s'en trouverait mieux, et c'est ce qui met ma conscience en repos; mais je crois aussi, sauf les dures leçons de l'expérience, que je ne m'en trouverais pas plus mal, et, en se posant sur cette petite blessure, votre doigt a touché juste.

De là, Monsieur, et vous l'avez bien finement compris, mon indifférence, nullement absolue, mais relative, aux œuvres littéraires et à mes essais si imparfaits de critique. Je m'y montre le plus souvent trop facile, non seulement à cause des usages et des relations du monde qui émoussent la critique et qui en font peu à peu une partie de la politesse, mais aussi parce qu'en écrivant sur de tels sujets, je pense le plus souvent à autre chose, et que j'arrive involontairement à parler d'autre chose, comme ces amoureux qui retrouvent au bout de toutes leurs paroles et de toutes leurs pensées l'image ou le nom de leur maîtresse.

Mais, s'il faut tout dire, Monsieur, — et je serais bien désolé que mon aveu vous parût un pur compliment en échange des vôtres — ce qui a surtout contribué à m'éloigner de toute ambition sérieuse sur le chemin de la critique littéraire, c'est l'impossibilité de vous y dépasser et même de vous y rejoindre. Vous étiez pendant mon séjour à l'École normale une de mes admirations les plus vives, et vos *Causeries du Lundi* me semblaient les leçons de littérature les plus attrayantes et les plus accomplies que notre génération pût recevoir. Ce sentiment ne s'est pas affaibli avec le temps, bien au contraire; et vos nouvelles *Causeries* me guériraient bien vite de toute ambition de ce genre, si d'ailleurs d'autres pensées ne me possédaient tout entier.

C'est trop vous parler de moi, Monsieur, même pour

reconnaître le talent supérieur et l'indulgence aimable de mon juge; et j'aime mieux vous dire, en terminant, que ce témoignage d'extrême bienveillance, donné par un confrère, me fait regretter plus amèrement aujourd'hui qu'hier l'espace qui nous sépare. Ce ne sont plus les nuances d'autrefois qui divisent nos partis politiques; malgré la paix qui règne dans nos rues, vous avez trop d'esprit pour ne pas sentir que nous vivons tristement, dans un temps de guerre civile. Vous êtes la force et surtout l'éclat du camp que j'assiège avec des forces bien inégales. Je mourrai, je l'espère, dans les ruines du mien, mais les dures lois de la guerre qui nous tiennent éloignés l'un de l'autre, n'empêchent pas qu'on ne quitte un instant ses armes, pour se saluer de la main ; et vous venez de le faire à mon égard, Monsieur, avec une générosité et une bonne grâce qui m'ont profondément touché.

Veuillez agréer, Monsieur, avec tous mes remerciements, l'assurance de ma considération la plus distinguée.

PREVOST-PARADOL.

LXXVII

SAINTE-BEUVE A PREVOST-PARADOL

5 novembre 1861.

Vous m'auriez dit moins de choses aimables, Monsieur, que je vous serais encore très reconnaissant de votre remerciement. Il est si délicat toujours de vouloir aller au fond des pensées qu'il fallait que je comptasse beaucoup sur votre esprit pour oser me permettre ce que j'ai fait, surtout ayant à cœur de témoigner de ma sympathie, bien plus que de marquer une dissidence. Vous me donnez une vraie joie, en me rassurant. Elle est tempérée d'un regret, vous savez trop lequel ; quoique je sente cela moins vivement que d'autres, je ne laisse pas d'en être chagrin et préoccupé. J'ai le cœur moins belliqueux que la plume, mais il faut faire son métier honnêtement.

Agréez, Monsieur, l'expression de ma haute estime.

SAINTE-BEUVE.

LXXVIII

PRÉVOST-PARADOL A SCHERER

6 mars 1862.

Mon cher monsieur Scherer,

Je n'ai appris qu'hier matin que vous avez parlé de moi[1], et quand j'ai passé au journal, c'était pour vous lire.

Maintenant que je vous ai lu et relu, je ne sais vraiment comment vous remercier. Vous avez traité l'homme et l'écrivain d'une façon si honorable pour moi, et votre éloge a un tel caractère, qu'il y a désormais entre nous autre chose que la simple confraternité. Votre noble talent — soit dit sans aucune intention de compliment ou d'échange — vous assure un des premiers rangs parmi ceux que vous conviez à l'action et auxquels vous promettez l'avenir à la fin de votre article. Nous serons donc des frères d'armes, et notre bonne amitié nous soutiendra dans les bons et les mauvais jours. Que de compliments je vous ferais sur votre généreux article, si je me laissais aller à dire tout ce que j'ai sur le cœur! Les éloges dont vous m'accablez et que j'ai une violente envie de mériter m'auraient moins ému et ravi, sans la *vérité vraie* du commencement. Je sens bien, de temps

1. Voir Edmond Scherer, *Études sur la Littérature contemporaine*, I, XV, p. 255.

à autre, quand mon article hebdomadaire me pèse un peu, le vieil homme académique et pompeux reparaître; mais il suffit que la passion s'éveille pour le chasser, et, grâce à Dieu, les sujets de se passionner ne manqueront pas à notre commune existence. Nous la passerons, je l'espère, non loin l'un de l'autre, et sans changer d'avis l'un sur l'autre. Encore merci et à vous de cœur.

PREVOST-PARADOL.

LXXIX

BERSOT A PREVOST-PARADOL

Versailles, 7 mars 1862.

Mon cher confrère, mon ami, M. Scherer, a été charmé de votre lettre. Voulez-vous vous trouver avec lui, un jour qu'il vous plaira[1]? Vous m'écrivez que vous venez, le lendemain, déjeuner ou dîner chez moi; j'avertirai M. Scherer. Vous prendrez mon repas philosophique. Pour que le plaisir soit complet pour nous tous, vous amènerez Gréard. Je n'exclus que les dîners du lundi et du mardi. Choisissez donc une série de beaux jours pour pouvoir se promener.

Tout à vous,
E. BERSOT.

LXXX

SAINTE-BEUVE A PREVOST-PARADOL

20 mars 1862.

Je vous remercie, cher Monsieur, de votre nouveau présent. Vous savez que c'était un de mes vœux de voir

---

1. Au sujet de cette réunion chez Bersot, de Scherer et de Prevost-Paradol, voir notre *Étude sur Edmond Scherer*, 2ᵉ édit., p. 160.

recueillir en volumes ces charmants articles. Me voilà donc satisfait; oui, mais comme on désire toujours et qu'une envie succède toujours à l'autre, voilà que je m'aperçois qu'il manque à ce volume si plein un beau et grave *Vauvenargues*, un *La Rochefoucauld* d'hier, qui m'a mis en goût de la suite. Je suis insatiable, vous le voyez. Ne vous en prenez qu'à vous.

Agréez l'expression de mes sentiments dévoués.

SAINTE-BEUVE.

LXXXI

PREVOST-PARADOL A MICHEL CHEVALIER

Samedi, 24 janvier 1863.

Mon cher confrère,

Je vous remercie de votre livre et je répondrai bien franchement à votre lettre.

Il n'y a rien qui vous soit personnel dans la phrase que vous me rappelez, et comme vous n'avez jamais eu que de très aimables procédés à mon égard, je serais injustifiable de vous avoir attaqué personnellement. Mais il ne serait pas moins injuste d'exiger que je fasse à mes relations amicales avec vous le sacrifice de mon opinion décidée et depuis longtemps déclarée sur l'école de Saint-Simon.

Je n'ai jamais caché, lorsque j'en ai eu l'occasion, mon sentiment à cet égard; ma brochure sur *les Anciens Partis*, qui m'a valu une condamnation, en porte témoignage. Je reproche à l'école saint-simonienne une préoccupation exclusive du sort matériel des peuples et une coupable indifférence pour leur liberté et leur dignité politique. En un mot, je vois chez eux le principe de la souveraineté du but appliqué au développement de l'industrie et du bien-être; et peu leur importe que les peu-

ples se gouvernent eux-mêmes ou qu'ils soient gouvernés
par un maître, pourvu qu'on améliore leurs conditions
d'existence, absolument comme certains catholiques souffrent volontiers le pouvoir absolu, pourvu que celui qui
le tient le fasse servir au triomphe de l'Église. Ce sont
là des sentiments qui, en général, me blessent; mais,
dans l'état présent de la France, ils me paraissent intolé-
rables, et je crois de mon droit et de mon devoir de les
combattre. Je ne romps point pour cela avec les amis que
je puis avoir dans l'école saint-simonienne, faisant toujours passer les relations personnelles avant les dissen-
sions politiques; mais je n'abdique nullement ma liberté
d'action et de langage à l'égard de leurs doctrines. Je ne
cesserai jamais de croire et de dire que le plus grand
et le plus urgent des bienfaits, c'est de rendre au pays
le gouvernement de lui-même; et voilà ce qui me sépare
entièrement de l'école saint-simonienne, satisfaite en
général d'un régime favorable à l'application de ses
principales idées. De là, mon cher confrère, un dissentiment entre nous, qui ne tournera jamais de ma part
en attaques personnelles, mais que j'exprimerai sans
doute plus d'une fois encore et avec la plus entière
liberté de langage, — tout en regrettant que nos relations amicales en soient refroidies, si vous trouvez, con-
trairement à mon opinion, qu'elles doivent s'en ressentir.

Maintenant vous me rendrez fort heureux, je n'ai pas
besoin de vous le dire, si vous me donnez le droit, par
quelque démarche publique, de vous distinguer de cette
école et de vous proclamer saint-simonien libéral, afin
que ces mots cessent de jurer ensemble. Vous siégez
au Sénat : faites un discours contre l'irresponsabilité
ministérielle, qui permet au gouvernement d'entreprendre les plus folles entreprises, contre le système électo-
ral, qui ferme aux honnêtes gens indépendants du pouvoir ou de la démagogie l'entrée de la Chambre, contre
le régime de la presse, qui étouffe nos plus justes plain-

tes, enfin contre la loi de sûreté générale, qui tient suspendus sur notre tête, même après une condamnation de presse, l'internement et l'exil. Ce jour-là, ma sympathie pour vos opinions sera d'accord avec mes sentiments de confraternité et avec ma considération pour votre talent. Jusque-là, je vous appellerai bien volontiers mon confrère, et tant que vous le permettrez, mon ami; mais je ne pourrai, en conscience, vous donner le nom de libéral.

Votre dévoué,

P.-P.

LXXXII

COMTE DE MONTALEMBERT A PREVOST-PARADOL

Mai 1863.

Mon cher ami,

Je comptais vous voir chez vous ou vous rencontrer quelque part la semaine dernière pour vous dire à quel point j'ai été reconnaissant de votre article sur le Père Lacordaire[1]. En exprimant d'une façon si bonne et si éloquente votre impression sur ce grand homme, vous aurez contribué à populariser la découverte que vous avez faite de lui et de son talent. Vous avez, du reste, parfaitement compris la nature de ce talent et de la grande âme qui l'inspirait, et, en parlant de lui comme vous l'avez fait, vous avez ajouté une nouvelle et bien douce obligation à toutes celles que je vous ai déjà.

Mais je ne veux pas que ces obligations personnelles me fassent oublier le grand et essentiel service que vous avez rendu à la chose publique par votre article sur le nouveau projet du Code pénal[2]. — Vous me l'aviez annoncé, et j'attendais quelque chose de bon; mais vous

1. *Essais de Politique et de Littérature*, 3ᵉ série, p. 347.
2. *Ibid.*, p. 89.

avez dépassé mon attente. Il n'y a que vous pour unir à ce point la solidité des arguments au charme de la forme littéraire. Ce n'a été, du reste, qu'un cri de satisfaction et de surprise. On affirme que vous avez fait reculer les auteurs et souteneurs du projet. Dieu le veuille! Sans quoi, vous et moi, nous risquerions, avec bien d'autres, de redevenir des repris de justice.

Tout à vous de grand cœur,
MONTALEMBERT.

LXXXIII

PREVOST-PARADOL AU COMTE D'HAUSSONVILLE

Mercredi, 1er septembre 1863.

Mon bien cher ami,

Merci de votre bonne lettre. Je vous croyais à Broglie et je vous y ai écrit hier, averti par ma fidèle portière du voyage de Gand et hors d'état de vous y suivre. J'ai précisément pour ce moment-là un rendez-vous à l'autre bout du monde, c'est-à-dire à Marseille, et je ne puis le manquer. Ma conscience et mon amitié sont en repos, puisque je vous vois partir fortement et agréablement accompagné; mais je suis au regret de n'être pas du voyage. J'aurais sûrement cédé à l'envie de pérorer et de renouer avec la démocratie notre liaison intermittente, si cette puissante dame avait bien voulu nous sourire. Je regrette donc les discours que j'aurais pu faire et les bonnes causeries qui nous auraient consolés de nos discours. Mais je suis pris à ne m'en pouvoir dédire, et je ne serai libre que lorsque vous serez revenu. — Mille amitiés autour de vous et à vous.

PREVOST-PARADOL.

LXXXIV

COMTE DE FALLOUX A PREVOST-PARADOL

Bourg d'Iré, 12 décembre 1863.

Monsieur, une crise névralgique me tient encore sous sa griffe et me laisse à peine la faculté de dicter quelques mots ; mais j'aime mieux vous paraître imbécile qu'ingrat, et, d'ailleurs, il me semble que je me guérirai un peu, en vous remerciant. Vous m'avez comblé. Je vous demandais à peine la simple mention d'un fait, et vous m'avez accordé un article, un de ces articles qui, même courts, sont complets, parce qu'ils sont toujours exquis.

Ah ! Monsieur, comme vous parlez de Dieu et de ses consolations, du cœur et de ses plus tendres charités, en homme qui s'y connaît ! Comme Mme Swetchine vous avait bien deviné dans la prédilection qu'elle vous voua dès votre première apparition ! Aussi, permettez-moi de vous assurer que, bien au-dessus de moi qui vous rends grâce, c'est elle qui vous bénit, et laissez-moi vous serrer les deux mains comme un très ancien ami, qui ne peut plus manquer de vous demeurer fidèle.

FALLOUX.

LXXXV

PREVOST-PARADOL A GRÉARD

Lundi, 1er août 1864.

Mon cher Octave,

Je suis bien heureux d'avoir de tes nouvelles et bien fâché de ne t'espérer — comme on dit ici — qu'en septembre, car je pars le 23 et ne reviendrai que le 1er. Je compte te garder ici chez moi, où la place est grande, et te faire tant causer et promener que tu ne t'en iras plus. Je ne me console pas de ne pas t'avoir ici où l'on vit si libre, si seul si l'on veut, et dans un admirable pays. J'ai tant de choses à te conter !

Sur le désir de ma femme, j'achète ici une maison, et c'est par économie. De plus, je t'écris dans un grenier que j'ai connu trop tard, puisque c'est le seul coin d'Étretat où j'aie le courage de travailler. J'ai entrepris mon livre : *Démocratie et Liberté*. Il serait fini, si j'avais connu ce grenier deux mois plus tôt. J'ai corrigé à Paris l'épreuve de l'Introduction de *Montaigne*, qui fait deux feuilles juste, soit huit cents francs, si ces gens-là payent, ce que j'ignore.

Ma propriété n'est pas le vol; elle vaudrait quatre sous au lieu de huit mille six cents francs, que ces quatre sous me resteraient, tandis que l'argent comptant aurait disparu dans les dépenses de chaque jour. J'aurai une pierre à moi pour reposer ma tête, un asile en temps de calamité publique et de dégoût, et tu t'y enseveliras un jour avec moi. Mille tendresses.

Anatole.

LXXXVI

PREVOST-PARADOL A SAINTE-BEUVE

Jeudi 5 janvier 1865.

Monsieur,

Voici un petit volume qui vous est bien dû comme à l'écrivain de notre temps qui a le mieux parlé des mêmes sujets, et qui devrait le plus décourager l'imitation, si la jeunesse n'était toujours imprudente et souvent condamnée, sous peine d'oisiveté, à répéter ce qui a été mieux dit avant elle[1]. Mais votre ancienne bienveillance

---

1. Il s'agit des *Études sur les Moralistes français*.

m'encourage; et, si vous trouvez le temps de me lire, vous retrouverez en vous, je l'espère, une indulgence qui m'a été très douce et que je n'ai pas oubliée.

Agréez, Monsieur, mes respectueux compliments.

PREVOST-PARADOL.

LXXXVII

PREVOST-PARADOL A LUDOVIC HALÉVY

Le Caire, 1er mars 1865.

Mon cher Ludovic,

Comment te remercier de tes bonnes lettres qui sont ici mon plus grand plaisir, sauf en ce qui touche la santé de ton père? Mais il doit être tout à fait rétabli maintenant.

J'ai eu tout le paquet d'un seul coup, hier soir, en arrivant de la Haute-Égypte, avec un retard de dix jours passés à nous engraver et à nous dégraver sur les bancs de sable du Nil.

J'étais résolu à repartir le 9 et je le veux encore, car j'ai soif du retour en France. Mais on veut me retenir jusqu'au 19 et d'une manière si aimable que j'ai grand'-peine à me défendre. Pourtant mille et une raisons me rappellent à Paris.

Je voudrais savoir à quoi m'en tenir sur l'Académie française, me remettre au courant de la politique, m'occuper enfin de mes pauvres petites affaires et revoir mon chez moi, sans parler de notre cher Institut.

Je te prie de remercier bien tendrement ta mère de s'être un peu occupée de ma femme. Remercie aussi Valentine de son aimable lettre. Quant à toi, le meilleur des amis, on ne te remercie vraiment plus, il y aurait trop à faire. Je suis content de tout ce que j'ai vu, mais toujours embarrassé sur les questions que tu sais.

Mille tendresses, mon cher Lud., à toi et autour de toi.

ANATOLE.

LXXXVIII

LOUIS VEUILLOT A PREVOST-PARADOL

Novembre 1865.

Monsieur,

J'ai l'honneur de vous adresser la nouvelle édition d'un ouvrage qui devait être exclusivement littéraire[1], mais dans lequel les circonstances présentes ont fait entrer, sans que je l'aie voulu et sans que je m'en sois défendu, beaucoup plus de politique que n'en comportait mon premier dessein. Si vous parcourez ces deux volumes, vous y trouverez en plus d'un endroit une réponse aux observations bienveillantes et injustes que vous avez faites récemment à mon sujet. Vous me félicitiez de mon retour aux idées de liberté : je ne crois pas m'être séparé jamais de ces idées-là.

Je n'ai jamais été aussi perverti que vous le croyez ; je ne suis pas et je ne peux pas être jamais aussi converti que vous l'attendez. J'aime la liberté avec toute la mesure où un catholique le peut, et cela va très loin ; mais j'aime aussi beaucoup l'autorité, je l'aime autant qu'un catholique le doit ; et nous serions encore adversaires, si je n'appartenais aux idées que la force de ce temps-ci a résolu de supprimer absolument.

Le dissentiment entre nous, dissentiment irrémédiable, j'en ai peur, ce n'est pas que vous aimiez la liberté et que je ne l'aime point, ni que j'aime l'autorité et que vous ne l'aimiez point : c'est que nous avons une conception différente de ces choses. A cause de cela, nous subirons les mêmes terribles mécomptes. La liberté vous broiera les mains, comme l'autorité me l'a coupée. Et le pire, c'est qu'il faudra plus de temps que nous n'en avons,

1. *Le Parfum de Rome.*

vous et moi, pour que ces mécomptes nous mettent d'accord.

Le monde a perdu le secret de faire une même chose de la liberté et de l'autorité. Ce secret était à Rome. On va l'ensevelir sous de telles ruines que le genre humain sera heureux, s'il suffit de quelques siècles pour le tirer de ce tombeau.

Je vous prie de me croire, Monsieur, votre très humble serviteur.

Louis Veuillot.

LXXXIX

VICTOR HUGO A PREVOST-PARADOL

Jersey, 2 juin 1866.

Monsieur et cher confrère,

J'ai reçu avant-hier, 31 mai, votre gracieux envoi. Tout ce qui m'est adressé étant surveillé et souvent intercepté, ces retards de la poste m'étonnent peu. Je connaissais votre noble et ingénieux discours et je vous en avais remercié dans ma pensée. Vous avez fait entendre à l'Académie un digne langage; vous avez parlé de la poésie en poète et de la liberté en citoyen. Votre talent augmente l'Académie et votre courage l'honorera. L'Institut a de grands devoirs publics, dont il ne semble pas se douter. Il faut que dès à présent il songe à se mettre à la hauteur d'une situation qui pourrait bien le déborder un jour. Une crue latente, mais irrésistible, se fait de toutes parts dans les idées et dans les choses. Malheur à qui ne la voit pas! De nos jours l'âge ne signifie rien; les progressifs sont les vieux, les retardataires sont les jeunes. Un absent, un solitaire, un vaincu, tel que moi, dévoué au progrès dans la société et à l'idéal dans l'art, mais éliminé

par le temps et prêt à disparaître, n'a plus qu'un droit,
c'est de compter sur les hommes qui, comme vous,
Monsieur, ont la double jeunesse des années et des idées.
La délivrance par la lumière, tel est le but, tel est le
moyen. Moyen et but sont dignes de votre noble esprit.

Recevez, Monsieur et cher confrère, mon cordial serre-
ment de main.

VICTOR HUGO.

XC

Mgr DUPANLOUP A PREVOST-PARADOL

Orléans, 3 décembre 1866.

Monsieur et très cher confrère,

Je suis vraiment bien en retard, non pas précisément
avec vous, mais avec moi. C'est-à-dire que je voulais
depuis longtemps vous exprimer ma pensée sur votre ré-
cent article dans le *Journal des Débats*, et les accable-
ments où je suis depuis un mois ne me l'ont pas encore
permis.

J'avais entendu parler de cet article, et j'étais même
sur le point de le faire venir; car j'ai le regret de n'être
pas abonné au *Journal des Débats*, quand vous, et quelques-uns de vos amis, y écrivez : malheureusement, vous
n'y écrivez pas seuls.

Mais je reçus tout à coup cet article, grâce à l'attention obligeante de mademoiselle votre sœur[1]. Et laissez-
moi vous dire combien j'ai été touché, en le lisant, de
l'élévation, de la profonde sensibilité et de la pénétration
si délicate avec lesquelles vous appréciez l'influence de la

---

1. C'est sous la direction de Mgr Dupanloup que Mlle Prevost-
Paradol était entrée dans la Congrégation de Notre-Dame de Sion.

religion, dans les bonheurs ou dans les malheurs de la vie. J'ai été heureux, non surpris, de vous entendre parler avec cet accent de ces choses si nobles et si pures du cœur, connaissant de vous ce que j'en connais. Car nonobstant ce loyal aveu, où j'ai cru voir comme un regret, on ne peut pas ne pas sentir que vous inclinez vers Dieu, peut-être plus que vous ne pensez, par les meilleurs instincts de votre âme, et par cette sorte de christianisme latent qui est au fond de tous les cœurs droits, honnêtes, généreux.

Je dois aller dans quelques jours à Paris, et j'y chercherai l'honneur de vous voir, afin de causer avec vous de mademoiselle votre sœur et de ses intérêts.

Agréez, Monsieur et bien cher confrère, l'hommage de mes profonds et dévoués sentiments.

† Félix, évêque d'Orléans.

XCI

PREVOST-PARADOL A LUDOVIC HALÉVY

Berlin, janvier 1867.

Mon cher ami, cette grande, froide et belle ville m'ennuierait déjà, si je n'y avais trouvé des amis. Mais il n'y a pas à se cacher que c'est une fière nation, que les soldats ont l'air solide et sérieusement intelligent, que le nombre d'uniformes dans les rues est effrayant et que tout ici, monuments et statues, hommes et choses, respire l'ambition et la guerre. Il y a sur le principal boulevard un magnifique Frédéric II à cheval qui me fait penser à bien des choses, quand je passe à ses pieds. Voilà bien pour ces gens-là l'Éternel qui les a tirés de la terre d'Égypte et qui leur a donné une belle place parmi les nations de la terre.

P.-P.

19

XCII

PRÉVOST-PARADOL A GRÉARD

Samedi, 14 février 1867.

Cher Ottavio, bonne nouvelle. C'est mardi prochain que doivent commencer les séances de la commission des prix Monthyon. J'allais m'occuper de ton livre; les choses ont marché toutes seules et plus vite que moi. Écoute l'histoire.

J'entrais tout à l'heure dans la salle. Villemain, Guizot et Vitet y étaient; Villemain tournait le dos à la porte. Au moment où j'arrivais derrière ses talons, je l'entends dire : « J'ai un bon livre. — Sur quoi? — *Sur la morale de Plutarque.* J'ai lu à propos de Plutarque bien des déclamations; je ne connais pas d'étude plus judicieuse ni plus fine que celle-là; et puis l'auteur sait écrire. » Je pousse un ah! de plaisir. « Est-ce que vous le connaissez? reprend Villemain en se retournant. — Si je le connais! — Alors gardez-vous de lui rien dire encore. — Je vous le jure! » Et c'est ainsi qu'on tient ses serments à l'Académie, tout comme l'opposition au Parlement.

Pour toi, cher ami, sois muet. Mais te voilà sûr d'un prix, et même, je crois, d'un beau prix. Tu sais que Villemain est un *Plutarchisant*, ce qui double la valeur du jugement.

Je t'embrasse, cher lauréat, mais à huis clos.

ANATOLE.

XCIII

SAINTE-BEUVE A PREVOST-PARADOL

Juillet 1868.

Cher et aimable confrère, il y a longtemps que je vous aurais remercié pour la lecture de votre beau et savant livre[1], si je n'avais été presque continuellement souffrant. Je l'ai lu, médité, relu par parties; j'ai goûté cette fermeté sobre sous l'élégance, cette force dans l'atticisme.

Plus d'un chapitre m'a frappé — toute politique à part et indépendamment de l'opinion que je puis avoir — par sa philosophie et par son élévation. Le chapitre sur la guerre est de ceux-là, et votre raison, en ces matières sévères, continue de ne marcher qu'avec une certaine grâce; elle ne saurait s'en séparer.

Les considérations historiques seraient matière à débats et à disputes sans fin. Votre portrait de Napoléon Ier n'est pas si éloigné de l'idée que je m'étais faite du grand homme en de certains jours : l'expression en est originale et vous restera en propre.

Vous savez que je ne regrette pas autant que vous que certains régimes, qui n'ont pas su vivre, soient tombés. Trop de Louis XVI aurait à la fin moutonné et encotonné la France; il est vrai qu'elle a été terriblement remuée et Dantonisée en revanche. Qui pourrait savoir, après coup, la juste mesure de ce qu'il aurait fallu?

Mais tout cela est bien ingénieux, modéré de forme, piquant d'aiguillon, et calculé juste à point pour ne pas faire cabrer, même des Athéniens, si tant est que nous le soyons encore.

Tout à vous,

SAINTE-BEUVE.

1. *La France nouvelle.*

XCIV

GUIZOT A PREVOST-PARADOL

Paris, 1er août 1868.

Venu à Paris pour quatre jours, je comptais vous voir avant-hier à l'Académie, mon cher confrère. Vous n'y étiez pas, et l'on m'a dit que vous ne reviendriez de la campagne que mardi. Je serai retourné au Val-Richer. Je n'ai pas voulu vous remercier avant de vous avoir lu.

J'ai lu *la France nouvelle* avec autant de satisfaction en finissant que d'intérêt en commençant. J'ai bien quelques objections, plutôt quelques regrets. Je regrette une ou deux de vos conclusions, et aussi que vous n'ayez pas toujours conclu très décidément. Dans les faits d'aujourd'hui, l'indécision règne et gouverne; mais les idées de votre livre valent mieux que les faits d'aujourd'hui et l'affirmation sied bien à la lucidité de votre esprit et de votre langage.

Vous serez certainement fort attaqué. Je vous en fais d'avance mon compliment. Vous êtes de ceux qui ont raison, et l'on n'a pas raison impunément.

Je compte revenir à Paris, pour quelques jours, vers la fin d'octobre. Vous y serez, je pense, alors, et nous causerons. En attendant, recevez, avec mes remerciements, l'assurance de mes sentiments les plus distingués et prêts à devenir aussi affectueux que distingués.

GUIZOT.

XCV

VEUILLOT A PREVOST-PARADOL [1]

Le Tréport, 5 août 1868.

Monsieur, je vous remercie un peu tard de l'honneur
que vous m'avez fait en m'envoyant *la France nouvelle*. Je
voulais l'avoir lu, ce qui s'appelle lu, et j'ai dû attendre
un loisir. Je viens enfin de me donner cette satisfaction.
Comme vous le pensez bien, elle n'a pas été sans mélange.
Je ne parle pas seulement du sentiment de douleur que
vous avez eu dessein de provoquer et qui n'est pas moins
âcre et profond chez moi que chez vous-même. C'est sur
l'origine et le caractère du mal, partant sur le remède,
que vous peignez d'une couleur si noble, si exacte et si
éloquente, que je contredis. Je prendrai la périlleuse
liberté de m'en expliquer publiquement; mais je ne veux
pas remettre à vous dire combien j'honore tout ce que
votre livre me montre de réflexion, de droiture, de vrai

1. Il ne sera peut-être pas sans intérêt de rapprocher cette lettre
du jugement que L. Veuillot portait en 1875 sur Prevost-Paradol :
« Pour arriver place St-Georges, j'ai passé devant une maison où j'ai
fait une fois visite au pauvre Prevost-Paradol. C'était alors un garçon
très fier du temps où il vivait. Peu d'années après, il n'a pu s'y
supporter et s'en est tiré lui-même par la plus mauvaise porte. Il
croyait tant à la société moderne, à la liberté moderne, à la civilisation moderne ! Il félicitait tout le monde moderne de s'être délivré
de la gêne catholique, et il l'exhortait si volontiers à compléter sa
délivrance. Je lui disais que la pierre qui tomberait de l'Eglise écra-
serait la maison voisine et bien d'autres choses au loin. Une pierre
est tombée ; elle a écrasé la maison de M. Thiers, la maison de
M. Bertin, deux maisons à lui. Me dirait-il que la maison de M. Bertin est relevée et que celle de M. Thiers le sera ? Peut-être. Je répli-
querais qu'en ce cas la pierre, tombée de l'Eglise, sera replacée ;
sinon, au choc des pierres qui tomberont encore, rien ne restera
debout, rien ne sera rebâti. » (*Paris pendant les deux sièges*, t. II,
p. 447, *Vue de Paris brûlé*, 6 juin 1871.)

courage et de beaux chemins déjà tracés pour arriver plus haut. Je ne crois pas que vous puissiez rester où vous êtes, et je suis sûr que vous sauriez encore moins descendre; vous monterez à un point où l'espérance renaîtra, au point où nous ne sommes pas morts. C'est bien haut, mais vous avez le jarret et même, Dieu merci, les ailes.

Veuillez me croire, Monsieur, votre très humble et obéissant serviteur.

Louis Veuillot.

XCVI

GUIZOT A PREVOST-PARADOL

1er mars 1869.

Je regrette sincèrement, mon cher confrère, de n'avoir pu me joindre hier à vos amis pour rendre les derniers devoirs à Mme Paradol[1]. Mon âge et mes enfants me l'ont interdit. Mais je tiens à vous exprimer ma profonde sympathie. J'ai traversé toutes les douleurs de la vie humaine. Je sais tout ce qu'elles font souffrir au moment où elles frappent, et tout ce qui en reste dans l'âme longtemps après leurs coups. Vous avez des enfants, du courage et un bel avenir en perspective. Vous porterez dignement votre fardeau, et vous n'oublierez pas.

Je vous prie de croire à mes sentiments les plus sympathiques, comme les plus distingués.

Guizot.

1. Elle était morte le 26 février.

XCVII

THIERS A PREVOST-PARADOL

Paris. Samedi, 7 avril 1869.

Mon cher ami,

Je n'ai lu que ce matin votre Lettre aux *Débats*. Elle est excellente et vous pose nettement. Quant à moi, je pense comme vous. La république vaudrait mieux que le faux gouvernement représentatif, lequel n'est qu'une machine à explosion.

Tout à vous,
A. THIERS.

XCVIII

PREVOST-PARADOL A LUDOVIC HALÉVY

Nantes, dimanche 9 mai 1869.

Cher Ludovic qui es une perfection,

J'aimerais mieux courir le bois à cheval avec toi, même sur le petit arabe, que d'être candidat ici ou ailleurs. Ah! mon Ludovic, comme je serai consolé aisément, si j'échoue! Pour quelques bons Français éclairés et honnêtes, dont la vue réjouit le cœur, combien de vilaines gens et surtout d'imbéciles! Car après tout, les sentiments vraiment mauvais sont rares, mais la bêtise est maîtresse du monde. Tu n'imagines pas ce que sont les cléricaux d'ici, comme on les appelle, et le parti avancé est plus sot encore. Les uns veulent qu'on leur promette d'abolir l'armée et les impôts; les autres mettent tout sous les pieds du pape. Et quand on pense que la France en est partout là, comment être tenté de mettre la main aux affaires dans ce temps-ci! Je parlerai ce soir de mon mieux, mais je ne ferai ni une concession, ni un mensonge. Je le voudrais que tu sais que je ne le pourrais pas, tant ma nature s'y refuse! Je me montrerai bien tel que je suis, et si je ne leur conviens pas et qu'ils me laissent académicien comme devant, je serai bien loin de m'en plaindre.

Je fais toutes sortes de beaux projets, en cas d'échec; et, à quarante ans, il est largement temps de commencer une vie nouvelle. Néanmoins je vais combattre comme un lion, et, si je suis nommé, tu sais que je prendrai la bataille au sérieux; mais quelle vraie délivrance, si je ne le suis pas! Mille tendresses.

ANATOLE.

XCIX

PREVOST-PARADOL A LUDOVIC HALÉVY

Nantes, mardi 11 mai 1869.

Mon cher Ludovic,

La soirée d'hier a été bien amusante. Figure-toi la Bourse remplie de plus de deux mille personnes, une estrade, une tribune, un commissaire de police et un tapage d'enfer pendant une demi-heure. J'étais là, les bras croisés, attendant le silence, et il me semblait aussi impossible d'être entendu qu'en pleine mer. Mais quand j'ai compris que c'étaient des Guépinistes et des Larein-tistes qui avaient résolu de m'empêcher de parler, la colère m'a pris, et j'ai commencé si haut et si clair que le silence est venu et que j'ai parlé deux heures avec un vrai succès. Je ne voyais plus rien que la chose à dire et l'effet produit, et j'ai découvert avec plaisir que c'est

mon vrai métier. Tu verras probablement dans les journaux un abrégé bien maigre de tout ce que j'ai dit là;
mais j'ai été bien surpris, en relisant ce matin les notes
d'un avocat, d'avoir pu parler comme je l'ai fait. Malgré
tout ce qu'on me dit de mon succès, je ne crois pas l'effet
très favorable; j'ai été vraiment éloquent, parce que j'ai
été dur et insolent pour des adversaires que je croyais
voir en face et que j'avais un plaisir extrême à mettre en
déroute.

Cher Lud, je sens que je plais de plus en plus et beaucoup à tous les gens sensés et honnêtes de Nantes; mais
la queue de gauche et la queue de droite m'exècrent et
avec grande raison. Le commissaire n'a rien dit, et le
préfet ne bouge pas. Les Bretons sont le plus sérieux et
le plus indépendant des peuples. On les ménage comme
les anciens rois; ils sont tous libres par caractère et
parce qu'on les connaît Ce sont d'ailleurs de braves gens.

A toi de cœur,

ANATOLE.

C

PREVOST-PARADOL A LUDOVIC HALÉVY

Nantes, dimanche 16 mai 1869.

Cher Lud,

N'aie pas peur pour moi. Je suis épuisé surtout de la
gorge et des courses de canton, mais je vais bien et j'en
verrai la fin. Il faudrait que je fusse bien malade pour
lâcher les incomparables braves gens qui m'entourent.
Mais je suis un colis dans leurs mains; ils m'emballent,
me déballent, me font parler, me remportent, et ainsi de
suite du matin au soir, de telle sorte que je ne puis pas
même aller embrasser Lucy, ni lui écrire. Quand je ne

t'écris pas, cela veut donc dire seulement que je n'ai pas respiré un seul instant.

Hier soir, grande réunion dans un théâtre. J'ai parlé une heure un quart, j'ai bien parlé et avec un vrai succès. Cette fois pas de tapage, quelques cris Guépinistes que couvrait aussitôt l'indignation de la salle. Puis un républicain a parlé pour moi, mais sans pouvoir se faire entendre, et on a levé la séance. Je dois faire encore ici deux conférences littéraires sur *Corneille* et *Fénelon* pour faire connaissance avec les dames de Nantes. Le Préfet a refusé, à cause de la loi sur les cinq jours. Immédiatement sommation par huissier avec les meilleures signatures de Nantes; il a écrit au Ministre et cédera, je le crains.

S'il y a un second tour, mon élection devient bien probable ; mais j'y tiens de moins en moins.

ANATOLE.

Les émeutes de Paris peuvent tout perdre ici.

CI

PREVOST-PARADOL A LUDOVIC HALÉVY

Nantes, mercredi matin 19 mai 1869.

Cher Lud, les choses ne vont pas mal; mes deux concurrents, Guépin et Lareinty, perdent et je gagne du terrain tous les jours. *L'Espérance du peuple* s'est disloquée en m'attaquant; enfin, depuis hier soir, des signes mystérieux m'avertissent d'un certain retour du clergé et du parti clérical vers ma candidature. Le danger est d'abord d'être battu tous les trois au premier tour, ou bien de n'être pas le premier des trois dans l'ordre du nombre des voix. Mais, si Guépin n'est pas nommé, et si j'ai le plus de voix après lui, je suis presque déjà député de Nantes. C'est une ville solide, des têtes de fer et sensées auxquelles je plais en général, sauf la queue socialiste et la queue cléricale. Lareinty, pour qui la députation est une question de vie ou de mort, est, paraît-il, exaspéré; il y a de quoi. Guépin est irrité au dernier degré; tout cela rend l'accord difficile au second tour, et pourtant il n'y a de succès qu'à ce prix.

Mille tendresses, mon Lud.

ANATOLE.

Nous nous attendons à quelque grand déluge de calomnies et de faux bruits à la veille de l'élection. C'est l'usage.

CII

PREVOST-PARADOL A MARTIN D'AIX

Jeudi, 20 janvier 1870.

Cher, excellent, vrai Martin, vous m'avez bien ému par votre bonne lettre et par ce bon souvenir qui faisait tant de plaisir à ma chère femme, tous les ans. Mon bon cher Martin, si vous saviez comme le cœur généreux de cette bonne et noble femme me manque, et comme je sens quel appui elle était pour moi, depuis que je l'ai perdue. Certes nous avons eu nos querelles où j'avais tous les torts, mais quelle affection, quel dévouement absolu, et qu'y a-t-il de comparable à cela dans le monde! Rien ne remplace ce vide, cher bon Martin. Je puis avoir de l'amitié, de l'attachement pour d'autres femmes; mais rien n'arrivera jamais au niveau du sentiment que m'a laissé cette admirable nature, et je donnerais tout pour me persuader que je la retrouverai un jour. Mais j'oublie, cher ami, vous que j'aime en mémoire d'elle plus encore qu'autrefois, de vous remercier de vos trop beaux présents. Mes enfants étaient habitués à votre boîte de douceurs ; cette fois, vous vous manifestez sous les deux espèces du pain et du vin. Nous vous avertirons, cher Martin, de l'arrivée de votre tonneau. Je vous embrasse de cœur en attendant, et je serais bien heureux de vous revoir. Votre chambre vous attend ici, si vous venez à Paris.

P. Paradol.

CIII

PRÉVOST-PARADOL A BORÉLY

Jeudi, 10 heures du soir, 30 juin 1870.

Mon cher ami,

C'est une heure avant de quitter Paris que je vous dis tendrement adieu, ou plutôt au revoir ; car je sens bien que je ne resterai pas très longtemps hors de France. Il y a ici trop à faire, et les événements vont trop vite pour que mon absence se prolonge beaucoup. Mon cher ami, vous êtes ému, plus qu'il ne faut, des niaiseries qui se disent ou s'écrivent contre moi. Ces choses-là ont bien peu d'importance. Le temps est un galant homme qui rend justice à tout le monde. Ceux qui crient le plus haut comprendront mieux un jour.

Écrivez-moi là-bas, cher ami, et ne me laissez pas sans nouvelles ; ce sera pour moi une grande douceur de vous répondre et de causer comme toujours avec vous. J'embrasse Mme Borély et vous de tout cœur.

P.-P.

CIV

PREVOST-PARADOL A GRÉARD

New-York, 12 juillet 1870.

Cher Ottavio,

Me voilà débarqué et tout enveloppé de tristesse. Que je voudrais t'avoir près de moi, avec ton bon sens pénétrant, délicat et ferme, pour me réconforter doucement, ainsi que tu l'as fait tant de fois ! Croirais-tu que ce matin, au réveil, les souvenirs de l'École me hantaient, comme un rêve à la fois douloureux et charmant ! Que tout cela est loin ! Que je suis loin de vous tous ! Et combien je le sens ! Jamais je n'ai eu tant hâte de revenir. Enfin, *alea jacta est*. Tu vois qu'on sait encore son latin. Par exemple, je ne suis pas aussi bien en règle avec mon arithmétique. Tout à l'heure je n'ai pu compter au juste les degrés du thermomètre à la porte de l'hôtel : mais quelle chaleur !

Lucy est auprès de moi, un peu désorientée aussi, qui embrasse son parrain.

A toi du fond du cœur.

ANATOLE.

CV

PREVOST-PARADOL A LUDOVIC HALÉVY

Washington, vendredi 15 juillet 1870.

Cher Lud,

Nous sommes tous ici, allant encore bien, mais avec une chaleur si épouvantable que je vais conduire lundi tout mon monde à Newport, près New-York. Je tremble que la chaleur ne nous rende malades avant ce temps-là. Je t'écrirai de Newport avec détails. Sache seulement que je serai ravi de me revoir à Paris, et que je ne veux rester ici que le temps décemment nécessaire.

J'espère que vous êtes en paix. Ici nous ne savons rien.

L'effort matériel que je fais pour écrire est incroyable ; je ne soupçonnais pas cette chaleur. Je serai reçu demain par le Président et je veux quitter Washington lundi.

Le prix de tout est fou : quinze francs une course de voiture ; le reste à proportion.

ANATOLE.

APPENDICE

Depuis la publication de ce volume, j'ai reçu de M. Berthémy, ministre plénipotentiaire honoraire, que Prevost-Paradol avait remplacé à Washington, et qui n'était pas encore parti le jour de la catastrophe, la lettre suivante :

Monsieur,

Connaissant les liens d'amitié qui vous unissaient à M. Prevost-Paradol, j'ai l'honneur de vous envoyer les dernières lignes écrites par mon successeur — pour bien peu de jours — à la Légation de France à Washington. Peut-être auront-elles quelque prix pour vous.

Agréez, etc.

Berthémy.

Barbey, ce 10 avril 1894.

Ces quelques mots se trouvaient sur la tablette de la cheminée devant laquelle le corps était étendu.

B.

Voici « ces quelques mots », tels que Prevost-Paradol

les avait écrits au crayon, d'un trait net, sur une enveloppe
de lettre au chiffre de sa fille. L. P. Lucie Paradol.

TABLE

Avertissement.   v

Étude sur Prevost-Paradol.   1

CHOIX DE LETTRES

Prevost-Paradol à Taine (21 mars 1849).   141
—   —   (26 mars 1849).   145
—   —   (18 avril 1849).   150
—   —   (27 avril 1849).   154
—   —   (20 juin 1849).   155
—   —   (21 juin 1849).   157
—   —   (11 juillet 1849).   158
—   à Ludovic Halévy (15 juillet 1849).   160
—   à Taine (16 juillet 1849).   162
—   —   (9 août 1849).   164
—   à Ludovic Halévy (2 juillet 1850).   165
—   à Gréard (7 septembre 1851).   167
—   —   (1er octobre 1851).   171
—   à Taine (7 novembre 1851).   175
—   —   (10 décembre 1851).   180
—   —   (17 décembre 1851).   181
—   —   (24 décembre 1851).   184
—   —   (14 janvier 1852).   185
—   —   (1er février 1852).   188
—   —   (21 février 1852).   190
—   —   (20 mars 1852).   191
—   à Ludovic Halévy (5 mai 1852).   193
—   à Gréard (25 mai 1852).   194
—   à Taine (21 juin 1852).   195
—   —   (30 juillet 1852).   196
—   à Levasseur (19 octobre 1852).   198
—   à Ernest Havet (25 octobre 1852).   200
—   à Gréard (28 octobre 1852).   201
—   —   (24 novembre 1852).   203

Prevost-Paradol à Gréard (22 décembre 1852) 205
—   —   (10 mars 1853) 207
—   à Ludovic Halévy (31 mai 1853) 211
—   à Gréard (2 juin 1853) 213
—   —   (26 juin 1853) 216
—   à Ludovic Halévy (11 juillet 1853) 217
—   à Gréard (21 octobre 1853) 218
—   —   (25 octobre 1853) 221
—   —   (26 octobre 1853) 223
—   —   (29 octobre 1853) 224
—   —   (30 octobre 1853) 225
—   —   (20 novembre 1853) 227
—   —   (décembre 1853) 228
—   à Ernest Havet (janvier 1854) 229
—   à Salvandy (6 septembre 1854) 230
—   —   (novembre 1854) 234
Villemain à Prevost-Paradol (7 septembre 1855) 237
Prevost-Paradol à Ernest Havet (26 septembre 1855) 238
—   à Gréard (novembre 1855) 239
—   —   (1er décembre 1855) 240
—   à Ludovic Halévy (24 décembre 1855) 241
—   —   (26 janvier 1856) 242
—   à Mme Léon Halévy (10 février 1856) 244
—   à Gréard (12 février 1856) 246
—   à Léon Halévy (24 février 1856) 248
—   à Ludovic Halévy (2 mars 1856) 249
—   à Gréard (10 avril 1856) 251
—   à Ludovic Halévy (15 avril 1856) 253
—   à Gréard (5 mai 1856) 254
—   à Léon Halévy (25 mai 1856) 255
—   à Ludovic Halévy (30 juin 1856) 257
—   à Gréard (28 juillet 1856) 258
—   —   (15 août 1856) 258
—   à Ludovic Halévy (22 octobre 1856) 260
—   —   (21 novembre 1856) 261
—   à Gréard (5 décembre 1856) 262
J.-J. Weiss à Prevost-Paradol (15 mars 1857) 264
Ernest Havet à Prevost-Paradol (13 mai 1857) 266
Prevost-Paradol à Gréard (11 mars 1858) 267
—   à Ludovic Halévy (29 janvier 1859) 267
Comte de Montalembert à Prevost-Paradol (30 mai 1860) . . 268
Prevost-Paradol à M. Borély (23 juin 1860) 269
Thiers à Prevost-Paradol (21 juillet 1860) 270
Sainte-Beuve à Prevost-Paradol (28 octobre 1860) 271
Comte de Falloux à Prevost-Paradol (28 octobre 1860) . . . 271
Prevost-Paradol à Sainte-Beuve (30 octobre 1860) 272

PREVOST-PARADOL à SAINTE-BEUVE (4 novembre 1861)............ 274
SAINTE-BEUVE à PREVOST-PARADOL (5 novembre 1861)......... 276
PREVOST-PARADOL à SCHERER (6 mars 1862)............... 277
BERSOT à PREVOST-PARADOL (7 mars 1862)............. 278
SAINTE-BEUVE à PREVOST-PARADOL (20 mars 1862)........... 278
PREVOST-PARADOL à MICHEL CHEVALIER (24 janvier 1863)...... 279
COMTE DE MONTALEMBERT à PREVOST-PARADOL (mai 1863)...... 281
PREVOST-PARADOL au comte d'HAUSSONVILLE (1er septembre 1863).. 282
COMTE DE FALLOUX à PREVOST-PARADOL (12 décembre 1863)... 283
PREVOST-PARADOL à GRÉARD (1er août 1864)............. 283
— à SAINTE-BEUVE (5 janvier 1865)........ 284
— à LUDOVIC HALÉVY (1er mars 1865)....... 285
LOUIS VEUILLOT à PREVOST-PARADOL (novembre 1865)...... 286
VICTOR HUGO à PREVOST-PARADOL (2 juin 1866)......... 287
MGR DUPANLOUP à PREVOST-PARADOL (3 décembre 1866)...... 288
PREVOST-PARADOL à LUDOVIC HALÉVY (janvier 1867)....... 289
— à GRÉARD (14 février 1867)......... 290
SAINTE-BEUVE à PREVOST-PARADOL (juillet 1868)......... 291
GUIZOT à PREVOST-PARADOL (1er août 1868)........... 292
VEUILLOT à PREVOST-PARADOL (5 août 1868)......... 293
GUIZOT à PREVOST-PARADOL (1er mars 1869)........... 294
THIERS à PREVOST-PARADOL (7 avril 1869)........... 295
PREVOST-PARADOL à LUDOVIC HALÉVY (9 mai 1869)....... 295
— — (11 mai 1869)........ 296
— — (16 mai 1869)........ 297
— — (19 mai 1869)........ 298
— à MARTIN D'AIX (20 janvier 1870)....... 299
— à BORÉLY (30 juin 1870)........... 300
— à GRÉARD (12 juillet 1870)......... 301
— à LUDOVIC HALÉVY (15 juillet 1870)..... 301
APPENDICE...................... 303

PARIS. — IMPRIMERIE LAHURE

9, rue de Fleurus, 9

BIBLIOTHÈQUE VARIÉE A 3 FR. 50 LE VOLUME

FORMAT IN-16

Etudes littéraires

ALBERT (Paul) : *La poésie*, études sur les chefs-d'œuvre des poëtes de tous les temps et de tous les pays. 1 vol.
— *La prose*, études sur les chefs-d'œuvre des prosateurs de tous les temps et de tous les pays. 1 vol.
— *La littérature française des origines à la fin du* XVIᵉ *siècle.* 1 vol.
— *La littérature française au* XVIIᵉ *siècle.* 1 vol.
— *La littérature française au* XVIIIᵉ *siècle.* 1 vol.
— *La littérature française au* XIXᵉ *siècle.* 2 vol.
— *Variétés morales et littéraires.* 1 vol.
— *Poëtes et poésies.* 1 vol.

BERGER (Adolphe) : *Histoire de l'éloquence latine*, depuis l'origine de Rome jusqu'à Cicéron, publiée par M. V. Cucheval. 2 vol.
Ouvrage couronné par l'Académie française.

BERSOT : *Un moraliste ; études et pensées.* 1 v.

BOSSERT : *La littérature allemande au moyen âge.* 1 vol.
— *Gœthe, ses précurseurs et ses contemporains.* 1 vol.
— *Gœthe et Schiller.* 1 vol.
Ouvrage couronné par l'Académie française.

BRUNETIÈRE : *Etudes critiques sur l'histoire de la littérature française.* 2 vol.

CARO : *La fin du* XVIIIᵉ *siècle ; études et portraits.* 2 vol.

DELTOUR : *Les ennemis de Racine au* XIXᵉ *siècle.* 1 vol.
Ouvrage couronné par l'Académie française.

DESCHANEL : *Etudes sur Aristophane.* 1 vol.

DESPOIS (E.) : *Le théâtre français sous Louis XIV.* 1 vol.

GEBHART (E.) : *De l'Italie*, essais de critique et d'histoire. 1 vol.
— *Rabelais, la Renaissance et la Réforme.* 1 vol.
Ouvrage couronné par l'Académie française.
— *Les origines de la Renaissance en Italie.* 1 vol.
Ouvrage couronné par l'Académie française.

GIRARD (J.), de l'Institut : *Etudes sur l'éloquence attique* (Lysias, — Hypéride, — Démosthène). 1 vol.
— *Etudes sur la poésie grecque* (Epicharme, — Pindare, — Sophocle, — Théocrite, — Apollonius). 1 vol.
— *Le sentiment religieux en Grèce.* 1 vol.
— *Essai sur Thucydide.* 1 vol.
Ouvrages couronnés par l'Académie française.

LAVELEYE (E. de) : *Etudes et essais.* 1 vol.

LENIENT : *La satire en France au moyen âge.*
— *La satire en France, ou la littérature militante au* XVIᵉ *siècle.* 2 vol.

LICHTENBERGER : *Etudes sur les poésies lyriques de Gœthe.* 1 vol.
Ouvrage couronné par l'Académie française.

MARTHA (C.), de l'Institut : *Les moralistes sous l'empire romain.* 1 vol.
Ouvrage couronné par l'Académie française.
— *Le poëme de Lucrèce.* 1 vol.
— *Etudes morales sur l'antiquité.* 1 vol.

MAYRARGUES (A.) : *Rabelais.* 1 vol.

MÉZIÈRES (A.), de l'Académie française : *Shakespeare, ses œuvres et ses critiques.*
— *Prédécesseurs et contemporains de Shakespeare.* 1 vol.
— *Contemporains et successeurs de Shakespeare.* 1 vol.
Ouvrage couronné par l'Académie française.
— *En France.* 1 vol.
— *Hors de France.* 1 vol.

MONTÉGUT (E.) : *Poëtes et artistes de l'Italie.* 1 vol.
— *Types littéraires et fantaisies esthétiques.* 1 v.
— *Essais sur la littérature anglaise.* 1 vol.
— *Nos morts contemporains.* 2 vol.
— *Les écrivains modernes de l'Angleterre.* 1 vol.

NISARD (Désiré), de l'Académie française : *Etudes de mœurs et de critique sur les poètes latins de la décadence.* 2 vol.

PARIS (G.) : *La poésie au moyen âge.* 1 vol.

PATIN : *Etudes sur les tragiques grecs.* 4 vol.
— *Etudes sur la poésie latine.* 2 vol.
— *Discours et mélanges littéraires.* 1 vol.

PEY : *L'Allemagne d'aujourd'hui.* 1 vol.

PRÉVOST-PARADOL : *Etudes sur les moralistes français.* 1 vol.

SAINTE-BEUVE : *Port-Royal.* 7 vol.

TAINE (H.), de l'Académie française : *Essai sur Tite-Live.* 1 vol.
Ouvrage couronné par l'Académie française.
— *Essais de critique et d'histoire.* 2 vol.
— *Histoire de la littérature anglaise.* 5 vol.
— *La Fontaine et ses fables.* 1 vol.

TRÉVERRET (de) : *L'Italie au* XVIᵉ *siècle.* 2 vol.

WALLON : *Eloges académiques.* 2 vol.

Chefs-d'œuvre des littératures étrangères.

BYRON (lord) : *Œuvres complètes*, traduites de l'anglais par M. Benjamin Laroche. 4 vol.

CERVANTÈS : *Don Quichotte*, traduit de l'espagnol par M. L. Viardot. 2 vol.

DANTE : *La divine comédie*, traduite de l'italien par P. A. Fiorentino. 1 vol.

OSSIAN : *Poëmes gaëliques*, recueillis par Macpherson, trad. de l'anglais par P. Christian.

SHAKESPEARE : *Œuvres complètes*, traduites de l'anglais par M. E. Montégut. 10 vol.
Ouvrage couronné par l'Académie française.
Chaque volume se vend séparément.